乾隆传

传 下

白新良 著

中华书局

第八章　反清星火

在乾隆皇帝前期的政治活动中，对广大人民的反抗斗争进行残酷镇压是又一重要内容。乾隆前期，经过清初以来的长时期的和平发展，清朝统治进入了它的全盛时期，生产发展，经济繁荣，国力强盛。然而，在"升平之世"的背后，由于封建国家各级官吏和封建地主对广大劳动人民进行了残酷的压迫和剥削，阶级矛盾逐渐激化，不少地区发生了多起人民反抗斗争。这些反抗斗争，不但在当时起到了调整局部封建生产关系、促进社会经济发展的重要作用，而且为后来的更大规模的人民反抗斗争准备了条件。作为封建国家和封建地主阶级利益的最高代表者，为了维持封建秩序并进一步加强自己的专制统治，乾隆皇帝撕下了"爱民"的面纱，对各地人民反抗斗争进行了残酷的镇压。

第一节　民变频仍

一、连绵不断的人民反抗斗争

乾隆前期，广大人民抗租、抗粮、闹赈、反科派等各种形式的斗争又有了新的发展。其主要特点是：地区广，次数多，内容丰富，参加阶层广泛。以地区而言，不只清初以来人民斗争比较集中的江南一带地区的抗租、抗粮、反科派斗争仍在继续发展，而且原来租佃关系颇不发达的北方和少数民族地区也先后发生了多起斗争。以斗争次数而言，在个别农民和个别地主之间租佃诉讼案件进一步增多的同时，广大人民有组织的斗争也明显增多。以斗争内容而言，抗租、抗粮、夺粮、闹赈、反科派斗争无所不有。以参加阶层而言，除农民、手工业者之外，不少地区的城镇居民、雇工甚至流民和一些下层知识分子也都参加到斗争的行列中来。所有这些，标志着广大人民的抗租、抗粮、反科派斗争发展到了一个新的历史时期。

乾隆初年，由于经过雍正皇帝的大力整顿吏治和乾隆皇帝的调整统治政策，广大农民和手工业者的赋役负担一时有所减轻。因而除一般的租佃诉讼案件外，集体抗租、抗粮、闹赈、反科派斗争次数相对较少。其主要者如雍正十三年十月，安徽宣城一部分种植军屯田地的农民因政府逼令他们像屯田军人一样交纳过重的赋税而"聚众罢市"。[1]乾隆元年七月，江苏沛县商民因该县主簿程恪纵容书役私造大斗坑害商民而"众怨沸腾"，聚众垒塞衙署大门。[2]当年十二月，江苏兴化灾民因该县办赈"一任扣克滋弊"而"拥挤县堂哄闹，铺面关闭"。[3]对于这些斗争，乾隆皇帝的态度极为明确。如对安徽民种军田闹事一案，他即认为："聚众罢市，大干法纪，应将为首凶犯，严拿惩治，以儆刁风。"[4]然而，一则由于广大农民、手工业者和封建政府、封建地主阶级之间的阶级对立极为深刻，二则因为乾隆皇帝刚刚即位，镇压人民反抗斗争的经验尚为不足，因而乾隆皇帝的这些镇压措施并未产生什么效果，广大人民的反抗斗争仍然不断发生，并向高潮阶段继续发展。

乾隆皇帝亲政以后，各种形式的人民反抗斗争日趋活跃。其主要表现是，在个别农民和个别地主之间的租佃诉讼案件明显增多的同时，集体抗租、抗粮、闹赈、反科派斗争的次数和激烈程度也都大大超越从前。如乾隆四年九月，河南新乡遭灾，该县顾固寨村民因告灾不准，乘知县时正赴省之际，聚众开赴县城，将四门关闭，不容知县进城。[5]乾隆六年四月，福建屏南县典史纠众下乡征粮，被当地贫民饱打一顿之后逐回县城。[6]乾隆十七年五月，直隶邢台监生王方平等纠集饥民，堵塞县署。[7]乾隆十八年十月，福建惠安县知县下乡催租，"粮户不服拘比，争执棍石"打伤差役多人，甚至知县大人的坐轿中也投满了碎砖烂瓦。[8]在这些群众斗争的基础上，出现了乾隆六年到乾隆八年和乾隆十一年到乾隆十三年的两次斗争高潮。

乾隆六年到乾隆八年，南方各省相继遭灾，然而地主催租、官府征赋依然如故，兼之乾隆皇帝以讲求积贮为名而大量采买粮食，市场米价踊贵。广大农民走投无路，被迫组织起来同各地地主和封建官吏展开了激烈的斗争。乾隆六年六月，广州人民率先发动，先后捣毁米铺多家，"将所贮货物抢去，打毁门墙"。[9]尽管官府出动军队捕拿为首之人，但至是年八月，抢夺米铺事件仍然不时发生。与此同时，潮阳一带民众以政府"停止平粜，米价骤增"，起而罢市，[10]"男妇拥挤县堂，恳求粜米"，"拥入典史衙署，毁碎轿椅等物"，[11]将矛头直接指向了封建官吏。广东之外，江苏各地的人民斗争也风起云涌。当年七月，崇明县因风雨过多，粮田失收，以老施二等人为首的一些贫民首倡"不必还租，打逐业户之语"。[12]广大佃户起而响应，"众人各萌赖租之念"。[13]他们先是殴打并驱逐前来收租的地主，在遭到官府干涉时，又采取行动，夺回被关押的佃户，"将业主寓所、保正房屋肆行烧毁"。[14]受此影响，抗租斗争迅速扩大到其他地区。当年八月，崇明县秦七等"亦敢统众赖租"，他们一方面"胁逼业主，勒写田契，吓诈银两"；[15]一方面又聚众赴县，"伙党挟制该县县丞出示减租"。[16]与此同时，靖江县监生倪凤栖、贫民沙九成等"纠集多人，私立合同，喝令罢市，希图挟官报灾，免粮赖租"。[17]九月，该县徐永祥等人又率领遭灾佃户"纠众赴县争稟，借词报荒，希幸免租"。[18]十二月，镇江丹徒县民"集众告灾"，扬州宝应县贫民"纠众罢市"。[19]

乾隆八年，在江苏各地的抗租、抗粮、闹赈斗争继续发展的同时，湖北、湖南、江西、福建、浙江、直隶和贵州、广西等边远省份的抗租、抗粮、夺粮、闹赈斗争也进入了高潮。以湖北而言，乾隆八年春，京山、江陵一带因上年被水，"艰食者正不止被水饥民"，[20]京山县"有穷民百余人聚集，向村庄各户强借抢粮",江陵县灾民则"借荒为匪,名曰萝筐会,聚集男妇,以借为名,强索米谷"。[21]以湖南而言,衡阳、醴陵、巴陵、耒阳、兴宁、衡山、岳州等地的抢粮斗争此起彼伏,其中以傅老五领导的巴陵县饥民抢米斗争最为激烈。斗争开始之初,他"倡约贫民硬向富户强借谷石",[22]在遭到拒绝后,他"宰猪聚众","写贴传单",纠集村民一百数十人,夺取当地各大户粮食。[23]以江西而言,因为连年灾害,广大人民的生活已经非常困苦,乾隆八年春又遭大水,"所种菜麦多有淹浸",[24]"米价顿昂,每米一石自一两八九钱至二两以外不等,实为江西所未有"。[25]广大贫民为求生存,相率抢夺富户粮食。如当年二月,宜春等县便发生了聚众抢谷之事。[26]四月以后,大庚、崇义、南康、上犹、赣县、万安、峡江、宁都等地饥民也闻风而动,"一邑中竟有抢至百案者"。[27]与此同时,饥民还将斗争矛头直接指向了各级封建官吏。如当年四月间,丰城县饥民黄天爵等"挟制知县朱怀拭给票,押令富家出粜";永丰县肖走脚子等"将知县黄文英拥挤下堂,毁裂衣帽";吉水县刘茂隆等以知县将官谷外运,"闹至县堂","咆哮无状";乐平县邹云从等"乘知县陈讷在米厂监粜,掷石阻挠";崇仁县唐纳等"乘知府唐孝本到县,诱惑无知男妇,向前拥挤求赈,毁轿裂衣"。[28]以福建而言,因为乾隆七年全省歉收,八年春青黄不接,兼之以富户、米铺囤积居奇、哄抬粮价,邵武、南安、延平等县"乡民一时艰于买籴,遂至聚众哄闹。始则相率求请,继而罢市挟制"。[29]其中南安县饥民"相率向富户强借,名曰平仓"。[30]宁化、南平等县也先后发生了饥民聚众罢市、哄闹县衙公署事件。以浙江而言，乾隆九年九月，因为水灾乏食，淳安、上虞等县贫民"肆行勒借富户米谷"和"强赊商米"的案件也层出不穷。[31]以广西而言，乾隆七年冬，苍梧、藤县、平南等地因米价昂贵，"每石卖至一两七八九钱不等"，[32]不少饥民或向富户勒借，或者劫抢外运米船。以贵州而言，乾隆八年七月，毕节、铜仁等地先后发生了多起饥民"索借米谷"事件。[33]

在南方各省人民的抗租、抢粮、闹赈斗争进入高潮的同时，清朝政府直接控制下的京师地区也发生了铸钱工匠的罢工斗争。按照清朝政府规定的铸钱工价，每铸钱一卯，工匠应得价银二十八两。但是因为炉头从中克扣，实到工匠手中者仅有二十三两六钱。广大铸钱工匠对此极为不满。乾隆六年七月底，宝泉局所属四厂铸钱工匠两千余人一起停炉罢工，"要算本年秋季新账，并要找算两年旧账"。[34]为此，步军统领舒赫德派兵前往弹压，广大工匠"俱登厂内土堆，抛砖、掷瓦、喊叫"。[35]因为铸钱工匠人多势众，"若欲查拿为首，则群聚厂内，实有骤难查获之势。况工部两厂亦有千余人，或复效尤而起，则以三千无籍之徒，此倡彼和，各厂分头派兵擒拿，京畿重地，殊失观瞻"。[36]为免激起事端，清朝政府不得不做出妥协，"押令炉头与之算账"，[37]由国库借出银两，"按数分给各匠"。[38]至此，铸钱工匠的这场斗争取得了胜利。

乾隆十一年到乾隆十三年，全国各地的抗租、抗粮、闹赈、反科派斗争再次出现高潮。值得注意的是，除了抗租、抗粮、闹赈等旧有斗争形式之外，反对非法科派的斗争也开始成为人民反抗斗争的一项重要内容。另外，斗争地区也进一步扩大到了山东、河南、陕西、山西、奉天等接近封建统治中心的地区。其中，福建上杭县佃户罗日光等人领导的抗租斗争首先揭开了这场斗争的序幕。乾隆十年六月，乾隆皇帝下诏普免全国钱粮。乾隆十一年是福建轮免之年。当年七月，罗日光等上杭县乡民"聚众会议，欲将纳业户租谷，四六均分"。**39**为了保护地主阶级的物质利益，该县派出典史和业主一起下乡征租。这时，以罗日光为首的黄砂乡一带佃户即刻组织起来，将其痛打一顿之后逐回县城。为此，当地政府又出动马步军队二百余人前来镇压。罗日光等则聚集当地佃户一千余人分别"把守关隘，各执竹枪木棍，堆积石块于高阜，以作拒捕之势"。**40**官兵到来时，以鸣锣为号，"放三眼鸟枪，蜂拥丢石"，**41**和前来镇压的官军进行了英勇的搏斗。后来，这次抗租斗争虽在当地封建政府的武装镇压下失败了，但对其他地区的人民反抗斗争产生了很大的影响。当年八月，江苏宿迁灾民为了逼迫当地政府进行赈济，"缮写罢市知单，嘱令穷民罢市"。**42**浙江、山西和全国各地的"塞署罢市、抗粮殴官"斗争也不断出现，一浪高过一浪。**43**

在各地封建政府的镇压下，乾隆十四年以后，全国大多数地区的抗租、抗粮、闹赈斗争开始趋于低落，但是，由于自然灾害的地区性和阶级斗争的不平衡性，以浙江为中心的南方各省的闹赈、抗粮斗争仍在继续发展。如乾隆十六年春夏之间，浙东一带遭受严重旱灾，饥民无食，先后发生多起"乡民赴县请粜，无知童稚拥挤喧哗"和"奸民强抢米石"事件。**44**与此同时，江西和湖南等省的抗粮、闹赈斗争也不时发生。如乾隆十六年五月，江西峡江、临川等县多次发生饥民强抢富户粮食及过境米船事件。⁴⁵乾隆十七年六月，湖南湘乡因平粜仓谷时知县限令不得多买而发生了饥民周二领导的"率众搬石县门，喝令罢市"事件。⁴⁶所有这些，都给封建地主阶级和各级封建政府以沉重的打击。

二、乾隆皇帝对人民反抗斗争的镇压

在全国各地人民抗租、抗粮、闹赈、反科派斗争进入高潮的时候，乾隆皇帝一方面惊呼"民气渐骄"，并且颠倒是非对广大人民的合理要求进行诬蔑，一方面又采取各种措施对广大人民的反抗斗争进行了极其残酷的镇压。

乾隆皇帝认为佃户交租、农民纳粮乃是天经地义，因而在蠲免各地地丁钱粮时，对于一些官员要求由政府行文"劝谕有田者，将本年粮粒与佃户平分，积年宿逋不得一概追索"的建议，乾隆皇帝当即予以批驳。他说："有田之户，经营业产，纳粮供赋，亦图自赡身家。岂能迫以禁令，俾其推以予人。"⁴⁷对于广大佃农的减租要求与抗租斗争，他更是极力反对。他认为："田户之与业主，其减与不减，应听业主酌量，即功令亦难绳以定程也，岂有任佃户自减额数、抗不交租之理？……此乃国法之所难宥，断不可稍存宽纵者……着严拿从重究处，以儆刁顽，毋得疏纵。"⁴⁸对于广大人民因为不堪封建官吏的玩视民瘼、科派盘剥而掀起的闹赈、反科派斗争，乾隆皇帝一方面轻描淡写地批评有关官吏"若果有司办理不善，咎固难辞"；一方面又恶狠狠地对广大人民进行威胁，"至于百姓罢市，闹入官署，此风断不可长。必应严加惩治，以儆刁风，不可少为宽纵"。[49]在他看来，广大人民"当知尊卑之分决不可逾，法度之严决不可犯"，"即使地方官政事少未妥协，督抚司道昭布森列，自当据实陈诉，静听申理，何至无所控吁，铤而走险，犯上作乱，凶暴公行"。[50]他认为："涓涓不绝，将成江河；萌芽不剪，将寻斧柯。"[51]为了防止这些零星斗争发展到不可收拾的地步，他多次颁布谕旨，"严禁刁民敛钱告赈传单胁官恶习"，"整饬刁悍民风"。

与此同时，还对各地人民反抗斗争进行了极其残酷的镇压。首先是严拿为首，从重究治。乾隆皇帝深知，各地人民反抗斗争的领导者，在历次人民反抗斗争中发挥着极为重要的作用。斗争发动之前，他们私下串连，组织发动群众，对群众情绪有比较深切的了解；斗争发动之后，又带领群众向封建地主和封建政府做针锋相对的斗争，对于封建官吏和封建地主的本质认识比较深刻，揭露、打击也比较得力。因此，他们在广大群众中有较高的威信，也成了乾隆皇帝镇压人民反抗斗争的重点打击对象。每次斗争发生之后，他都是命令当地官员严拿首犯。不仅如此，他还命令臣下改动法律条文和惩治依据的旧例，扩大惩治范围，加重惩治程度。如乾隆十三年江苏顾尧年闹赈斗争被镇压后，乾隆皇帝规定："嗣后直省刁民聚众殴官积至四五十人以上者，为首照例拟斩立决，仍照强盗杀人例枭示。其有同谋聚众、转相纠约、下手殴官者，系同恶相济，亦应照光棍例拟斩立决；其余为从之犯，照例拟绞监候；其被胁同行、审无别情者，照例各杖一百……如系实在首恶，即一面具奏，一面正法枭示，并将犯由及该犯姓名遍贴城乡，使愚民咸知儆惕。"[52]

其次是进一步加重对参加斗争的一般群众的刑罚处罚。乾隆初政推行时期，对于一般饥民的扒抢行为，清朝政府曾经一度减轻惩罚程度，"分别流徒枷责"。[53]乾隆十三年，山东地区遭灾，饥民抢米风潮再度涌起。对此，乾隆皇帝指示山东巡抚阿里衮，"现在所办各案，俱着照伊应得之罪按律分别定拟，不得概援饥民扒抢之例率请减等"。[54]乾隆十八年，又进一步规定："嗣后各省有殴差、夺犯致毙人命者，俱着不分首从，即行正法；其但经聚众夺犯，无论曾否殴伤差役，即照因而伤人律，从重拟绞。"[55]

再次，各地群众反抗斗争，大多都是因为当地官吏的苛征暴敛，因而封建政府在镇压人民反抗的同时，对于肇事官员也往往予以参革处分。对此，乾隆皇帝颇不以为然。他说："刁民闹赈而即参知县，将来刁风益炽矣，尚当酌量。"[56]"若因刁民滋事，将地方官即登白简，将来愚顽之徒，必且以此胁制官长，殊非整饬刁风之道。"[57]为此，他明白地规定："地方聚众案件，不必将该州县官附疏题参，恐长刁顽之风。"[58]

再其次，为了防患于未然，乾隆皇帝还指示各地官员利用封建宗族关系和地方保甲机构加强对百姓的控制。如乾隆七年，他即指示大学士等"严饬有司，力为整顿……令伊父兄族长，严加管束，去其跃冶之习。如无父兄族长者，令乡保多方查察劝导之。倘仍不知悛改，父兄、族长、乡保即时举报，按律究惩。如或有意纵庇及曲为容隐，查出一并治罪"。[59]与此同时，对于发生反抗斗争而不行上报或虽然上报但却镇压不力的官员，不是严行申斥、降级、革职，就是照苗疆失守例，下狱治罪。这样，在乾隆皇帝的严厉镇压下，乾隆十九年以后，全国各地的抗租、抗粮、闹赈、反科派斗争次数减少，规模缩小，进入了它的低潮阶段。

乾隆十九年以后，全国人民的反抗斗争虽因乾隆皇帝的镇压而相对低落，但是和康、雍两朝相比，无论就斗争次数、斗争规模或是就斗争涉及地区而言，仍然有所超越。尤其值得注意的是，这些斗争一直连绵不绝，很少发生间断。如乾隆二十年春，江苏昆山发生饥民告灾闹赈事件。[60]乾隆二十一年春，浙江吴兴石米三两四钱，"民杂食榆皮，甚有抢粮者"。[61]乾隆二十二年春，广东高要粮荒，"饥民掠富户谷"。[62]乾隆二十三年四月，江苏流民涌入湖北，"携带刀斧，攫物拒捕，格伤居民"。[63]同年十月，江苏崇明抗租斗争又起，佃户姚受、施仲文等散发免租稿，动员佃户烧毁业户房屋，并执械打伤来捕差役。[64]乾隆二十八年三月，直隶遵化发生了饥民因借仓粮而率众闹堂事件。[65]乾隆二十九年九月，湖南新宁县又发生了县民刘周祜等控告书役舞弊而遭拘禁致民散帖罢市一案。[66]乾隆三十二年三月，陕西长武因书役需索、短发草价而被该县人民一百多人"以告借籽种为词，将书役七家房屋拆毁"。[67]同年九月，河南新野因知县曹承宣捏称"办差赔垫，勒令士民捐派，人心不服，县差复任意作践"，以致县民聚众扒毁书役房屋。[68]乾隆三十三年十一月，江苏江阴又发生了民众告灾"哄闹进署，凶悍毁物"事件。[69]乾隆三十四年八月，甘肃成县因县役武时发、姜选二人催征追逼，打骂花户，招致众怒，而被当地农民七八十人将其房屋烧毁。[70]乾隆三十五年，贵州桐梓县民赵式壁等领导的反科派斗争规模更大。是年二月，当地官员额外摊派军需，招致众怒。赵式璧等分头宣传，通知粮户，"俱不许出马缴价应差"，"并立簿册，敛聚钱文，到京折告"，"作布旗一张，上书'桐梓五里难民'字样"。与此同时，他们还"打锣号召众人赴城"，将因抗交摊派而被知县"枷号示众"的周文佟等三人劈枷开释。案发之后，当地军队进行镇压，才将事件平定下去。[71]乾隆三十九年，广西雒容县还发生了僮民易法权"聚众敛钱，抗租不交"事件。[72]由于乾隆皇帝的无情镇压，和前一时期的人民反抗斗争一样，这些斗争都先后遭到了失败。然而，也须指出，所有这些斗争，不但在一定程度上影响了乾隆皇帝的统治政策，推动了当时社会经济的发展，而且对于当时全国各地发生的农民起义也起到了同盟军的重要作用。

第二节　起义风潮

乾隆前期，在各地抗租、抗粮、反科派斗争不断高涨的同时，各种类型的农民起义也较康、雍时期显著增多。据统计，自乾隆皇帝即位至乾隆三十九年王伦起义前，各地人民起义总数不下四十余起。其中，秘密宗教组织的人民起义出现了清朝建立以来的第一个高潮。其他人民起义也大多政治目标明确，反清色彩强烈。与此同时，少数民族反清起义也不断发生，有的起义还有一定规模并给清朝统治以沉重的打击。为了巩固对全国的统治，凭借强大的军事力量，乾隆皇帝对这些人民起义进行了残酷的镇压。

一、镇压秘密宗教及其组织的人民起义

乾隆前期，在全国各地人民反抗斗争日益高涨的同时，秘密宗教也得到了广泛的传播，呈现出许多不同于以前的特点。

首先是教派众多。明朝末年以后，白莲教一直是广大人民反抗封建压迫斗争中所使用的主要宗教形式。而在进入乾隆时期以后，为了对付封建统治者的残酷镇压，不少地区的白莲教在保持其原来宗教教义的同时改换成不同的名称。与此同时，和白莲教教义不甚相同的秘密宗教也大量出现。一时之间，全国各地的秘密宗教空前增多。据记载，除白莲教之外，此时在全国各地传播的秘密宗教还有缘明教、斗母教、五恩教、长生教、燃灯教、天圆教、弥勒教、空子教、大乘教、收元教、清水教、宏阳教、无为教、罗祖教、子孙教、长生道、五荤道、龙华会、天官会、地官会、水官会、火官会、铁船会、父母会、比帝会、铁尺会、老官斋会等，总数不下几十种。

其次是传播地区广泛，人员数量增多。明末以来，黄河流域一度是秘密宗教活动的主要地区。进入乾隆时期以后，由于封建统治相对薄弱，阶级矛盾比较尖锐等许多原因，南方各省尤其是四川、湖广、江苏、福建、贵州、云南等省开始成为秘密宗教传播的中心地区。在秘密宗教活动中心不断南移的同时，参加秘密宗教的穷苦人民的数量也空前增长。据一些史料记载，乾隆四年时，江苏江阴一县信奉大乘教者已达二百余人。[73] 乾隆八、九年间，空子教在河南、湖广，多有传授。[74]乾隆十一年前后，湖北一省"被惑从（大乘）教者不下一千余人"。[75]与此大体同时，福建瓯宁一带老官斋会拥众一千多人。[76]北京地区的宏阳教，"牵引十四州县"。[77]

再次是政治色彩浓厚。随着入教人员的增多，一些秘密宗教提出了比较明确的反清政治主张。如当时之大乘教教徒宣称："如今该弥勒佛管天下了，皇帝是李开花。"[78]福建地区的老官斋会则公然树起了"劝富济贫""代天行事"的旗帜。[79]为了实现这些政治主张，一些秘密宗教积极准备并先后举事。其主要者有乾隆四年发生的河南伊阳县白莲教起义，乾隆十一年遍及云贵、四川、湖广的大乘教起义的准备活动，乾隆十三年闽西地区先后发生的老官斋会起义和罗祖教教徒的抗官拒捕斗争等。为了巩固自己的政治统治，乾隆皇帝先后对这些起义进行了残酷镇压。

在各起秘密宗教起义中，河南伊阳白莲教举事最早。乾隆初年，"湖广、山东、河南等省，常有邪教之事"。[80]其中，伊阳地处豫西丛山之中，封建统治相对薄弱，因而白莲教势力较之其他地区更强大。当地白莲教首领是一个四十来岁的妇女蔡氏，绰号一枝花，"众人崇奉，呼为女总领"，[81]在当地教徒和人民群众中有着很高的威望。民间谚谣云："一枝花，十七八，能敌千军万马。"[82]一枝花之外，侯家集梁朝凤也在当地教徒中有着较大的影响。两人结拜为干姊妹，使得当地白莲教的传教活动搞得热火朝天。乾隆四年夏，官府出动差役下乡拘捕。梁朝凤等聚集教徒宰猪祭天，公开举事。因为寡不敌众，梁朝凤被捕，一枝花潜逃附近山中，起义失败。但是，这次起义却使以乾隆皇帝为首的各级封建统治者初步感到了秘密宗教对封建统治的威胁。他们认为："与其发觉后四出擒拿，尽置诸法，何如豫先防察晓谕，设法潜消。"[83]为了制止各种秘密宗教的流传，各级封建政府一方面"出示开谕"劝告入教人民自首，并在朔望宣讲圣谕时加上了有关惩治"邪教妖言"的内容；一方面增派兵弁差役"密行稽查"，"严拿究治"。[84]然而，由于秘密宗教的群众基础极为深厚，兼之以各级官吏办事疲玩，秘密宗教的传播不但未能被制止，反而愈加广泛。这样，乾隆十一年以后，乾隆皇帝只好亲自出马，以清查云贵、四川、湖广一带流传的大乘教为重点，对各种秘密宗教进行了普遍的镇压。

大乘教，又名大成教，是乾隆前期各种秘密宗教中发展最快、传播最广的一个秘密宗教。该教首创人是云南景东府的一个贡生张宝太。康熙二十年以后，张宝太开始在大理鸡足山一带开堂倡教。雍、乾中，张宝太以传播邪教两度被捕，监毙狱中，由其子张晓继续传习其教。由于长期传播，该教徒众遍及云贵、四川、湖广、江苏、江西、河南、山西、广东等许多省份。随着信教徒众日益增多，张宝太和各地教首先后进行了大量的反清政治宣传和发动起义的组织准备工作。其一是编刻书籍，宣传反清。张宝太在世时，即先后编刻《皇经注解》《先后天图》等书籍多种。张宝太死后，各地教首又继续编印图书，"率多大逆不道之语"。[85]其二是封赠官职，互相串连。如贵州教首魏斋婆即被张宝太封为"右中宫兼管左中宫，加升总统宫元佛权"。[86]她的儿子魏之瑗则被封为"果位金刚"，其他教首唐世勋、吕仕聘、魏之璧、魏明璋、雷大绥等也先后被封为"承中授记""上绕授记"等。为了协调彼此行动，共谋举事，各地教首之间还经常互相串连。如乾隆三年江苏夏天祐亲往云南见张宝太"传授经卷"。乾隆八年，贵州教首魏斋婆前往四川，谒见该地教首刘奇，兼与另一教首苏君贤互通消息。[87]其三是推举皇帝，密谋举事。张宝太死后，各地教首为了团结各支教徒，遂推举四川刘奇为总教主，"诡称张宝太已借四川刘奇之窍，临凡度众"。[88]与此同时，他们还将苏君贤推为皇帝，以便和刘奇一起领导即将到来的武装起义。

正在各地教首积极准备武装起义的时候，乾隆十一年春，贵州巡抚张广泗侦知其情，逮捕魏斋婆、唐世勋等当地教首、徒众一百四十余人，"搜获与首逆张晓、刘奇来往密札、格簿、赦帖"。[89]根据张广泗提供的线索，云南方面也采取相应行动，"拿获不轨要犯，搜查字迹，究出谋逆情由"。[90]大乘教整个起义计划全部暴露。得知这些情况，乾隆皇帝深感全部问题之严重。他指出："看来此等匪犯，显系彼此连结，声息相通，蔓延各省，非一乡一邑之邪教诱人钱财者可比。"[91]为此，他一方面对禁教不力的四川、江苏等省督抚严加训斥，并下令各地督抚"速行逦缉查拿，将布散羽党，跟踪弋获"；[92]一方面又采取措施，进一步加强了对传授秘密宗教人员的惩治。其中各地教首"情罪重大"，按律正法，自不待说；即使从犯，乾隆皇帝也下令从严惩治。"凡系为从，概不可宽。"[93]"此时若不留心办理，以净根株，则首恶虽除，而为从者仍可继起为害。"[94]根据他的这些指示，从当年五月到八月，四川、云南、湖广、江苏和全国大多数省份都进行了清查秘密宗教、缉拿教首的活动，并对缉获的教首和其中的骨干人员进行了极其残酷的屠杀。魏斋婆、张晓、刘奇、苏君贤、莫少康等许多教首先后被凌迟处死，其余相当一批教徒被遣发黑龙江等处，"以杜复行勾结之患"。[95]总教首张宝太虽已死去，也被戮尸平坟。所有查获邪教书籍"俱着该督抚于结案之后查明销毁，毋致留存，以滋后患"。[96]各处经堂概行没收，充作堆铺、社仓、义学，并不时派人查察。在乾隆皇帝的严厉镇压下，云贵、四川、湖广一带秘密宗教的活动暂时进入了低潮。

这时，由于各地秘密宗教发展的不平衡性，福建地区的罗祖教却得到了广泛的传播，并在乾隆十三年先后两次掀起斗争高潮，这就是瓯宁县老官斋会领导的武装起义和宁化县罗祖教教徒进行的抗官拒捕斗争。

老官斋会为罗祖教之别名，"入会吃斋之人，乡里皆称老官"，因称老官斋会。和大乘教一样，该教亦尊奉弥勒佛，两者似乎同出白莲教一源。雍正时期，该教于直隶、江苏、山东、浙江、福建、江西一带传播甚广。雍正七年，雍正皇帝曾下令上述各地严行查禁。自此之后，该教活动一度转入低潮。乾隆前期，在福建人民反抗斗争的带动下，老官斋会的活动又趋活跃，信徒增多，活动频繁。瓯宁、建安两县各村，纷纷设立斋堂。"各堂入会男妇，朔望聚会一次，或数十人、百余人不等。"[97]这样，其和封建政府之间的矛盾便日益尖锐。作为这种矛盾公开爆发的主要表现是乾隆十三年正月老官斋会领导的瓯宁人民起义。

乾隆十二年十一月，瓯宁遗立村老官斋会会首陈光耀等因聚会多人搭厂诵经，被瓯宁县逮捕监禁。为了营救这些会员，老官斋会"密邀会首，日夜聚谋"，商讨起义事宜。在此期间，他们将各级宗教组织军事化，设立元帅、总帅、总兵、副将、游击、守备、千总等官职，制造札付、兵簿、旗帜，"搜括旧存鸟枪、顺刀、钢叉、火药、硝磺，制造包头绸布，各用无极圣祖图记，人给一块为记"[98]。经过一个多月的紧张准备，乾隆十三年正月十二日，他们借女巫严氏之口，宣称"弥勒佛欲入府城"，[99]向各地会众发布了起义动员令。十四日，当地九村会众一千余人齐集各堂。十五日，首先由女巫严氏"乘轿张盖，率众先驱，扛抬神像，跳跃而行"，[100]尔后，其余起义部众分别打着"劝富济贫""代天行事""无为大道"等多面旗帜，手执枪刀器械，浩浩荡荡地杀向建宁府城。当地官府得知这一消息，急调军队前来镇压。由于广大起义会众组织松散，除少数骨干进行了一些零星抵抗外，其他多数会众一见全副武装的官军前来镇压，当即一哄而散。得知起义发动的消息，乾隆皇帝极为震惊，为了扑灭这场人民起义的烈火，他急令闽浙总督喀尔吉善赶回福建，会同福州将军新柱率领兵丁，"将此案各犯，逐一严拿务获，无使一名兔脱"。[101]与此同时，乾隆皇帝还要求他们采取严厉措施，对捕获起义群众进行镇压。"此种逆匪，既称聚众千人，即诛戮五六十人，亦不为多。但得实情，应即正法。宁从惩创，以褫奸恶之魄，而警愚民之心，断不可稍存姑息，使藐视国法，又生事端。"[102]在乾隆皇帝的严旨督催下，喀尔吉善等纵兵大肆搜捕，"两旬内获犯三百余名"，[103]进行了残酷的屠杀和处罚。首恶凌迟，助谋为从者立斩，传教者绞候，一般会众充发乌喇，虽非会众而知情不举者流徒边远，吃斋者枷责。

然而屠杀政策并没有吓倒人民，就在统治阶级挥舞屠刀对广大起义群众横加杀戮的时候，各地会众的反抗斗争仍然不断发生，以致乾隆皇帝本人也无可奈何地哀叹："奸徒之固结，愍不畏死，实乃德不能感，威不能制，何闽省人心风俗，败坏一至于此。"[104]就是在这些人民反抗斗争的浪潮中，宁化一带又发生了罗祖教组织的抗官拒捕斗争。

乾隆十三年十月，在全国上下缉拿"邪教"的声浪中，宁化县知县周天福亲率衙役民壮百余人前往该县龙上里，缉捕自江西逃来的罗祖教骨干严友辉。不仅当即将其擒拿，而且搜出经像、符印等物。得知教友被捕消息，本村罗祖教骨干严玉、曾钟吉等立即率领教众百余人赶至，将周天福所据房屋团团围住，抛砖掷瓦，堆草放火，勒令放人。面对愤怒已极的群众，平日作威作福的知县和那些衙役都吓破了胆，乖乖地将所掳人、物交出，狼狈不堪地逃回县城。对此，乾隆皇帝大发雷霆，一方面严厉训斥周天福"畏葸无能"，"不知大义"，"于民生有何裨益"，[105]严令喀尔吉善将其参革；一方面命令喀尔吉善等将此案首从各犯皆照处分老官斋起义人员之例"速行严拿务获，从重案拟"。[106]这样，封建政府对当地抗官拒捕的罗祖教教徒进行了极其凶残的报复，其中二十五人"照新定刁民聚众抗官之例"通通正法。

福建罗祖教抗官拒捕斗争镇压下去之后，乾隆皇帝又先后制定了许多措施以禁止秘密宗教的活动和传播。如乾隆十四年五月，乾隆皇帝规定，凡失察邪教者，"地方官例降一级调用者，上司罚俸一年，督抚罚俸六个月。地方官例降二级调用者，上司降一级留任，督抚罚俸九个月"。[107]与此同时，对于传播秘密宗教的教首的处分也进一步严厉。如乾隆二十二年四月，乾隆皇帝规定，凡传播邪教之人，"为首者即行杖毙，其党羽充发黑龙江当苦差，俾奸恶知所警戒"。[108]在乾隆皇帝的强力镇压下，全国各地秘密宗教的活动进入了低潮。不过需要指出的是，这种低潮只是形式上的低潮。为了对付封建统治者的镇压，许多秘密宗教由原来的半公开转入地下，内部组织也更加严密。与此同时，传教方式也更加灵活，如河南荣华会即将教义编成广大群众所喜闻乐见的鼓儿词、歌词进行传播，[109]从而为乾隆后期发生的秘密宗教反清大起义准备了充分的条件。

二、镇压宗教色彩较为淡薄的人民起义

在秘密宗教组织反清起义的同时，宗教色彩颇为淡薄的农民起义也此起彼伏。大体说来，乾隆十七年以前，这些起义大多都是农民抗租斗争的继续和扩大，缺乏长期的准备和明确的政治目标，而且大多未曾发动或刚刚发动即被镇压下去。然而，随着人民反抗斗争的不断深入，乾隆十七年以后，各次农民起义大多都有了较为鲜明的反清政治色彩。与此同时，斗争规模不断扩大，坚持时间逐渐延长，不但在当时给封建统治阶级以相当沉重的打击，而且也为此后更大规模的人民反抗斗争提供了丰富的斗争经验。于此择其要者略作介绍，以见乾隆皇帝镇压农民起义之大概情况。

1. 马朝柱领导的鄂、皖人民起义

在乾隆前期发生的多起农民起义中，反清政治色彩较为

鲜明并对全国产生较大影响的是乾隆十七年马朝柱领导的鄂、皖农民起义。

马朝柱，又名马太朝，湖北蕲州人。以家贫难以度日，在当地白云庵和尚正修的影响下，立下了武装反清的志向，并于乾隆十二年以后，进行了武装起义的宣传发动工作。利用广大群众的迷信思想，他多次宣称天神向他传授了兵书、宝剑、金镜、旗帜，以树立自己在广大贫苦人民心目中的威望。与此同时，他又以明代后裔朱洪锦为号召，宣称朱洪锦现在西洋，有兵三万七千，张锡玉为其大学士，吴三桂后裔吴乘云和李开花为其大将，自己是其军师，极其鲜明地提出了"反清复明"的政治纲领。为了启发广大汉族人民的民族意识，他还公开揭露清朝"祖皇帝是从口外来的，满洲兵来历不清"等重要历史事实。[110]乾隆十五年以后，马朝柱以湖北罗田县天堂寨为根据地，在当地烧炭农民中广泛发动群众。在他的鼓动下，不只当地挖山烧炭穷苦农民"被诱上名者遂众"，[111]安徽、湖广、河南、四川、江西一带的信徒也在在皆是，皆以"发辫外圈蓄发为记"。[112]马朝柱还"散札招军，积饷制械"，[113]积极准备武装起义。然而，就在此时，马朝柱秘密打造兵器之处被蕲州知府李泌所侦知，起义计划全部暴露。得知这一消息，乾隆皇帝惊恐异常。他一方面对广大起义群众破口大骂："此等匪徒，赋性顽逆，原非人类所宜有。"[114]一方面下令湖广总督永常、两江总督尹继善"无分彼此，立行查办"。[115]根据他的指示，清军自东西两路向罗田一带集中。这时，马朝柱立即将"太朝军令"四字印旗发往各地，要求各路起义人员"分路纠合"，一齐举事。因为各路清军戒备森严，这一目的未能实现。四月初，马朝柱率当地起义部众二百余人退守安徽英山天马寨，孤军拒敌。在清军的进剿下，两天之后，山寨失守，马朝柱和其他一些起义骨干乘乱逃出，不知所终，其余二百多人全被捕获，并被极其残酷地处以死刑，起义最后失败。

2. 蔡荣祖领导的福建漳州人民起义

乾隆前期，福建地区人民反抗斗争相当频繁。除抗租、抗粮斗争之外，小规模的农民起义也经常发生。在这些人民反抗斗争的基础上，乾隆十七年十二月，发生了反清政治色彩颇为浓厚的蔡荣祖领导的漳州人民起义。

蔡荣祖是福建平和县的一个秀才，因为不满清朝政府和地主对佃户的剥削和压迫，而与他的密友南靖县道士冯珩密谋反清。乾隆十六年十一月，他首先串连数人至冯家密商"同举大事"。次年二月，又以为冯祝寿为名，聚集多人结盟，自为盟主，以冯珩为军师。四月间，蔡荣祖定国号为"大宁国"，[116]六月后，分遣骨干人员"各往召人入伙"。经过发动，大批贫民甚至部分政府低级办事人员和兵丁都加入了这一秘密组织。从十月开始，蔡荣祖等积极准备武装起义。一方面委人制作札付、器械、旗帜、印信等物；一方面将起义部众分为漳州、漳浦、海澄、厦门、琯溪五路，皆以白布缚腰为号，约定当年十二月二十七日会集于漳州南门外，分散城内城外，"黄昏以后，放火为号，一齐动手攻击"。[117]正在起义进入最后准备阶段的时候，漳州府文武衙门已经侦知了南靖、平和一带即将发生起义的消息，并于岁暮之际加强了巡查。蔡荣祖携带武器刚到南靖县城外，即被巡查兵丁所擒拿，所有刀枪、印信、令旗、空札等均被缴走。尔后，当地政府按名拿人，将各路起义军主要负责人全行逮捕。由于这次起义适值湖北马朝柱起义刚被镇压下去不久，乾隆皇帝在得到起义发动消息之后极为痛恨，当即下令严厉镇压，"此案统宜按照江南英山之例从重处治，庶足惩儆匪逆，安靖海疆"。[118]"一切从严办理，不可稍存姑息，此等不逞之徒，即多戮数人，何足惜耶。"[119]这样，当地官员对参加起义人员进行了极其残酷的大屠杀。兵丁中凡经查出从逆者，"即行斩决，以儆戎行"。[120]所有被捕起义人员二百余人通行正法。在广大起义人员的血泊中，封建统治者恢复并加强了他们对当地人民的统治和压迫。

3. 何佩玉领导的湖北荆门人民起义

由于乾隆皇帝的强力镇压，乾隆十九年以后，各地人民武装起义一度进入了低潮。但是，经过不长时间的平静，乾隆三十一年以后，各地人民起义又趋活跃。其中，乾隆三十三年三月何佩玉领导的湖北荆门人民起义，是一次具有强烈的反抗民族压迫色彩的农民起义。

当时，湖北荆门何家巷农民何佩玉与其婿孙大有聚集当地贫民，"制造枪刀旗帜，声称不日劫饷破城"。[121]为了动员广大人民参加起义，他们揭起了反清复明的大旗。在所造旗帜上大书"大明朱天子天令号"，"中华明君见汉不杀"，"恭行天讨，原非人事"等字样。[122]湖广总督定长闻知此事，急与湖北布政使闵鹗元率兵进剿。对此，起义群众毫无畏惧，"先用茅草放烟为号，擂鼓竖旗，呐喊齐出"，[123]"各执枪刀器械"，杀死官军多人。经过激烈战斗，何佩玉、孙大有等二百名起义人员被捕。得知此次起义被镇压下去的消息，乾隆皇帝非常高兴。在褒奖有功官员的同时，他明谕："此等奸民，原为戾气所生，比之恶兽毒蛇，宇宙间不能无此种类。其天良绝灭，自外生成，实为覆载之所不容。一经破案，即当尽法严究，大示创惩，若仅将首犯数人正法，余党概从宽典，则匪犯罔知警戒，何以戢奸宄而靖地方？"[124] 这样，在各级统治者弹冠相庆之时，大批起义者倒在了血泊之中。

4. 黄教领导的台湾冈山人民起义

黄教领导的台湾冈山一带人民起义，是一次坚持时间较长而又影响较大的农民起义。黄教是台湾冈山地区的一个贫苦农民，因为不堪当地封建政府的压迫，于乾隆三十三年夏秋之际，聚集贫苦群众二百余人，掀起反抗当地封建政府的武装斗争。当年十月初二日，黄教竖起大旗，直接向官兵驻地发动进攻，缴获大批军仗器械。面对农民军的进攻，台湾镇总兵王巍胆颤心惊，"观望阅日，始带兵继进，离贼巢数里，辄行驻札，施放空枪，自焚营帐"。[125]乾隆皇帝闻知此信，急调福建提督吴必达率水陆军队数千渡海作战。在数十倍于己的清军的进剿下，黄教率领起义军退入少数民族居住地区，凭借有利地形，继续坚持武装斗争。在南起凤山、北至诸罗一带广阔的地区内出没无常，先后予进剿清军以沉重的打击。乾隆皇帝气急败坏，下令将王巍、吴必达等革去职务，戴罪擒贼自赎。与此同时，他还宣称："黄教一日不获，此案一日不了。"[126]先后增调军队，继续向起义军发动猛烈进攻。在乾隆皇帝的严旨督催下，乾隆三十四年三月底，主持进剿事务的叶相德等以重金收买叛徒，将黄教刺杀于诸罗山中。同时，又分率军队大举进剿，先后捕拿起义部众一百三十余人，坚持斗争达半年之久的黄教起义至此才被镇压下去。

黄教起义虽在乾隆皇帝的军事镇压下失败了，但是却对东南沿海一带的人民反抗斗争起了很大的推动作用。在这次起义的影响下，汀州傅元禧、诏安萧日强、漳浦蔡乌强、龙溪王天送等相继举事，予当地封建统治以沉重的打击。

5. 严金龙领导的湖北京山人民起义

乾隆三十六年十月严金龙领导的湖北京山人民起义，也是一次反清色彩比较强烈的农民起义。此前，严金龙自称鬼谷子转世，能知过去未来，得有神剑、印信，能遣神兵，在湖北京山一带贫苦农民中广为串连。与此同时，他还以练习拳勇为名，联络志同道合之士一百多人，密制"匡复中原"印文，建"天运"年号，封拜官员，积极准备起义事宜。十月初八日夜，严金龙邀集何士荣等骨干二十余人饮酒结盟，约定十月十四日起事，抢劫京山县仓库。但随即被当地官员所发觉并派兵前来镇压。严金龙、何士荣等人逃走，其余部众一百余人被捕。乾隆皇帝得知这次起义消息后，一方面命令将"现有之犯，严讯确情，从重究治，使顽民各知炯戒，不可稍存姑息"，[127]一方面传谕各省，从速擒拿严金龙、何士荣等。当年十二月和次年三月，严、何二人先后被捕并被处以死刑，这次农民起义也以失败而告终。

1 《清高宗实录》卷五,雍正十三年十月。

2 《康雍乾时期城乡人民反抗斗争资料》下册,中华书局,1979年,第553页。

3 《康雍乾时期城乡人民反抗斗争资料》下册,第562页。

4 《清高宗实录》卷五,雍正十三年十月。

5 《康雍乾时期城乡人民反抗斗争资料》上册,第286页。

6 《清高宗实录》卷一四六,乾隆六年七月乙丑。

7 《清高宗实录》卷四一四,乾隆十七年五月癸酉。

8 《清高宗实录》卷四五一,乾隆十八年十一月庚辰。

9 《康雍乾时期城乡人民反抗斗争资料》下册,第587页。

10 《康雍乾时期城乡人民反抗斗争资料》下册,第588页。

11 《清高宗实录》卷一四六,乾隆六年七月庚午。

12 《康雍乾时期城乡人民反抗斗争资料》上册,第31页。

13 《康雍乾时期城乡人民反抗斗争资料》上册,第31页。

14 《康雍乾时期城乡人民反抗斗争资料》上册,第31页。

15 《康雍乾时期城乡人民反抗斗争资料》上册,第31页。

16 《清高宗实录》卷一五一,乾隆六年九月辛卯。

17 《康雍乾时期城乡人民反抗斗争资料》下册,第563页。

18 《清高宗实录》卷一五一,乾隆六年九月辛卯。

19 《清高宗实录》卷一五七,乾隆六年十二月庚申。

20 《康雍乾时期城乡人民反抗斗争资料》上册,第296页。

21 《康雍乾时期城乡人民反抗斗争资料》上册,第296页。

22 《康雍乾时期城乡人民反抗斗争资料》上册,第300—302页。

23 《康雍乾时期城乡人民反抗斗争资料》上册,第300—302页。

24 《康雍乾时期城乡人民反抗斗争资料》上册,第300—302页。

25 《康雍乾时期城乡人民反抗斗争资料》上册,第300—302页。

26 《康雍乾时期城乡人民反抗斗争资料》上册,第300—302页。

27 《清高宗实录》卷二三〇,乾隆九年十二月戊午。

28 《康雍乾时期城乡人民反抗斗争资料》下册,第574页。

29 《康雍乾时期城乡人民反抗斗争资料》上册,第304页。

30 [乾隆]《南安县志》卷二二。

31 《清高宗实录》卷二二五,乾隆九年九月癸卯;卷二二四,乾隆九年九月丁亥。

32 杨锡绂:《四知堂文集》卷五。

33 《清高宗实录》卷一九七,乾隆八年七月庚戌。

34 《康雍乾时期城乡人民反抗斗争资料》下册,第521页。

35 《康雍乾时期城乡人民反抗斗争资料》下册,第522页。

36 《康雍乾时期城乡人民反抗斗争资料》下册,第521—523页。

37 《康雍乾时期城乡人民反抗斗争资料》下册,第521—523页。

38 《康雍乾时期城乡人民反抗斗争资料》下册,第521—523页。

39 《康雍乾时期城乡人民反抗斗争资料》上册，第103页；下册，第564页。

40 《康雍乾时期城乡人民反抗斗争资料》上册，第103页；下册，第564页。

41 《康雍乾时期城乡人民反抗斗争资料》上册，第104页；下册，第564。

42 《康雍乾时期城乡人民反抗斗争资料》上册，第103页；下册，第565页。

43 《清高宗实录》卷二七七，乾隆十一年十月。

44 《清高宗实录》卷三八九，乾隆十六年五月乙丑；卷四一二，乾隆十七年四月壬寅。

45 《清高宗实录》卷三九一，乾隆十六年闰五月乙未。

46 《清高宗实录》卷四一七，乾隆十七年六月戊午。

47 《清高宗实录》卷三三六，乾隆十四年三月乙卯。

48 《清高宗实录》卷二七三，乾隆十一年八月壬辰。

49 《清高宗实录》卷一四六，乾隆六年七月庚午。

50 《清高宗实录》卷二九〇，乾隆十二年五月己亥。

51 《清高宗实录》卷二九〇，乾隆十二年五月辛卯。

52 《清高宗实录》卷三一四，乾隆十三年五月己丑。

53 《清高宗实录》卷三一九，乾隆十三年七月癸卯。

54 《清高宗实录》卷三一九，乾隆十三年七月癸卯。

55 《清高宗实录》卷四三九，乾隆十八年五月己卯。

56 《清高宗实录》卷二九三，乾隆十二年六月辛巳。

57 《清高宗实录》卷四一九，乾隆十七年七月辛巳。

58 《清高宗实录》卷四六二，乾隆十九年闰四月甲子。

59 《清高宗实录》卷一七一，乾隆七年七月乙酉。

60 《清高宗实录》卷五〇二，乾隆二十年二月庚戌。

61 ［乾隆］《乌青镇志》卷一。

62 ［宣统］《高要县志》卷二五。

63 《清高宗实录》卷五六〇，乾隆二十三年四月丙辰。

64 《清高宗实录》卷五七四，乾隆二十三年十一月戊戌。

65 《清高宗实录》卷六三三，乾隆二十八年三月丁亥。

66 《清高宗实录》卷七一八，乾隆二十九年九月丁巳。

67 《清高宗实录》卷七八一，乾隆三十二年三月。

68 《清高宗实录》卷七九五，乾隆三十二年九月壬子。

69 《康雍乾时期城乡人民反抗斗争资料》上册，第322页。

70 《清高宗实录》卷八四三，乾隆三十四年九月甲辰。

71 《康雍乾时期城乡人民反抗斗争资料》上册，第342页。

72 《清高宗实录》卷九五三，乾隆三十九年二月丙午。

73 《清高宗实录》卷九〇，乾隆四年四月戊子。

74 《清高宗实录》卷二二三，乾隆九年八月。

75 《清高宗实录》卷二七五，乾隆十一年九月。

76 《清高宗实录》卷三〇九，乾隆十三年二月壬申。

77 《清高宗实录》卷二七一，乾隆十一

年七月庚戌。

78 《清高宗实录》卷二七一，乾隆十一年七月己未。

79 《清高宗实录》卷三〇九，乾隆十三年二月壬申。

80 《清高宗实录》卷一〇七，乾隆四年十二月壬辰。

81 《康雍乾时期城乡人民反抗斗争资料》下册，第619页。

82 《康雍乾时期城乡人民反抗斗争资料》下册，第620页。

83 《清高宗实录》卷一〇七，乾隆四年十二月壬辰。

84 《清高宗实录》卷一〇七，乾隆四年十二月壬辰。

85 《康雍乾时期城乡人民反抗斗争资料》下册，第645—646页。

86 《康雍乾时期城乡人民反抗斗争资料》下册，第645—646页。

87 《康雍乾时期城乡人民反抗斗争资料》下册，第645—646页。

88 《清高宗实录》卷二七五，乾隆十一年九月壬戌。

89 《清高宗实录》卷二六七，乾隆十一年五月甲子。

90 《清高宗实录》卷二六八，乾隆十一年六月辛未。

91 《清高宗实录》卷二六九，乾隆十一年六月甲午。

92 《清高宗实录》卷二六八，乾隆十一年六月癸酉。

93 《清高宗实录》卷二六九，乾隆十一年六月甲午。

94 《清高宗实录》卷二七〇，乾隆十一年七月庚子。

95 《清高宗实录》卷二六八，乾隆十一年六月辛未。

96 《清高宗实录》卷二七八，乾隆十一

97 《清高宗实录》卷三〇九，乾隆十三年二月甲申。

98 《清高宗实录》卷三〇九，乾隆十三年二月甲申。

99 《清高宗实录》卷三〇九，乾隆十三年二月甲申。

100 《清高宗实录》卷三〇九，乾隆十三年二月甲申。

101 《清高宗实录》卷三〇九，乾隆十三年二月壬申。

102 《清高宗实录》卷三〇九，乾隆十三年二月壬申。

103 《清高宗实录》卷三一一，乾隆十三年三月。

104 《清高宗实录》卷三一二，乾隆十三年四月壬戌。

105 《清高宗实录》卷三二八，乾隆十三年十一月甲寅。

106 《清高宗实录》卷三二七，乾隆十三年十月丁未。

107 《清高宗实录》卷三四一，乾隆十四年五月己巳。

108 《清高宗实录》卷五三六，乾隆二十二年四月丁卯。

109 《清高宗实录》卷五五一，乾隆二十二年十一月。

110 《康雍乾时期城乡人民反抗斗争资料》下册，第659页。

111 《清高宗实录》卷四一六，乾隆十七年六月甲辰。

112 《清高宗实录》卷四一六，乾隆十七年六月甲辰。

113 《清高宗实录》卷四一三，乾隆十七年四月。

114 《清高宗实录》卷四一三，乾隆十七年四月。

115 《清高宗实录》卷四一三，乾隆

十七年四月。

116 《康雍乾时期城乡人民反抗斗争资料》下册，第667页。

117 《康雍乾时期城乡人民反抗斗争资料》下册，第668页。

118 《清高宗实录》卷四三〇，乾隆十八年正月丙寅。

119 《清高宗实录》卷四三一，乾隆十八年正月乙亥。

120 《清高宗实录》卷四三二，乾隆十八年二月丙申。

121 《康雍乾时期城乡人民反抗斗争资料》下册，第676页。

122 《康雍乾时期城乡人民反抗斗争资料》下册，第677页。

123 《康雍乾时期城乡人民反抗斗争资料》下册，第676页。

124 《清高宗实录》卷八〇七，乾隆三十三年三月己酉。

125 《清高宗实录》卷八三四，乾隆三十四年五月戊子。

126 《清高宗实录》卷八三二，乾隆三十四年四月癸丑。

127 《清高宗实录》卷八九五，乾隆三十六年十月乙未。

第九章　赤日烈焰

第一节　极度专制

　　乾隆三十八年，在四海统一、统治相当巩固的情况下，乾隆皇帝跨入了他一生中的晚年时期。回顾即位三十多年来自己走过的历程，环视当时"内无诐谒之女宠、干政之宦官，朝无擅权之贵戚大臣，外无拥兵之强藩巨镇"，皇权空前加强的政治局面，乾隆皇帝异常振奋。这时，对于此后国家事务的治理和自己政治活动的安排，乾隆皇帝说过如下一段话：

　　　　朕尝读唐史云，人君无不锐始而工于初，其半稍怠，卒乃澶漫不振，朕尝引以为戒。今朕虽逾六衮，而精力强盛如常，不惮万幾之劳勤。尝欲俟八旬以后，春秋渐高，酌量精神，视古帝王耄期倦勤之义，或可稍安颐养。而此时正振作有为之日，方当乾惕日加，励精求治，不肯纤毫自懈。大臣中或有高年者，亦当体朕之用心，服勤勿怠。所谓庄敬日强，堂廉交儆之道，亦正在此。[1]

本着这一思想，乾隆皇帝开始了他的统治后期第一阶段的政治活动。

乾隆后期第一阶段大致是从乾隆三十年代后期开始，至乾隆五十年左右结束。在这十几年的时间里，为了进一步加强自己的专制统治，除制造文字狱和查缴禁书之外，乾隆皇帝的主要活动大致有四，一是压抑臣权以提高君权；二是增募军队以加强镇压力量；三是厉行保甲和普禁鸟枪；四是对一些历史遗留问题进行处理。

一、压抑臣权，提高君权

乾隆后期，乾隆皇帝在位已经四十来年，由于乾隆皇帝对政治上异己势力的打击和官吏队伍的自然更新，各级政权机构中的雍正旧臣基本上被清除殆尽，几乎所有官吏都是由乾隆皇帝亲自提拔而来。和君权相比，臣权本已低得可怜，但为了进一步强化自己的专制统治，乾隆皇帝仍然把限制和压抑臣权作为自己的一项主要政治活动。

在所有官吏中，科道、御史等言事官员因为职务关系，和乾隆皇帝的各项政治举措关系密切，因而成了乾隆皇帝的重点限制和打击对象。在他看来，凡是臣下上书言事都是"效明末谏垣门户恶习"，[2]都是对自己权力的侵犯。因而，对于言事官员，稍不遂意，不是降黜，就是发配边远，至于降旨申斥则几乎更是家常便饭。如乾隆三十九年，给事中李漱芳、御史范宜宾先后上言：王伦起义之爆发是因地方官员讳灾不报，饥民无食所引起。与此同时，他们还提到京畿一带地方也有类似情况。对于他们的这些言论，乾隆皇帝不但不予重视，反而下令进行反调查，指斥二人"身为言官，而造作无稽之谈，为乱民饰词卸过，其心实不可问"。[3]因此，李漱芳被降为主事，范宜宾则被革职发往新疆效力赎罪。三年多以后，礼部循例题请将李漱芳补为员外郎。乾隆皇帝得知后，又大发雷霆，斥礼部尚书永贵的这一做法"乃明季士大夫恶习，党援朋比之风，固结不解"。他表示："我大清列圣相承，朕敬承先志，方以振纲饬纪为务，岂容大臣等之行私蔑法乎？"[4]李漱芳官未升成，礼部尚书永贵却因此而被拔去花翎，革职发往乌什办事。因为对言官非常反感，乾隆皇帝还经常对他们奏疏中的字眼百般挑剔，稍有不谨失敬之处，也被视为触犯皇帝尊严而予以惩治。如乾隆五十年三月，御史费孝昌奏请官吏终养父母一疏中有"君设身以处"字样，当即被乾隆皇帝指斥为"措辞乖体"，"全不知敬谨之道"而勒令休致。[5]总之，在此期间，几乎没有一个言官不因上书言事而遭到申斥和处分。在乾隆皇帝的强力压制下，言路闭塞，言官地位也下降到了雍正以来的最低点。

　　与此同时，乾隆皇帝还采取一切可能的措施进一步加强了对各级官吏的控制。鉴于官吏队伍不断更新，许多官员不谙成例，乾隆皇帝有时反复重申一些过去的旧规定。如乾隆四十四年十一月，直隶布政使单功擢病故，直隶总督杨景素奏请于尚安、于易简二人中简授一员。对此，乾隆皇帝指出，"两司为各省大员，非督抚所当保荐"[6]，便是属于重申旧规定的例证。除此之外，为了防止官吏结党，尾大不掉，乾隆皇帝还在官员回避和具折言事官员的范围上先后做出了一些新规定。关于回避范围，乾隆四十三年六月，乾隆皇帝规定："各部院满汉堂司各官外姻亲属中，母之父及兄弟，妻之父及兄弟，己之女婿、嫡甥在同衙门，令官小者回避；同官者，令后进者回避。"甚至小小的笔帖式也仿此例办理，以防彼此瞻顾之弊。[7]乾隆四十五年七月，乾隆皇帝又规定："嗣后同在一省之上司属员，概不得于现任内结亲，违者照违令议处。"[8]乾隆四十九年还规定："凡委员署理，如缺与原籍住址在五百里内者，亦令呈请回避。"[9]一年多以后，为了迎合乾隆皇帝的心理，一个官员还要求将回避范围扩大到驻防八旗的各级官员。仅因这一建议实难行通，"均令回避，必滋繁扰"，[10]不得已而作罢。为了压抑督抚权力，乾隆四十一年六月，乾隆皇帝又恢复雍正旧制，准予道员委署两司者具折奏事。[11]乾隆四十八年四月还规定："卓异官犯赃，议处原保荐上司。"[12]

在采取措施限制各级官吏的同时，乾隆皇帝还特别注意清除各地官吏的社会影响。乾隆四十五年三月，乾隆皇帝五次南巡，发现杭州西湖花神庙所塑湖神、花神、花后皆系李卫督浙时按照自己形象所塑，以使自己"永享祠祀"。对此，乾隆皇帝极为震怒，当即下令将之拆毁，另行塑造。[13]对于各地树立的历来文武官员去思德政碑也通令各省概行拆毁，并严禁"各省兵民制送上官衣伞"、建造生祠等。[14]为了让各级官员认真贯彻执行，他还做出规定，将之作为官员离任交待的必要内容。在乾隆皇帝的严令督促下，全国各地纷纷将康、雍以来所建的祠碑予以拆毁，其中仅云南、山西两省，便有近六百座。[15]对于表彰本朝名臣的一些著作如《本朝名臣言行录》，乾隆皇帝尤其不能容忍。作者尹嘉铨处死之外，所有流传书籍及书板概行解京销毁。[16]对于该书记载的本朝名臣如范文程、李光地、顾八代、高士奇、高其位、汤斌、张伯行、陆陇其、蒋廷锡、鄂尔泰、张廷玉、史贻直等，则逐一指斥。在他看来，本朝既无奸臣，亦无名臣，所有臣下都是一帮听从皇帝任意驱使的碌碌之辈。为了压抑臣权，乾隆皇帝还向表彰名臣的理学鼻祖二程与朱熹开火。乾隆四十五年九月，他在命令臣下编纂《历代职官表》一书时，便对程颐所说的"天下之安危，系乎宰相"的说法进行了批判。[17]尔后不久，在处理尹嘉铨文字狱案件期间，他还闪烁其词地把批判的矛头指向了朱熹的《名臣言行录》一书，并对尹嘉铨严厉处理以发泄他对朱熹的一腔怒火。在乾隆皇帝的压制下，所有臣下都变成了一群诚惶诚恐地匍匐在乾隆皇帝脚下的奴仆，乾隆皇帝的专制统治强化到了两千多年以来中国封建社会的最高峰。

在压抑臣权、提高君权的各种政治活动中，乾隆皇帝最为注意加强对包括军机大臣在内的所有中央政府中的高级官员的控制。作为这一活动的重要表现，是和珅的不次擢升及其在国家政治生活中发挥的愈益重要的作用。

如上所述，乾隆皇帝自即位伊始，即以加强皇权、压抑臣权为事。乾隆初年，他先是重建军机处以取代总理事务处，尔后，对于军机大臣和其他高级官员也是一换再换。即以处于政权中枢的首席军机大臣而言，最初是以自己培养起来的讷亲、傅恒取代先朝旧臣鄂尔泰、张廷玉；在傅恒死后，又以并非宗室、贵戚的尹继善、刘统勋、于敏中、阿桂等先后担任是职。和讷亲、傅恒一样，尹继善、刘统勋、于敏中、阿桂也都是由乾隆皇帝一手提拔上来的。使用他们，当然不会有什么大的问题。尽管如此，在乾隆皇帝看来，军机大臣和不少高级官吏都仕宦较久，联络广泛，功勋卓著，深孚众望，对于自己专制统治的极端强化仍是一个潜在的威胁。乾隆三十九年七月发生的首席军机大臣于敏中交结太监高云从案件，更使乾隆皇帝的这种顾虑得到了证实。为了处理政务，固然不能舍弃贤才，但是，进一步加强对政府高级官吏特别是加强对军机大臣的控制也是势所必须，迫不可缓。而在此时，乾隆皇帝已经年近七十，精力时或不济。这样，通过代

理人以对政府高级官员和军机大臣进行控制便成了乾隆皇帝惟一可行的方法。就是适应乾隆皇帝的这一政治需要，并无寸功但却巧言令色、善窥人主意旨的和珅登上了政治舞台，并且成了一个权倾朝野的大人物。

和珅（1750—1799），字致斋，姓钮祜禄氏，满洲正红旗人。出身寒微，早年卒业于咸安宫官学。乾隆三十四年，进入内务府銮仪卫当上了一名拜唐阿。因为口齿伶俐，应对敏捷，得到了乾隆皇帝的特别宠爱。进入銮仪卫不久，即擢升为仪仗总管，不长时间，又升任三等侍卫。乾隆四十年以后，更是官运亨通。当年，入值乾清门，擢御前侍卫、正蓝旗满洲副都统；次年正月，以乾隆皇帝特旨，全族抬入正黄旗；三月，又奉命在军机处行走；八月，调任镶黄旗满洲副都统；十月，准其于紫禁城骑马；十一月，为国史馆副总裁。尔后，职务越兼越多，权力越来越大。乾隆四十二年十月，兼步军统领。乾隆四十三年，兼崇文门税务监督。乾隆四十四

年，兼御前大臣。乾隆
四十五年，授户部尚书、
议政大臣、正白旗领侍卫
内大臣、四库全书馆正总
裁。乾隆四十七年，加太
子太保，充经筵讲官。乾
隆四十八年，赏戴双眼花
翎、任国史馆正总裁兼文
渊阁提举事、理藩院尚
书。乾隆四十九年，又相
继兼任镶蓝旗满洲都统、
正白旗满洲都统、清字经

和珅画像 （清）佚名绘

馆总裁、吏部尚书、协办大学士等要职。在此期间，秉承乾
隆皇帝的旨意，和珅先后以中央政府中的高级官员为对象，
屡兴大狱。其中影响较大的是李侍尧和于敏中两起大案。

李侍尧曾以总督担任大学士、军机大臣，颇得乾隆皇帝
信任。但其担任军机大臣期间，"儿畜和珅"，[18]因而和珅对
他恨之入骨。后来李侍尧离开军机处，专任云贵总督。和珅
遂以其"贪浊无厌"、收受属员贿赂为借口，将李革职下狱，
并力请乾隆皇帝将之处死。乾隆皇帝以其为功臣李永芳之后，
对其仅仅是籍没家产，饶其一命。[19]李案之后，和珅选择的
另一个打击对象是原任首席军机大臣的于敏中。于在担任首
席军机大臣期间，曾因结交宦官而受到乾隆皇帝的严厉申斥，
宠眷大减。于敏中死后，为迎合乾隆皇帝的心理，和珅以于
敏中之侄于时和非法侵吞于敏中全部家财为借口，再次兴起

大狱。结果，于敏中家财二百余万全被没收，于时和被放逐伊犁，于敏中之妾张氏被削夺夫人诰命。受此影响，于敏中本人及其亲信党羽也信誉扫地。[20]

后来，随着和珅权势的不断增长，凡在军机处、内阁任职的所有高级官员如阿桂、福隆安、福康安、王杰、董诰、刘墉等几乎都成了和珅攻击的对象。为了免遭倾轧陷害，阿桂虽然德高望重，对其也是"刻刻防之"，王杰、董诰等人则更是"循循如属吏"，[21]而和珅则因此几乎成了清朝政府中的"二皇帝"。对于和珅在中央政府中的这种地位和作用，当时出使中国的朝鲜使臣看得很清楚，称其"为人狡黠，善于逢迎，年方三十一，为户部尚书、九门提督……性又阴毒，少有嫌隙，必致中伤，人皆侧目"。[22]正是有了和珅这条走狗，乾隆皇帝对于中央高级官吏的控制空前加强，因而在乾隆皇帝年至七十，身体和精力都颇觉不济之时，国家"政令事为"反而"间多苛严"，"人怀不安"，[23]朝廷上下一片紧张气氛。

乾隆皇帝即位之初，就全国而言，政治上尚未完全实现统一；就统治集团内部而言，两位当朝大臣鄂尔泰、张廷玉之间的党争也对国内政治形势的安定产生了一定的影响。尽管当时君主专制制度已经表现出了许多严重的问题，但在维护、巩固国家的统一和安定，剔除一些角落中最落后的生产关系方面，皇权仍然有其存在的必要和一定的发展余地。适应这一客观形势，乾隆皇帝即位之后，在极力加强皇权的基础上，对内打击政治上的异己势力，对外调动军队，讨逆平叛，巩固统一，从而使乾隆前期的政治形势和国家面貌都发生了巨大的变化，社会经济和文化事业也有了较大的发展，乾隆皇帝的统治空前巩固，清帝国进入了清朝建立以来最兴盛的时期。就此而言，乾隆皇帝个人权力的加强对于当时社会的进步不无作用。然而，作为一个封建君主，乾隆皇帝既不了解皇权加强的客观依据，也不能察觉皇权对社会发展所造成的严重危害，单凭几十年来个人成功的经验，便把加强皇权当作了巩固统治的惟一的法宝，而且在乾隆后期还将这种权力毫无节制地滥加使用，从而使原先不被人们所注意的君主专制的一些弊端日益凸显，并且在国家政治生活中占据了主导地位，一个政治上最黑暗的年代就这样地到来了。

二、增募绿营军队，扩大军费开支

乾隆皇帝增加绿营兵额和当时八旗军队的腐化有着直接的关系。乾隆前期，八旗军队是乾隆皇帝赖以巩固自己专制统治的主要武装力量。为了提高八旗子弟在国家政治生活中的地位和保持其较强的作战能力，乾隆皇帝在政治上为之大开仕途，在军事上强调训练骑射，在生活上也对之百般照顾。然而，和乾隆皇帝的期望相反，政治地位的优越和生活上的特殊待遇并没能使八旗子弟振作有为，反而使其更加迅速地趋于腐朽。其中，开放八旗仕途虽然对于乾隆皇帝专制统治的建立一度颇为有利，但是为时不久，随着政治地位的上升，这些官员迅速腐化，贪污现象较之汉官更为普遍和严重，对于乾隆时期吏治的败坏起了极为恶劣的作用。就军事训练而言，虽然乾隆皇帝反复强调，但是由于八旗大臣对之视同具文以及八旗子弟的腐朽，王公子弟、盛京官员不谙骑射者比比皆是，更不用说一般八旗子弟了。如乾隆皇帝曾经规定，满洲举人考试进士者必须考试骑射，但在乾隆四十年二月会试时，与试一百二十五名满洲举人中，自称近视请求免试骑射者竟有七十三人。对此，乾隆皇帝极为生气，所有不能骑射之七十三人一概逐出考场。[24]又如当年七月，乾隆皇帝阅看八旗引见官员骑射，"所射非不至靶，即擦地而去，甚至有任意放箭，几至伤人者"。[25]至于各地驻防满兵，情况更为糟糕。其中盛京一带地方为清朝先世发祥之地，"兵丁技艺，宜较各地加优"，然而可笑的是，当地官员、兵丁竟连打猎都不会，历年进贡之鹿只，都是买自民间猎人之手。[26]乾隆四十九

年三月，乾隆皇帝南巡江浙，举行军事演习时，当地满兵"射箭箭虚发，驰马人堕地，当时以为笑谈"。[27]至于沾染汉俗，不语清语，取汉姓、汉名，瓜尔佳氏自称关家氏、富察氏自称傅家氏者更是比比皆是。面对这种情势，乾隆皇帝亦无可奈何。为了保持一支强大的武装力量，乾隆皇帝不得不把目光转向了自己向不重视的绿营军队。

乾隆四十六年闰五月，乾隆皇帝开始实施他的扩军计划。尽管当时八旗军队已经腐朽，但是为了解决八旗生计，乾隆皇帝仍然首先增添京师八旗军队两千多人。[28]与此同时，为了维持京畿一带治安，乾隆皇帝还下令招募民人四千九百人编入绿营军队。[29]同年八月，甘肃撒拉尔族起义平定之初，为了增加军队戍守，乾隆皇帝下令将陕甘两省绿营中的养廉名粮悉行裁革，所有缺额概行招募军队。根据这一指示，两省扩军一万二千九百余人。[30]雍正以后，清朝政府规定，绿营中各营酌留空额钱粮若干，以为提镇以下武职官员养廉和军中公

费之用。此外，另拨生息银两以其利息作兵丁红白赏恤之用。乾隆中，生息银两废止，所有兵丁赏恤亦从空额名粮中支取。而在实际执行中，弊端百出，"册上有兵，伍内无兵；纸上有饷，军中无饷"。[31]乾隆皇帝裁革养廉名粮，添补兵额，对于清理营伍弊端不无好处，但因此事涉及全国武职官员，需要由中央政府进行一次统一处理。因此，乾隆皇帝又决定，"所有各省营伍赏恤兵丁红白银两，自乾隆四十七年始，俱着于正项支给，造册报部核销"，各省武职所得公项亦"照文员之例，议给养廉。其所扣兵饷，即可挑补实额"。"官员既无拮据，而各省又增添兵力，于营伍大有裨益。"[32]这样，全国绿营官员一律改发养廉银，所遗空额也陆续招募足数。至乾隆四十七年八月，连同京师、陕甘所添军队，总计扩军近七万人。[33]至此，全国绿营军队多达六十万人，如果再加上二十多万禁旅八旗和驻防八旗，全国正规军总数当在八十万人以上。通过这些措施，乾隆皇帝大大加强了自己的军事力量。

　　扩军必然导致增饷。根据当时核算，所有绿营官员养廉、军中公费及兵丁红白事例所需每年约近三百万两。对于这一涉及巨额开支的重要问题，首席军机大臣阿桂即提出了不同意见。他说："国家经费，骤加不觉其多，岁支则难为继。"以每年军费开支增加三百万计，二十年后，积累数字将达七千万。因而他要求，除滇、黔、川、闽、粤边地省份及已经扩军之陕甘两省外，"其余腹里省分，均可毋庸挑补实额"，以为国家减少不必要的开支。[34]对于这一正确意见，乾隆皇帝不但不予接受，反而以当时国库存银逾七千万而笑其过虑。这样，这一扩军增饷计划的实行，虽在当时收到了加强统治的效果，但从长远看来，却为乾隆末年以后的国库空虚、财政困难埋下了祸根，并且直接导致了乾隆皇帝专制统治的衰落。

在对绿营官员改发养廉、增募兵额的同时，乾隆皇帝还时刻惦念着他的八旗子弟。从乾隆四十七年起，每逢岁末，乾隆皇帝总是大沛恩膏，赏给八旗兵丁一月钱粮，并且将此作为一项经常性的政策，一直坚持到乾隆皇帝去世之前。

三、厉行保甲，普禁鸟枪

乾隆时期，专制统治空前加强，对于各地基层政权和广大劳动人民的人身控制也愈益严密。其中，清初以来即已普遍实行的保甲制度仍在继续实行并且还有所发展。针对摊丁入地之后人口流动量较大的新情况，乾隆二十二年十月，乾隆皇帝采纳直隶总督方观承的建议，在全国范围内推行了以稽查各地现居人户为主的保甲循环册制度。[35]进入乾隆后期以后，为了防止广大人民的反抗斗争，乾隆皇帝对之更为重视。王伦起义刚刚被镇压下去，他即将直隶省官员厉行保甲"逐细查造，设立循环二簿以及门牌"的经验抄寄各省督抚，令其"严饬所属，一体切实妥办，不得仅以虚文覆奏了事"。[36]与此同时，编设保甲的范围也由内地各省扩大到了边疆地区，由汉人而推广到包括奉天旗人在内的不少少数民族。而且，作为对基层政权和广大劳动人民进行严密控制的一个重要措施，这一制度一直坚持到了乾隆皇帝在位之末。

除厉行保甲之外，为了对广大人民进行防范，乾隆皇帝还非常严厉地查禁民间鸟枪。乾隆初年，社会秩序相对安定，对于民间造用鸟枪的禁令也比较松弛，只是规定不准民间私铸，所用鸟枪一概由政府登记编号而已。[37]乾隆二十四年以后，清朝政府一度采纳福建按察使史奕昂的建议，查禁民间所用鸟枪、竹铳、铁铳等物，[38]但为时不久，旋即弛禁。[39]而且，山西、山东、江西、湖南、两广等省的不少官员还以防守地方为借口，对州县民壮也教习鸟枪。对此，乾隆皇帝本人不但不表示反对，反而以其能"缉盗匪而御凶顽"，"有益地方"而予以称赞。[40]但至乾隆后期，随着专制统治的极端强化，对于民间私自造用鸟枪，乾隆皇帝的态度发生了明显的转变。乾隆三十九年十一月，大学士舒赫德奏请将向来商民为防御盗贼、猛兽呈明地方官制造鸟枪之例"永行停止"，所有民间私藏鸟枪、竹铳、铁铳等也概行查缴，民人逾限不缴及地方官查缴不力者一律治罪，[41]当经乾隆皇帝批准照办。随着查禁鸟枪活动的开展，查禁范围也不断扩大。乾隆四十二年二月，首先禁止各地民壮演习鸟枪。他说："民壮之设，本系由乡民招募充当，虽系在官，究与入伍食粮者有间。况火药所关甚巨，亦未便散给人役。若概使演习鸟枪并令熟练进步连环之法，于戢暴防奸之事，并无裨益。况各省训练纯熟火器者多人，则又不可不豫防其弊。"[42]尔后不久，又以鸟枪为制胜要器，"民间断不宜演习多藏"而禁止各地武科考试鸟枪。[43]与此同时，对于查禁不力的官员的处分也愈益加重。原来，失察官员不过是罚俸，乾隆四十七年正月，乾隆皇帝以为，鸟枪查缴不尽，"皆由地方官奉行不力"，[44]而决定州县官失察者依情节降级留任或降级调用，该管上司或者罚俸，或者降级留任。他还要求各地督抚将查禁情况每年年终向中央汇奏。一直到其在位末年,乾隆皇帝还对查禁鸟枪一事极表重视,并要求有关官员"毋久而懈"。[45]与此相反,在大力查禁内地汉民鸟枪的同时,对于旗人打造、使用鸟枪,乾隆皇帝不但不予禁止,反而予以赞扬。"旗人能打造鸟枪,甚属美事",并下令东三省将军、都统年终不必汇奏禁止私枪之事。[46]

由上可见,乾隆皇帝厉行保甲、查禁鸟枪,主要用意在于以此制止广大劳动人民尤其是汉族人民的反抗斗争。但是,和他的主观愿望相反,恰恰是在这一时期,各地人民的武装反抗斗争此起彼伏,一浪高过一浪,乾隆皇帝这一愚蠢的活动遭到了彻底的失败。

四、处理历史问题

乾隆后期,出于进一步加强专制统治的需要,乾隆皇帝还对明朝以来尤其是清朝建立以来的一些历史问题进行了统一的处理。

乾隆皇帝处理历史问题,首先是从和清朝政治关系极为密切的明朝历史上的一些遗留问题入手。由于明朝初年统治集团内部的斗争和明朝末年明清两个政权之间的兴废鼎革,不少历史遗留问题未能由明朝统治者循例处理。即如永乐靖难、建文年号革除,迄至明末,对此未作任何处理。又如明朝灭亡前后,不少封建士大夫或在李自成进京之际自杀,或为抵抗清军而尽节。为了收揽人心,清朝政府入关之初,曾对李自成进京时自杀的明朝士大夫范景文等二十人追予谥号，但是对于抗清尽节的不少人士，却一直目之为"伪"。乾隆皇帝即位后，结合《明史》纂修，曾将建文帝追谥"恭闵"，但是由于政务繁殷和其他多种原因，其他问题一直未作处理。乾隆三十年以后，清朝政府重开国史馆纂修国史，明清之际的一些历史遗留问题达到了非解决不可的地步。这时，出于巩固专制统治、提倡忠君爱国的目的，乾隆皇帝改变了原来的习惯看法，对为抗击清兵而殉难尽节的封建士大夫表示了相当的好感，并着手处理这些遗留问题。如乾隆三十一年五月，在国史馆进呈《洪承畴列传》时，乾隆皇帝发现，该传于明唐王政权及所有抗清士大夫皆概加"伪"字，对此，乾隆皇帝颇不以为然。他说："福王之在江宁，尚与宋南渡相仿佛。""明末诸臣如黄道周、史可法等，在当时抗拒王师，固诛戮之所必及，今平情而论，诸臣各为其主，节义究不能掩。朕方嘉之，又岂可概以伪臣目之乎？"[47]因此，他对史馆官员的做法进行了批评，并要求他们据史直书，"不必概从贬斥"。[48]与此相反，对于降清的一些明朝士大夫和将领，他却深恶痛绝并进行了严厉的处理。如对钱谦益，即斥责其"大节有亏，实不齿于人类"，下令将其所有著作概行销毁。[49]对于孙可望，则以其变节降清而停其子孙承袭世职。[50]

在这些活动的基础上，从乾隆四十年底到乾隆四十一年初，乾隆皇帝对明朝遗留历史问题进行了一次比较全面的处理。乾隆四十年十一月，乾隆皇帝颁布谕旨，对抗清殉难的史可法、刘宗周、黄道周、孙承宗、卢象昇等和抵抗李自成义军而死的周遇吉、蔡懋德、孙传庭等备加推崇，称赞他们

"立朝謇谔，抵触金壬，及遭际时艰，临危受命，均足称一代完人，为褒扬所当及"，命令臣下将"凡诸臣事迹之具于《明史》及《通鉴辑览》者，宜各征考姓名，仍其故官，予以谥号"。[51]次年正月，议谥范围又进一步扩大到了明初靖难殉节诸臣齐泰、黄子澄、方孝孺、景清、铁铉等。[52]这样，臣下遍考《明史》《通鉴辑览》《大清一统志》与各省通志，除名列阉党和投降李自成者之外，将因抵抗李自成及清兵而死的三千六百余人姓名、事迹进呈。对此，乾隆皇帝分别情况，给予专谥、通谥，并令各于其原籍入祀忠义祠，准其后嗣立碑，进行表彰。[53]与此同时，他还下令将所进各人姓名事实摘具梗概，汇编为《胜朝殉节诸臣录》一书，交武英殿刊刻发行。对于其中事迹尤为突出的熊廷弼、袁崇焕等，除予谥、建祠之外，还查访后嗣，量其才能，授予官职，以示褒扬。

在对各种历史遗留问题进行处理时，清朝建立以来的各种历史遗留问题是乾隆皇帝处理的一个重点。清朝入关以后，统治集团内部的政治斗争一直连绵不绝，有时还非常激烈，对于清朝政局的发展也产生了极其深刻的影响。乾隆时期，时过境迁，为了消除这些斗争所造成的不良影响，巩固统治，乾隆皇帝先后对之进行了一番全面的处理。

一是对入关之初发生的睿亲王多尔衮被削爵夺谥一案进行重新处理。多尔衮是清太祖努尔哈赤的爱子，清朝开国元勋。明朝灭亡后，他以摄政王身分率师入关，定都北京，统一全国，为清朝政权的建立和发展立下了不朽的功勋。因为统治集团内部的斗争，顺治七年多尔衮死后，敌对势力掌权。为了对多尔衮进行报复，遂以其死后棺中敛服僭用明黄龙衮，指为谋逆而将其生前封爵、死后谥典概行追夺。受此牵连，多尔衮之同母兄弟阿济格等或被处死，子孙革除宗籍；或被降封郡王，子孙式微不振。从此之后，百余年间，清代最高统治者对此没有再做任何处理。乾隆三十八年二月，乾隆皇帝追念多尔衮统众入关之功，首先命令有关官员对其坟茔"酌加缮葺，仍为量植松楸，并准其近支王公等以时祭扫"。[54] 乾隆四十三年正月，在着手处理本朝各种历史遗留问题的过程中，乾隆皇帝又对多尔衮一案进行了彻底的平反。他说："睿亲王多尔衮，当开国时，首先统众入关，扫荡贼氛，肃清宫禁。分遣诸王，追歼流寇，抚定疆陲，一切创制规模，皆所经划，寻即奉迎世祖车驾入都，定国开基，以成一统之业，厥功最著。"[55] 又根据《实录》记载指出，多尔衮全部言行，"皆有大功而无叛逆之迹"，足证其一生"立心行事，实能笃忠荩，感厚恩，深明君臣大义，尤为史册所罕觏"。[56] 仅因摄政有年，"威福不无专擅"，以致其死之后，诸王大臣乘清世祖年幼之时群相攻讦，诬以叛逆，而被削爵和追夺谥典，构成冤案。他指出，如果多尔衮真要谋逆，何不于"兵权在握"之时谋逆于生前，而直至身后，始以"敛服僭用明黄龙衮"来满足自己的谋逆野心。因此，他决定为多尔衮彻底平反昭雪，配享太庙之外，重新给予"睿亲王"封号，追谥曰"忠"，补入玉牒，并令补继承袭，照亲王园寝制度，修其茔墓，仍令太常寺春秋致祭，所有事迹，由国史馆负责载入《宗室王公功绩传》，"用昭彰阐宗勋至意"。根据他的指示，原来承袭多尔衮爵位的多尔博的四世孙淳颖和多铎后嗣修龄分别袭封为睿亲王、豫亲王，世袭罔替；革除宗籍的武英郡王阿济格子孙也被赐予黄带子，收入玉牒。

二是恢复开国有功诸王、大臣原来封号，并予配享太庙。清朝开国以来，由于形势变迁，不少开国有功诸王的后嗣也历经沧桑。有的被改动了原来的封号，如礼亲王代善之后改封康亲王、郑亲王济尔哈朗之后改封简亲王、肃亲王豪格之后改封显亲王、克勤郡王岳托之后改封为平郡王等；有的子孙式微，如饶余亲王阿巴泰、安亲王岳乐、敬谨亲王尼堪、谦郡王瓦克达、巽亲王满达海、镇国公屯齐等，开国之初，皆功勋显著，而至乾隆时期，因为历次降袭，其子孙多数仅为辅国公、奉恩将军等。"外人不知，妄疑宗藩当国家缔造时，有大勋劳，而后裔均不得长延带砺，似为阙典。"[57]与此同时，一些异姓开国功臣如额亦都、费英东不但后世子孙封号亦被改动，而且最初所定封爵也相对偏低。对于这些问题，乾隆皇帝也都统一做了处理。所有改动封号的开国诸王及异姓功臣后嗣一律改复原封号，并和睿亲王多尔衮一起配享太庙，后世式微的开国诸王公子孙也都加赏公爵世职，世袭罔替；最初所定封爵偏低的额亦都、费英东均晋封一等公，"俾元勋世胄，永膺茂赏"。[58]

三是对雍正时期的允禩、允禟一案和乾隆初年的弘晳一案也进行了重新处理。乾隆皇帝即位之初，对于允禩、允禟案件的相连人员，虽曾做了一些宽大处理，但是碍于当时形势，改正步子有限。允禩、允禟二人子孙虽然给予红带子，但仍然派人看守。其中允禟之子弘晸一直处于监禁之中，而且允禩、允禟两人也一直没有收入玉牒。乾隆皇帝恢复睿亲王多尔衮封爵及给还有功诸王原封爵号使得雍正间允禩、允禠案件在所有本朝历史问题中更为突出,"宗藩远派,既为核实酬庸,而近属本支,岂宜略而不办"。[59]因此,他决定将允禟、允禠二人之名重新收入玉牒,所有子孙也都给予黄带子,承认了他们的宗室地位。对于长期监禁的弘晸,也下令释放,授予官职。与此同时,他还下令将乾隆初年因罪而削除宗籍的理郡王弘晳及其子孙"亦着于玉牒内复其原名",以昭康熙皇帝一派天潢"麟趾燕贻之盛"。[60]

最后,对于专横跋扈的权臣鳌拜和三藩之乱发生时一些臣下的功罪是非,乾隆皇帝也都进行了处理。其中鳌拜死后,康熙皇帝念其旧勋,将其追赐为一等男,令其弟孙相继承袭。雍正中,雍正皇帝又将鳌拜生前所得之一等公爵也予赐复,世袭罔替。乾隆皇帝认为,"大臣为国宣勤,功铭钟鼎,尤当深自敛抑,律己奉公,以保终始",而鳌拜专权时期,"自恃政柄在握,辄敢擅权玩法,邀结党羽,残害大臣,罪迹多端,难以枚举"。"若不核其功罪,明示创惩,在鳌拜一家之侥幸,所关犹小;而后之秉钧执政者,无复知所顾忌,将何以肃纲纪而杜佥邪乎?"因此,他下令一俟鳌拜之公爵出缺,即行停袭,仍以男爵世袭,"以为万世子孙有大臣擅权不法者戒"。[61]对于三藩之乱时一些官员将领则分别情况,进行处理。如卞三元其人,三藩之乱前任云贵总督,阿附吴三桂,后见其逆迹渐露,托言母病乞休归旗。因此,他不但在吴三桂叛乱中脱然事外,叛乱平定后还邀恩得赐祭葬谥典。为了"肃纲纪而示惩劝",乾隆四十六年二月,乾隆皇帝下令将其生前官职、死后谥典俱行追夺。[62]对于在平定三藩之乱中做出贡献的张勇、赵良栋、王进宝等人,捐躯而死的傅弘烈、范承谟、甘文焜等人，除本人封赠爵位之外，其后世子孙也量加升用，以为臣下尽忠国事、将帅效命疆场之劝。

第二节　骄奢淫逸

随着乾隆皇帝个人权力无限制的增长，乾隆后期，乾隆皇帝的个人生活也愈益腐化。本来，作为全国之君，乾隆皇帝的个人生活已经远远地高于所有的臣民百姓，然而为了满足自己无厌的享乐欲望，他又先后大兴土木，并利用各种庆典和巡幸之际肆意铺张，前后所费，数字不下亿万。乾隆皇帝的这些活动，构成了他在位期间的一个主要的败政，对于乾隆后期政治形势的发展也产生了极其深刻的影响。

一、大兴土木

康雍时期，为了享乐的需要，最高统治者已经先后兴建过一些大型土木工程。其主要者，京西有畅春园、圆明园等别墅，畿甸有汤山、盘山诸行宫，距京三百里外的承德，还有凉爽宜人的避暑山庄。应该说，可供最高统治者享乐游憩的处所已经为数不少，然而乾隆皇帝即位以后仍不满足，在这些工程的基础上又进行了大规模的土木兴建活动。乾隆五年，乾隆皇帝首先于圆明园东南空隙之地另建长春园、绮春园，[63]此后不久，又以"仰承祖制，欲举临边讲武之礼"为借口，鸠集工料，重新修建热河避暑山庄。[64]根据他的指令，工匠日夜兴作，至乾隆二十九年时，避暑山庄中的建筑物已由康雍时期的十六处增加到三十八处。[65]

如果说，由于言官谏阻，乾隆前期，乾隆皇帝对土木建筑还没有放开手脚的话，那么，乾隆后期，随着专制统治的极端加强，乾隆皇帝便更加肆无忌惮。在此期间，圆明园由雍正中的二十八景扩建为四十景，避暑山庄也由康熙时的三十六景增加到七十二景。著名的承德外八庙，大多都是在这一时期中建造或者重修。与此同时，所有京师坛庙、宫殿、城廓、河渠、苑囿、衙署乃至街道市容以及帝后陵寝如裕陵、泰东陵等项工程也无不动工修建，[66]"工役之费不啻累百万"。[67]宫廷土木建筑之外，乾隆三十年以后，乾隆皇帝还专拨库帑五百万两，对全国各地的城池普加修葺。所有这些工程，尽管乾隆皇帝一再宣称物给价、工给值，但在具体执行中，弊端百出，不但大大虚耗了国帑，而且也使广大人民的赋役负担成倍增长，严重地妨碍了社会生产的正常进行。对于这种虚耗国帑、滥用民力、有害无益的活动，连乾隆皇帝本人有时也觉得太过分，乾隆四十六年，他还专门写了一篇《知过论》以自箴。但是，乾隆皇帝知其非而不能改过。乾隆四十六年以后，不但热河避暑山庄的土木工程一直没有停止，而且其他大型土木工程也连绵不绝，对于乾隆末年的国家财政危机和乾隆皇帝专制统治的衰落都起了极为重要的作用。

二、节庆挥霍

除大兴土木之外，乾隆皇帝还利用节庆之际任情挥霍。

其主要者，在乾隆前期是皇太后的几次万寿庆典，在乾隆后期则是乾隆皇帝本人的历次万寿庆典和乾隆五十年、嘉庆元年先后举行的两次千叟宴。

乾隆六年，乾隆皇帝即已开始为其生母崇庆皇太后举行大规模的祝寿活动。是年十一月，皇太后五十寿辰。为了一展孝心，乾隆皇帝效法康熙皇帝五十寿辰庆祝成例，于皇太后自畅春园回宫路上，组织八旗官员、兵丁男妇、太监人等年在六十以上者自西安门至紫光阁各按旗分次序，男左女右，分列道旁，"瞻仰跪接"皇太后銮驾，并对他们各加恩赏。[68]一天之中，仅跪接官民赏赐一项，即开销白银十万八千七百五十两，缎布七万余匹。然而，和后来的皇太后万寿庆祝活动相比较，这些挥霍不值一提。

乾隆十六年，皇太后六十寿辰。这时，由于乾隆皇帝的统治已经巩固，庆典规模更为盛大。当年三月，还在南巡途中时，乾隆皇帝即指令各省督抚先期派人进京，"各按段落，豫备经坛、戏台之类"。[69]根据安排，自万寿山至西直门一带地方，由内务府预备，西直门至西华门一带由各省督抚及在京王公大臣公同分段预备。[70]乾隆皇帝一声令下，臣下闻风而动。四月间，两淮盐政高恒、普福等率先行动，组织人员于布置地段进行准备。尔后，各省亦相继行动。其中一些地区和省份还花样翻新，如顺天府府尹蒋炳呈请合府绅士共建经坛，祝贺万寿。[71]在其影响下，各省在籍官员也普建经坛"以申庆祝"。[72]又如直隶、湖广两省督抚，不顾天寒地冻，各从本省拉了一班老民、老妇，昼夜兼程，进京叩祝皇太后万寿。[73]与此同时，为了把庆典办得隆重热闹，乾隆皇帝和中央各衙门也忙得不亦乐乎。先是降谕于次年开恩科乡、会试，而后又敕谕礼部拟定恭上皇太后徽号及一应仪节。内务府各机构也为备办赏赐银两、缎匹、筵宴桌张而忙得团团打转。寿期临即，乾隆皇帝遣官告祭天地、太庙，亲奉皇太后至万寿寺行礼。十一月二十日，乾隆皇帝骑马前导，率领大队人马奉迎皇太后还宫。一到西直门，进入各省布置地段后，便目不暇给，热闹异常。据当时目击者、著名文人赵翼记载，自西直门外之高梁桥到西华门十余里长的道路上，

崇庆皇太后朝服像

"张灯结彩，结撰楼阁"，"锦绣山河，金银宫阙，剪彩为花，铺锦为屋，九华之灯，七宝之座，丹碧相映，不可名状。每数十步间一戏台，南腔北调，备四方之乐，侲童妙妓，歌扇舞衫，后部未歇，前部已迎，左顾方惊，右盼复眩。游者如入蓬莱仙岛，在琼楼玉宇中，听霓裳曲，观羽衣舞也"。[74]除此之外，不少省份还另有布置。如有的省份用色绢做成高山，有的省份用锡箔做成大海，还有的省份在台上矗立起一个几间房子大的祝寿蟠桃。尤为奇特的是，广东省在其布置地段用无数只孔雀尾建造了一个两三丈高的翡翠亭，湖北省则用

玻璃砖建造了一个"重檐三层"的黄鹤楼，浙江官员又别出心裁，竟用无数面镜子做成一个人造西湖，并建广榭于其上，人入其中，化身千亿，极为壮观。皇太后所到之处，文武百官以至大臣命妇、京师士女，簪缨冠帔，跪伏满途，恭祝万寿。进宫之后，连日筵宴，戏剧、烟火一场接着一场。一连十几天，整个北京城一直热闹非常。

对于这样的阔绰摆设，连皇太后本人也"殊显繁费，甫入宫即命撤去"，然而此后的皇太后七旬、八旬万寿庆典，花费情况依然不减当年。如乾隆二十六年的皇太后七旬庆典准备活动，除循例由各省布置地段之外，还专拨白银一百多万两将西直门至西华门一带两旁街道铺面"统一修葺，俾令整齐可观"。[75]与此同时，紫禁城内外的寿安宫、万寿寺、正觉寺、弘仁寺、仁寿寺的修整，畅春园外面的水沟疏通和万寿寺西边的人造土山工程也全面进行。因为皇太后极为喜欢江南风景，乾隆皇帝还特命臣下在万寿寺旁仿照江南城市风貌，

382

《崇庆皇太后圣寿庆典图》卷（局部）　（清）佚名绘

建了一条长达数里的苏州街。[76]寿期临即，又由在京八旗、顺天府和直隶分别组织耆老、老民、老妇各六十三人叩祝万寿。政府又从各地礼请喇嘛一千人进京念经，除日常饭食皆需供应外，还准备了大批银两、缎匹和八百多张饽饽席面以行赏赐。

又如乾隆三十六年皇太后八旬万寿庆典，"京师巨典繁盛，均不减辛未"，而且在一些方面还更加铺张。即如喇嘛念经一项，便规定京城中的十八个寺院统一念经九日；同时，还组织了在京及各省在籍官员二千五百人设立经坛，"虔申诵祝"。除此之外，又拉上了三班九老宴游香山以行助兴。为了讨皇太后喜欢，乾隆皇帝有时还达到了非常荒唐的地步。圆明园福海以东有一个同乐园，是乾隆皇帝经常奉皇太后临幸之处。为了使皇太后开心抒怀，乾隆皇帝特于其中设立了一条买卖街，"凡古玩估衣以及茶馆饭肆，一切动用诸物悉备，外间所有者，无不有之"。[77]其中之店主人以太监充当，店小二、跑堂等，皆挑取外城各肆中声音响亮、口齿伶俐者担任，每至乾隆皇帝奉皇太后临幸之时，跑堂的要菜、店小二报账、掌柜的拨拉算盘珠，"众声杂沓，纷纷并起"。[78]看到这种情形，皇太后"慈颜"大悦，乾隆皇帝本人也以自己有这样的"杰作"而分外得意。

乾隆四十二年，崇庆皇太后死。但是，乾隆皇帝的节庆挥霍并未因此而有所收敛，反而因专制统治的极端加强而越来越甚。除了在他本人寿辰之际大事铺张之外，还另外搞了两次规模盛大的千叟宴，从而把节庆挥霍推向了最高峰。

乾隆皇帝诞辰是八月十三，依据惯例，一般都在避暑

《万国来朝图》轴　（清）佚名绘

山庄举行庆祝活动。乾隆四十五年以前，每逢乾隆皇帝诞辰，不但避暑山庄连日筵宴不绝，热闹非常，而且连同北京至承德三百多里的道边树木上也披红挂彩，装饰一新。乾隆四十五年八月乾隆皇帝七十寿辰时，庆祝活动更为隆重盛大。为了投乾隆皇帝之所好，前期一年，以永瑢、和珅为首的一班子臣便在进贡器物和进贡数字上绞尽脑汁，大做文章。凡进贡物品，皆"取九九之义"。[79]截至乾隆四十四年四月，单是进贡之无量寿佛，便已达一万七千九百六十三尊，计银二十八万七千四百余两。[80]乾隆四十五年七月，各省督抚进献万寿贡品进入了高潮。据当时的朝鲜使臣记载，贡车多达三万辆，此外，人担、驼负、轿驾者更是多不胜数。为了抢运贡品，车辆互相争道催促，"篝火相望，铃铎动地，鞭声震野"。[81]与此同时，班禅额尔德尼、哲布尊丹巴呼图克图等主要宗教领袖和西藏、回部、蒙古等地的贵族王公分别前来入觐，朝鲜、琉球、安南等藩邦属国也都遣使入贡。在内外上下的一片颂扬声中，回顾在位四十五年来自己的各种成就，乾隆皇帝本人也有些飘飘然。这样，就在他陶醉于自己即位以来的统治成就的时候，大量的银两、缎匹经由他手而赏赐给了前来祝嘏的臣下和外藩使臣。

七旬万寿庆典之后，乾隆四十九年三月，乾隆皇帝又决定踵康熙故事举行千叟宴。"凡内外文武官员年在六十以上者，皆与赐宴之列。"[82]为此，还专门成立了一个由六阿哥永瑢、军机大臣阿桂、内务府大臣金简等共同负责的内务府办理千叟宴事务处，全面负责千叟宴筹备事宜。当年十月，乾隆皇帝正式颁布谕旨，定于来年正月初六在京举行千叟宴盛典，"用昭我国家景运昌期，重熙累洽，嘉与中外臣民耆老，介祉延禧之至意"。[83]根据这一谕旨精神，与宴人数渐次增加到三千六百人，与宴人物也由原来的内外文武官员扩大到各国使臣，边地土司，已患过天花的蒙古、回部王公和地位较卑而又年过七十的耆老士民、八旗兵丁、拜唐阿以及匠役人等。所有与宴人员名单，经乾隆皇帝批准，均由军机处正式行文各省通知他们于年底封印以前进京。这样，从十一月初开始，各省与宴官吏士民先后就道，北上进京。届期，与宴人员齐集乾清宫，按班序列，俟乾隆皇帝升座，乐声大作，与宴人员一齐向乾隆皇帝行三跪九叩大礼，然后各入坐次，宴会正式开始。席间，乾隆皇帝还命皇子、皇孙、皇曾孙等分别向与宴人员执爵献酒，其中年过九十者，还召至御座前亲赐卮酒。[84]此时，乾隆皇帝想起康熙六十一年新正千叟宴时自己奉命向老臣执爵献酒的情形，眼见当下千叟宴的空前盛况，不禁文思泉涌，当即挥毫作成《御制千叟宴恭依皇祖元韵》七律一首。诗曰：

> 抽秘无须更骋妍，惟将实事纪耆筵。
>
> 追思侍陛鬐垂日，讶至当轩手赐年。
>
> 君酢臣酬九重会，天恩国庆万春延。
>
> 祖孙两举千叟宴，史册饶他莫并肩。[85]

此次千叟宴后，乾隆皇帝意犹未足。乾隆六十年十一月，在宣布次年归政的同时，乾隆皇帝决定于嘉庆元年正月再举千叟宴。据史载，此次与宴人员达八千人之多，较之上次人员几乎多出两倍！总计两次千叟宴，备办宴席约两千来桌。而且，宴会结束时，还向与宴臣民"颁赏如意、寿杖、缯绮、貂皮、文玩、银牌等物有差"。[86]其中之银牌，依据受赐者年龄而自十五两至三十两不等，连同其他赏赐，又有上百万两之多。

三、巡幸奢靡

在大兴土木和节庆挥霍的同时，乾隆皇帝还通过频繁的巡幸活动而任情靡费。乾隆六年，乾隆皇帝开始秋狝木兰。乾隆八年，又东巡盛京，从而开始了他一生中极为频繁的巡幸活动。这些巡幸活动，对于乾隆皇帝专制统治的巩固和加强，虽然不无积极作用，但是由于他在巡幸中任意靡费，也大量耗费了多年积攒起来的国库帑银，并给沿途人民造成了巨大的灾难。

乾隆八年乾隆皇帝首次巡幸盛京时，"凡驻跸之地需用水浆，须凿井数十；辇道两旁，复筑扈从臣工径路。经过道路，不能耕种"。[87]而奉天将军额尔图又借此勒派商民捐助，扣发兵丁饷银，闹得当地民怨沸腾。[88]乾隆十三年，乾隆皇帝东巡曲阜。是时正值山东连年遭灾，饿殍遍野，而山东巡抚阿里衮却置灾民赈恤于不顾，一以备办乾隆皇帝巡幸为事。"盖造行宫，修葺寺庙"之外，还将巡幸道路也装点得焕然一新。[89]乾隆十六年乾隆皇帝的首次南巡更使巡幸靡费进入了高潮。前此数年，沿途官吏即已调拨夫役，对康熙皇帝的南巡行宫一一进行修葺。行宫之间，又添设尖营，以供乾隆皇帝一行中途休憩之用。前期一年，又派向导先行出发，勘察道路及各地行宫的陈设情况。为了接待这些"钦差"，所过州县"铺设备极华糜，器用备极精致，多者用至千余金，少亦五六百金"。[90]与此同时，南巡所用随驾马匹五六千匹，乳牛和膳羊上千头也先后由京城运往巡幸沿途。一切准备齐全，乾隆皇帝奉皇太后自京起驾。随驾人员，有后妃、皇子、公主，有满汉文武大臣，有护卫兵弁，有厮养跟役，总数不下两千人。一路之上，浩浩荡荡，如同迁都一样。进入山东境内，早有御舟安福舻、翔风艇和拉纤河兵数千人在旁恭候；御舟行驶，前有御前大臣率领精壮官兵乘船开道，后有军机大臣和文武百官乘坐的船只随行，岸上还有骑马的官兵沿河行走，以备随时调遣听令。所经三十里以内，地方官员一律朝服接驾，耆民老妇、绅衿生监排列跪伏，八十岁以上的老民老妇还身着黄布外褂手执高香跪候圣驾。进入扬州、苏州等风景优美的城市，则弃舟登岸，策马进城。所过街道皆用彩绸、彩布高搭棚幔，每户门上各贴"福"字，门前恭设香案，百姓跪伏满途，恭候圣驾光临。[91]此外，河道中还备有龙舟灯舫和戏船台阁等"俚俗游玩之具"。[92]为了点缀风景，在扬州城内，两淮盐商还捐资植梅一万株，以供乾隆皇帝观赏。沿途各处行宫之陈设，也备极华奂，不是极为名贵的书籍、字画、端砚和挂屏，就是价值连城的牙雕和紫檀花梨屏坐等，甚至连痰盂、溺器也都是由银匠精心打制而成。巡幸途中，乾隆皇帝开心之余，随心所欲地对扈从兵丁、水手、拉纤民夫、文武官员、后妃王公以至接驾官员、耆民老妇和商众人等普加赏赐，动辄就是成千上万。一处如此，他处皆然。

因为乾隆皇帝巡幸过于靡费而且扰民特甚，有的官员不愿为虎作伥而告病去职，有的官员如沈廷芳、金溶、和其衷、钱琦、杭世骏、尹会一和顾栋高等还先后上言，对之进行批评。对此，乾隆皇帝不但不引咎自责，反而强词夺理地百般辩解，并利用手中的权力对批评者乱扣帽子，严加打击。他说："地方有司，因朕南巡，其中有阘茸不堪之员，以办差为苦者，或散布流言，张大其事，势所必有"，"今向导一过，即云惨淡经营若此，明年朕驾亲临，又当如何；朕甫下诏南巡，即已若此，当年皇祖圣祖仁皇帝屡经巡省，又当如何"。[93]在他看来，是否支持他外出巡幸以及在巡幸中办差是否积极，都是对君上态度的大问题。因此，在一些谕旨中，他多次把谏阻巡幸的官员比作是查嗣庭、卢鲁生一类人物，不是严词训斥，就是革职贬官。乾隆二十年胡中藻文字狱案中，他还将胡诗中的"周穆王车马走不停"作为讽刺自己巡幸的罪证，而对之予以严厉制裁。

　　在乾隆皇帝的强力压制下，再也无人敢对乾隆皇帝的巡幸奢靡进行批评了，几乎所有的官员都成了马屁精。只要乾隆皇帝外出巡幸，即刻将之当作一项最重要的任务而大肆铺张，这样，进入乾隆后期之后，这股巡幸奢靡的风气愈演愈烈，几乎发展到不可收拾的地步。如乾隆四十一年春，乾隆皇帝以金川平定而先后告祭东、西两陵并东巡曲阜，沿途所经州县像办理皇太后万寿庆典一样接待乾隆皇帝。"每日俱有戏台承应，甚或间以排当"，所过沿途，也大肆点缀，"饰为巷舞衢歌之象"。[94]乾隆四十八年东巡盛京，当地官员听说乾隆皇帝曾经自造买卖街以取乐，竟也东施效颦，搭盖买卖街席棚。[95]历次巡幸天津，当地官员皆于途次"豫备彩棚戏台，并设有采莲船只等件"，[96]还不惜巨金，将"各处行宫，点缀修饰"。[97]对于这些奢华布置，有时乾隆皇帝本人也觉得"过于繁费"，并一再通令禁绝，但至乾隆五十九年再度巡幸时，当地官员仍然备办了龙舟及戏剧杂技等。[98]

在这些巡幸活动中，靡费特甚的还是乾隆皇帝的五巡江南活动。继乾隆三十年乾隆皇帝四度南巡之后，乾隆四十五年春，乾隆皇帝五巡江浙。因为十五年来未曾举行南巡盛典，因而巡幸沿途官员竞相铺张，从而使得此次南巡较之于以前数次更为奢华。乾隆皇帝刚刚进入直隶境内，所经州县便"竞尚灯爆，进呈杂戏"，其中，新城县知县申允恭还挖空心思，"别设十层鳌山爆灯"，[99]以备乾隆皇帝驾临时点放。途经保定长芦隘口，因为该地是"各省富商辐集之所"，接驾活动更为铺张，"众商预输苏杭间彩缎与奇玩，路旁结棚如物形或楼台状，穷极眩采，横亘数十里。店铺之间，待皇帝经过，众商山呼如雷"。[100]这些陈设和布置虽然已经相当奢华，但和整个巡幸中的铺张活动相比，仍不足为道。举例而言，御舟抵达镇江城外时，遥见岸边矗立着一个巨大的寿桃，鲜艳可爱。须臾间，烟火冲天，光焰四射，寿桃开裂，从中涌现出一个剧台，几百名优伶正在演出寿山福海之戏。[101]进入杭州时，因为浙江巡抚王亶望事先不惜巨金，添建屋宇，点缀灯彩，把一个三吴都会装饰得就像人间天堂一样，[102]乾隆皇帝到此，仿佛置身仙境，"龙颜"大悦。虽然在口头上少不了对其奢华布置略为申斥几句，但在实际上把这个大贪污犯看得就像自己的心肝一样。[103]摸准了乾隆皇帝的这个脾气，乾隆四十九年乾隆皇帝六次南巡时，两淮盐政伊龄阿明知乾隆皇帝已有一艘安福舻，却仍然勒索商众再造一艘宝莲舫御舟。[104]对此，乾隆皇帝虽然照例申斥，但在实际上异常高兴地将之运进北京备用。与此同时，乾隆皇帝本人也对迎驾官员、百姓和扈从南巡的文武官员、兵弁民夫大手大脚地进行赏赐，数量之多，较之于前四次南巡更是有过之而无不及。

为了替自己的这种奢靡行为找理由，他多次声称，天地间生财止有此数，不散于下，则聚于上。按照他的这一逻辑，他的挥霍靡费不但无害，而且还是有益于穷民的"义举"。就是在这套谬论的指导下，几十年中，广大劳动人民用血汗积攒起来的巨额财富经由他手而付之东流，致使乾隆末年国库空虚，民穷财尽，出现财政危机。乾隆皇帝的任情挥霍给国家和广大人民带来了巨大的灾难。

第三节　再征金川

和政治上的极度专断、生活上的骄奢淫逸相一致，进入乾隆后朝之后，在军事上，乾隆皇帝也穷兵黩武。其主要表现是再次出兵征讨大、小金川。

如前所述，在第一次金川战役中，由于气候恶劣、地势险要和指挥失宜，乾隆皇帝曾经陷于几乎不能自拔的境地。弹丸之地，屯兵七八万，历时两年，耗帑两千万，连诛两大臣，八旗、绿营将士死亡不可胜数，但却未能实现犁庭扫穴的目的。最后还是靠了政治招降，才使这场战争不了了之。因此，相当长的一个时期中，对于金川事务，乾隆皇帝的态度一直颇为消极。乾隆十七年，四川总督策楞、提督岳钟琪曾乘当地土司内讧的有利时机，在当地人民的支持下，出兵杂谷，将其下属一百零六寨改土归流，四万多人因此而"换制衣帽"。[105]与此同时，他们还计划对邻近土司也采取类似行动。然而，由于初次金川之役的教训和缺乏政治远见，乾隆皇帝对此不但不予支持，反而指责与事官员轻举妄动，又生衅端，并下令将已经归流的杂谷地区再设土司。[106]这样，当地土司制度的继续存在便构成了政治局势不安定的一个重要因素。

乾隆二十年，各个土司之间的争斗重新开始，其中最为严重的仍是大金川土司对相邻土司的侵扰活动。在初次金川战役中，大金川并未受到毁灭性的打击，因而战争结束不久，该土司即恢复元气，"自恃地广、人众、力强，与各土司构兵，讫无宁岁。故各土司皆畏之如虎，而以势分力散，又莫能如之何"。[107]为了制止其对邻近土司的侵扰而又不使清朝政府军队直接介入，乾隆皇帝采取的基本政策是"以番攻番"。乾隆二十三年四月，乾隆皇帝谕令川督开泰传知小金川、绰斯甲布、沃日诸土司集合土兵攻打大金川。[108]对此，大金川土司最初颇表畏惧。乾隆二十六年，在其原来土司头目莎罗奔死后，继袭土司郎卡曾经表示屈服，退还侵占各土司土地，战争暂时中止。[109]但是为时不过一年，故态复萌，又向丹坝土司发动了进攻。[110]这时，四川督抚再次组织绰斯甲布、革布什咱、巴旺、小金川、丹坝、沃日、松岗、梭磨、卓克基等九土司联合攻打大金川。[111]由于缺乏统一指挥，兼之以参战各土司有的是土司庸愚，兵力微弱；有的与大金川迹涉姻党，意存观望，首鼠两端，因而攻战四年，效果极不理想。[112]乾隆皇帝不得不改变办法，谕令川督阿尔泰"直入其境，恺切晓谕，以彰威德"，进行政治招降。[113]根据乾隆皇帝的这些指示，乾隆三十一年秋，阿尔泰与大金川达成停战协议：清朝政府谕令九土司撤兵，并答应颁给袭位土司郎卡新印，释放其被拘喇嘛，准其遣使赴藏熬茶以及允其和小金川、绰斯甲布缔姻等；大金川则退还所侵各土司领地、释放所掳各土司人口。[114]这一协议的达成虽使当地获得了暂时的安定，但却使清朝政府精心构制起来的各土司反对大金川的共同联盟最后瓦解。这样，在此后不久大、小金川联合攻打邻近各土司时，乾隆皇帝不得不亲自出马，进行了一场较之第一次金川之役时间更长、规模更大的再征金川的战争。

大、小金川缔姻后，气焰愈加嚣张。乾隆三十五年春，小金川土司僧格桑以"沃克什土司用法诅咒，致其父子同时染病"为借口，首先进攻沃克什。[115]尔后不久，又分别进攻明正、瓦寺两土司。[116]与此同时，大金川土司索诺木（郎卡之子）还杀害了革布什咱土司色楞敦多布，并向清朝政府提出了"乞将革布什咱地方百姓赏给当差"的无理要求。[117]川督阿尔泰虽然出动土练弹压，但大、小金川仍然进攻不已。得知这些情况，乾隆皇帝认为，"我大清正当全盛之时，中外一家，岂容近檄弹丸，独轶化外"。[118]"抚驭番蛮，怀畏自应并用。若于梗化之人，不大加惩创，则懦弱几无以自存，而犷悍者必效尤滋甚，渐至徼内土酋，跳梁化外，何以绥靖边圉。"[119]当年七月，乾隆皇帝决定对之用兵。为了集中优势兵力，各个击破，乾隆皇帝决定先取小金川。他指令四川总督阿尔泰、提督董天弼等从成都抽调满洲兵一千，绿营、土练五千分西、南两路，乘敌不备，攻袭小金川，"务擒僧格桑，另立土司，抚定其地"。[120]但阿尔泰本一迂腐官僚，不娴军旅，办事迟缓。至当年九月，尚"安坐打箭炉，并未发一兵，未移一步"，而西路董天弼虽与小金川小有接触，但却因麻痹大意，反而遭到了一些挫折。[121]为此，当年十一月，乾隆皇帝革去阿尔泰之大学士、总督职务，而以温福为大学士，户部侍郎桂林为四川总督，并调拨远在云南的八旗、绿营军队开赴四川，从此开始了长达五年之久的二次金川之役。

温福至川后，为了组织军事进攻，先后奏请增兵增饷。为期一劳永逸，乾隆皇帝允其所请，陆续调拨各省军队开赴金川前线。至乾隆三十七年夏，在川作战之各省军队已不下六七万，与此同时，户部和各省协拨之饷银也达一千万两。凭借雄厚的兵力、财力，从乾隆三十六年冬开始，清军师出三路夹击小金川。在清军的进攻下，各土司失地先后收复，小金川本土的一些重要城寨如郭松、甲木、资哩、噶尔金、僧郭宗也先后被攻克。然而，就在此时，清军内部的一些弱点也开始暴露，并对整个战争全局产生了不好的影响。一是指挥机构内部不团结。就西路而言，作为全军主帅和西路总指挥，大学士温福性情急躁、刚愎自用，因而引起了参赞大臣伍岱以下许多将领的反对。对此，乾隆皇帝不察实情，反而将伍岱革职拿问，严重影响了西路将领的作战情绪，以致从乾隆三十七年春天开始，将近半年的时间里，西路战局基本上没有什么起色。就南线而言，桂林、阿尔泰诸人之间，也矛盾重重。二是因为指挥失宜，清军在南线进攻中遭到了重大失败。乾隆三十七年三月，为了进攻小金川，南线指挥桂林出兵收复大金川控制下的革布什咱全境。这一军事行动,已使清军和大金川处于公开敌对状态,而桂林却毫无戒备地由革布什咱进攻小金川,因而在其军队行至甲尔木山梁时,遭到了大金川的突然阻击,清军三千余人全部战死。为了扭转战争局势,乾隆皇帝将桂林革职拿问,改派阿桂主持南路进攻事宜,并增调陕甘、云南、两湖军队进川作战。阿桂至南路后,悉力整顿,军威又振。当年八月,再克甲尔木山梁。尔后,又连下路顶宗、喀木色尔等重要城寨。十一月初,在扫清河西敌军据点后,挥师渡河。十二月初,攻克距离小金川巢穴美诺不过半日路程的僧格宗。与此同时,温福所率之西路军也扫清沿途据点,并攻克了距离美诺只有十余里的明郭宗。十二月初六,两军联合攻克美诺。[122] 尔后,又乘势直

《平定金川战图册·收复小金川》 (清)徐扬绘

下其最后据点底木达和布朗郭宗。小金川土司泽旺被擒，僧格桑溃围而出，逃往大金川往依索诺木。[123]至此，攻打小金川的战役取得了胜利。

小金川战役结束后，根据乾隆皇帝的指示，清军除留少量部队戍守小金川之外，从乾隆三十七年十二月底开始，兵分三路，进攻大金川。早在清军征讨小金川的战役中，大金川土司索诺木即以护姊为名，派遣军队帮助小金川戍守，因而"小金川各处经官兵杀获者，金川贼众居多"。[124]甲尔木山梁之役，大金川还直接向清军开火，致使清军蒙受重大损失。对于大金川，乾隆皇帝早已恨得咬牙切齿，只是为了集中兵力，各个击破，才暂置大金川于不问，专攻小金川。因而，小金川战役刚刚结束，乾隆皇帝即刻指令师向大金川。与此同时，又再次增兵增饷。从此开始，清军又进行了长达三年之久的征讨大金川的战争。

大金川战役开始后，由于山路崎岖，碉卡林立，仰攻为难，兼之以长期作战，清军内部的问题也充分暴露，又陷入了二十多年前初征金川时的困境，并继甲尔木山梁失利之后再次遭到了巨大的挫折。首先是三军主帅温福生活极为特殊，在进攻大金川的战役中，他置广大将士生活于不顾，"日与董提督天弼辈置酒高宴"，[125]严重地脱离了广大将士。其次，就工作作风而言，温福也极为主观。"性褊而愎，参赞以下之言，概置不听"，[126]严重地影响了指挥机构内部的团结和广大将士的作战积极性。再次，在军事进攻中，针对大金川碉卡林立的情况，温福不是采取选锐深入的军事策略，而是步张广泗、讷亲之后尘，专以攻取碉卡为事。"不察地势之险易，不知士卒之甘苦，常令攻碉，多伤兵众"，"隔数日派兵攻碉，明知碉坚路险，难以施攻，犹不肯撤退，致兵丁轻冒枪石，无故损伤"。[127]与此同时，他还仿效金川也大筑其碉，"不爱恤兵力，常令伐木运石，筑栅拿卡，不得休息"。修筑碉卡之后，又"派拨万余兵，分守千余卡，以极盛兵力，散处零星，均归无用，实为失策"。[128]对于后方基地和粮草弹药的守护，温福也极为忽视。因而，将近半年的时间里，清军一直未能攻取敌人"紧要碉卡"，反而因索诺木奇袭清军后方而几乎全军覆没。

乾隆三十八年六月初，为了解除围困，在坚守碉卡的同时，大金川土司索诺木率领部分精锐转入外线作战。他们以小金川降番为内应，首先攻袭清军后方基地布朗郭宗、底木达等地，大败当地戍守清军。而后又率军回师，直捣位于大金川之下的温福军队驻守的木果木大营。温福猝不及防，大营登时被攻破，温福以下许多将领被杀，所部军队三千余人或死于敌军锋镝，或者自相践踏毙命，其余一万多人全部溃逃。除僧郭宗以南的个别地区外，小金川全境失守。乾隆皇帝耗帑银三千万两、调军七万余人，奋战两年的全部战果丧失殆尽，清军遭受了金川战役开始以来最大的失败。

木果木失利后，为了扭转战局，乾隆皇帝任命阿桂为定西将军，丰升额、明亮为副将军，招集溃散兵卒，稳定军心；另一方面，又再次下令调拨京城健锐、火器二营和黑龙江、吉林八旗兵丁，伊犁厄鲁特兵和各省绿营兵丁共两万余人开赴前线。不长时间，金川前线清军总数又超过七万。从当年十月下旬开始，在阿桂的率领下，重新向小金川发动了进攻。

紫閣元勳

阿桂像 （清）沈贞绘

由于指挥得当，五日而复小金川全境。尔后，清军又分南、西、北三路，再次进兵大金川。在进攻大金川战役中，有鉴于该地自初次金川之役后，各种军事设施一直没有拆除并不断兴建，严密程度十倍于小金川，阿桂采取了分兵合围、步步为营、稳扎稳打的作战方针。从乾隆三十八年底至三十九年中，先后攻克敌人碉卡多座，并日渐逼近其主要巢穴勒乌围。而经过长期战争消耗，大金川也颇感力量不支。乾隆三十九年八月，"索诺木鸩杀僧格桑而献其尸及妻妾头目至军，乞赦己罪"，[129]当即被阿桂等严词拒绝，战争继续进行。乾隆四十年初，大金川形势进一步恶化，"火药无多，粮食亦乏，并选妇人穿男衣，假充兵数"。[130]乘此机会，清军加紧进攻。四、五月间，先后攻克距离勒乌围不过数里之遥的噶尔丹寺和逊克宗两城。八月，攻克勒乌围，索诺木率领余众退保噶喇依（即刮耳崖）。当年底，在扫清噶喇依附近各处碉卡后，三路清军联合包围噶喇依。"筑长围数十里，断水道以困之，大炮昼夜霆击，所至洞墙壁数重。"[131]在清军的强大攻势下，索诺木日暮途穷，众叛亲离。其母阿仓、姑阿青以及异母兄莎罗奔冈达克先后出营乞降。乾隆四十一年二

《平定金川战图册·攻克勒乌围》 （清）徐扬绘

《平定金川战图册·攻克噶喇依》 （清）徐扬绘

月初，"索诺木跪捧印信，带同兄弟并伊妻及其大头人、喇嘛、大小头目二千余人"出寨乞降，[132]八天之后，捷报传至东陵行在。为了庆祝战争的胜利，乾隆皇帝先后拜谒东、西两陵，东巡泰山，告成岱宗，而后又于返京之际为凯旋将士举行了盛大的郊劳大典。返京后，又献俘太庙，宴赏出征将士，图画功臣于紫光阁。至此，这场历时五年，调兵十余万，死亡将士近万人，耗帑银七千万两的战争才告结束。

乾隆皇帝进行的再征金川之役虽然对于巩固国家统一、维持四川少数民族地区的政治安定有着一定的积极意义，然而，由于乾隆皇帝的错误决策和战争中的狂花滥费，也对此后政治形势的发展产生了极为不利的影响。

首先，大、小金川两地，"地不逾五百里，人不满三万众"，[133]在四川已是一隅之地，对全国则更不值一提。如果决意用兵，只须令四川督抚选用得力将领伺机攻取，即可获得成功，在这方面，乾隆十七年四川提督岳钟琪攻取杂谷即是一个成功的先例。而乾隆皇帝却计不出此，始而坚持以番攻番而严禁政府军队介入，一旦介入，又为速胜起见而从北京和各地调集大批军队，地理既不熟悉，情况也全不了解，自然使战争旷日持久，所费不赀，癣疥之疾变成了国家政治生活中的一件大事。

其次是狂花滥费。这场战争进行之日，正是清朝政府的统治达到全盛之时。国库常年存银一直保持在七八千万两之间。国家的富庶使得乾隆皇帝头脑发涨。战争发动之初，他即狂妄地宣称："此时部库所积，多至八千余万，朕每以存积太多为嫌。天地生财，止有此数，今较乾隆初年，已多至一半有余，朕实不欲其多聚，若拨发外省公事动用，稍减盈积之数，亦属调剂之一端。"[134] 尔后，在战争进行中，他又多次宣称："现在征剿金川，以期一劳永逸，即多费数十万或百余万金，皆所不惜。"[135] "每念天地生财，只有此数，不在上，即在下，与其聚诸无用之地，曷若使民间多得流通。……今节次拨帑济用，已一千四百万两，而太府之储，未尝少减。……将来攻剿金川，或略延时日，再费二千万两亦可蒇事，库贮尚在五千万以上。"[136] 乾隆皇帝的这种态度无疑是鼓励臣下狂花滥费。在他的影响下，金川战役军费开支超过了此前乾隆皇帝进行的各次战争开支的总和而达七千万两之多，对于乾隆后期的国家财政状况产生了深刻的影响。而且，还须指出的是，乾隆皇帝允许狂花滥费的目的虽是为了速胜，然而由于各级将领的任情挥霍，使得上下级之间生活悬殊，广大将士的作战情绪也大受影响。因而，巨额的军费开支反倒对战争进程产生了极为不利的影响。

再次，这场战争虽然发生在四川一隅，但是由于战争中征调之军队南至云贵，北至吉林、黑龙江，东至两湖，西至陕甘，兼之以军需供应、夫役征调，也使上述各地人民的赋役负担空前加重，直接导致了阶级矛盾的激化，并在一定程度上动摇了乾隆皇帝的专制统治。

第四节　贪贿盛行

如上所述，乾隆前期，为了巩固自己的统治，对于贪官污吏，乾隆皇帝往往予以极其严厉的制裁。因而，尽管当时贪污案件极多，却未能影响政治和经济的向前发展。乾隆四十年代以后，官吏贪污行为却得到了最高统治集团的纵容和庇护，从而对整个国家形势产生了极其严重的影响。这样，就在乾隆皇帝的专制统治极端加强之时，乾隆皇帝的统治基础却开始崩溃，乾隆一朝的政治也因此而进入了它的腐败、衰落的后期阶段。

在乾隆后期吏治败坏的过程中，乾隆皇帝本人大开贡献之门、军机大臣和珅肆无忌惮地招权纳贿起了极其恶劣的推波助澜的作用。乾隆皇帝即位之初，为了建立自己的统治，有鉴于贡献无益于吏治民生，一度下令严行禁止。在其统治地位初步巩固之后，禁令虽有所放松，但是对于进贡人员和进贡物品，仍然还有一些限制。其中进贡人员，仅限于外地督抚以上的高级官吏，所进物品也不过是方物土仪之类，允许进贡的目的，只是"借联上下之情"。随着乾隆皇帝专制统治的日益加强，为了满足自己的享乐欲望，从乾隆十六年首次南巡和皇太后六旬万寿庆典开始，乾隆皇帝逐渐将自己原来做出的各种规定一概取消。迎合乾隆皇帝贪财好货的心理，督抚大员之外，藩臬、道员甚至一些商人也开始向乾隆皇帝进贡，进贡物品也由方物土仪改变为古玩字画和大量金玉珠宝。原来进贡时间，只是皇太后和乾隆皇帝本人逢五、逢十的万寿节，这时，也扩大到一年四季的所有节日，甚至乾隆皇帝外出巡幸时各地官员也要依例进贡。乾隆五十五年乾隆皇帝八十寿辰时，乾隆皇帝还允许和珅等人通令全国官吏各捐廉俸、商民合捐银两为其举办庆典活动。为了备办贡品，"督抚取之属员，属员必取之百姓"，[137]不但给全国人民带来了极大的骚扰和痛苦，而且也对吏治产生了极为恶劣的影响。

乾隆皇帝直接勒索之外，权臣和珅也是一个招权纳贿的能手。"性贪黩无厌，征求财货，皇皇如不及。督抚司道畏其倾陷，不得不辇货权门，结为奥援。"[138]这样，从乾隆四十年代以后，和珅住宅几乎成了一个卖官鬻爵的交易所。身着补服前来拜谒送礼的官员络绎不绝，因而附近居地人民将其居地戏称为"补子胡同"，并为诗以记官员前来谒拜之情形。诗云："绣衣成巷接公衙，弯弯曲曲路不差。莫道此间街道窄，有门能达相公家。"就是靠了这样的方式，在专权二十多年的时间里，和珅积累起了数额惊人的财富，过着穷奢极欲的豪华生活。据时人记载，和珅居处"豪奢富丽，拟于皇室，有口皆言，举世侧目"。[139]至于其受贿数额，谁也无法说清。仅据《清仁宗实录》和一些档案的零星记载，其数额已经十分惊人。如《实录》载抄没和珅家产时，"家内银两及衣服等件，数逾千万"，"家内所藏珍宝内珍珠手串，竟有二百余串，较之大内多至数倍，并有大珠，较御用冠顶珠尤大"，"所藏真宝石顶有数十余个，而整块大宝石不计其数，且有内府所无者"；"夹墙藏金二万六千余两，私库藏金六千余两，地窖内并有埋藏银两百余万"；"附近通州、蓟州地方，均有当铺钱店，查计资本，又不下十余万"。[140]另据档案所载，仅其在京房屋一项，即有两千三百四十三间之多，而且还不包括赏给永璘和留给和孝公主的房屋在内。[141]和珅专权期间的贪污总数有多少，由此亦可推知其大概了。

　　在乾隆皇帝和和珅的带动下，乾隆前期以来本已相当严重的官吏贪污问题愈加严重，不但贪污数额更加巨大，而且贪污方法也无奇不有，对于当时政治形势的发展产生了极为严重的影响。于此摘取数例，以见进入乾隆后期之初吏治腐败之大致情况。

　　甘肃捐监冒赈案，是乾隆后期发生的一起有名的集体贪污大案。乾隆三十九年，陕甘总督勒尔谨串通首席军机大臣于敏中，以增加甘省仓储为理由，奏请于该省推行纳粟捐监之例。经乾隆皇帝批准后，勒尔谨遂与甘省藩司王亶望等通同作弊，先是将原定各州县捐监移于首府办理，以将其权置于己手；尔后，又于捐监中私自改征折色，并将所收全部银两与全省府、道以上官员私自俵分。就是靠了这种方式，勒尔谨、王亶望等许多甘省官员即刻都成了腰缠万贯的暴发户。其中单是王亶望一人，贪污白银即达三百余万两。与此同时，他们却以甘省连年遭灾须赈为借口，将上报捐监收粮数字陆续开销。因为捏称报捐人员和粮食数量甚多，开捐半年，即报称赴捐人次近两万，捐粮八十二万余石，[142] 至乾隆四十二年七月，累报捐粮高达七百多万石，[143]"所捐监生，不下数十万"。[144] 一省捐监人数和收入粮食竟然超过了乾隆三年至八年的全国捐监数字，"其情理多有不可解处"，对此，乾隆皇帝不无怀疑。"甘肃人民，艰窘者多，安得有二万人捐监？若系外省商民就彼报捐，则京城现有捐监之例，众人何以舍近而求远？……且甘省向称地瘠民贫，户鲜盖藏，是本地人民食用，尚且不敷，安得有如许余粮，供人采买？若云商贾等从他处搬运至边地上捐，则沿途脚价所费不赀，商人利析秋毫，岂肯为此重费捐纳？若收自近地，则边地素无储蓄，又何以忽尔丰赢？"[145]为此，乾隆四十年，乾隆皇帝专派刑部尚书袁守侗前赴甘肃，依据勒尔谨等所报收粮动存实数进行盘验。[146]因为于敏中等预通消息，勒尔谨、王亶望等事前东挪西借，盘验结果：所收监粮"俱系实贮在仓，委无亏短，并核对节年动用数目，亦属符合。"[147]乾隆四十四年，于敏中死后，甘省捐监冒赈问题开始暴露。如王亶望调任浙抚后，一次便捐白银五十万两助修海塘工程，而继任甘肃布政使王廷赞也一次拿出四万两白银充作军饷，对此，乾隆皇帝更加怀疑，何以担任甘肃藩司之人家计皆如此充裕？[148]乾隆四十六年夏，和珅、阿桂等奉命西行平定苏四十三起义，途次先后奏报甘肃省得雨情形，又和王亶望等"向来俱以被旱须赈为言，几于年年如此"迥然不同。[149]乾隆皇帝因令阿桂、李侍尧就近调查甘省捐监、散赈弊端。经过调查，"通省粮石，尽属纸上空文"，[150]至此，该省督抚通同作弊，"折收于前，冒销于后"的问题才全部暴露。对于这一"从来未有之奇贪异事"，[151]乾隆皇帝极为震怒，当即下令将勒尔谨、王廷赞和调任浙江巡抚的王亶望等所有涉及该案官员一概革职交审。在查清案情后，他下令将勒尔谨、王亶望处死，子孙谪戍伊犁。有鉴于该案涉及官员太多，全部依法处理，甘省道府以上官员将为之一空，乾隆皇帝只好决定将其中侵贪二万两以上者处死，其余则从宽问拟斩监候。即使如此，前后被处死刑者仍达五十六人之多。

一波未平，一波又起。甘省捐监冒赈案的处理刚刚告一段落，又发生了闽浙总督兼浙江巡抚陈辉祖利用查抄王亶望家财的机会侵吞抄家物资的案件。一年前，在乾隆皇帝七十寿辰时，王亶望曾向乾隆皇帝进贡玉瓶、玉山子等珍贵器物。乾隆皇帝虽然极为喜爱，但是碍于进九回三的成例，不得不将上述各物发还。这次下令查抄王亶望家产，乾隆皇帝满心想着那几件宝贝可以归为己有，然而，乾隆四十七年七月，在有关官员将抄家物资解送内府之时，乾隆皇帝才发现，不但自己梦寐以求的玉瓶、玉山子早已不翼而飞，全无踪影，就是其他物品，也"大率不堪入目"，没有一件值钱的东西。[152]而且，将抄家底簿和进呈抄家物品相核对，不符之处甚多。底册所开物件未至内府者一百宗，原册所无之物，倒多出了八十九宗。[153]即以黄金而言，抄家底册上明明登记着金叶、金条、金锭共四千七百四十八两，实到内府者，却仅有金叶九两三钱，"抽换那掩情弊"极为明显。[154]为此，乾隆皇帝又专派阿桂、福长安等重臣至浙调查此案。调查结果，原来竟是闽浙总督兼浙江巡抚陈辉祖从中捣鬼。只是因为利令智昏，未曾将抄家底簿先行修改，以致露出了马脚。金银财宝未搞到手，反而为此锒铛入狱。因为陈辉祖之所窃正是乾隆皇帝之所求，两人所差，不过五十步、百步，因而乾隆皇帝实在无法将之处死。只是后来他案发生，才将陈辉祖赐死，这场君臣争财的闹剧至此才算结束。

山东巡抚国泰、布政使于易简勒索属员、侵亏库帑案，是乾隆后期发生的另一起贪污大案。国泰在担任山东巡抚期间，与布政使于易简等朋比为奸，一方面贿赂朝中要人于敏中、和珅等以寻求政治庇护；一方面又利用手中的权力，恣意勒索州县属员贿赂，以至全省各州县无不亏空。其中最严重的历城等七州县，亏空数额竟高达六七万至八九万不等。[155]而国、于二人却通过这种方法积累了巨额财富，过着花天酒地的生活。巡抚衙署中终年歌舞不绝，乌烟瘴气。有时，国泰和于易简二人还粉墨登场，一饰杨贵妃，一饰唐明皇，共演《长生殿》。乾隆四十七年四月，御史钱沣上书乾隆皇帝，揭露国、于两人"贪纵营私，遇有提升调补，勒索属员贿赂，以致历城等州县仓库亏空"等严重问题。[156]乾隆皇帝便派和珅、刘墉与钱沣一起前往山东处理此案。为了保护国泰、于易简等过关，和珅先是秘密遣使通知国泰等预借商民银两弥补亏空，后来在盘查中又处处作梗，阻挠清查工作的进展。钱沣等不怕威胁利诱，冲破阻挠，坚持清查，进一步掌握了国泰、于易简两人大量的罪证和全省亏空二百万两的事实。[157]因为罪证如山，和珅再也无法加以包庇。乾隆皇帝将国泰、于易简二人处死，家产籍没。有鉴于全案涉及官员太多，乾隆皇帝无法全行撤职查办，只好下令，所有亏空官员仍然各留本任，限期弥补亏空。[158]

　　除了上述几起大型贪污案件之外，这一时期，全国各地的官员贪污案件层出不穷，这里不再赘述。乾隆皇帝对贪污受贿案件虽做了一些处理，然而上有乾隆皇帝骄奢淫逸、任情挥霍，大开贡献之门，下有和珅等大肆聚敛，不择手段地向各地官员伸手要钱，不贪污的官员根本无法在官场中立足。因而，这股贪风根本无法煞止，并且在进入乾隆五十年代之后还有愈益扩大之势，对于当时社会矛盾的激化，对于乾隆皇帝专制统治的衰落，都起了极其重要的作用。

第五节　暴政恶果

　　乾隆皇帝的各种倒行逆施政策使得广大人民的不满情绪普遍增长，而吏治的进一步腐败又使本已极为深刻的阶级矛盾更加尖锐。就在乾隆皇帝的专制统治强化到了顶点之时，各地人民的反抗斗争也此起彼伏，相当活跃。这样，在乾隆后期，镇压人民的反抗斗争就成了乾隆皇帝各种政治活动中的一个极其重要的内容。

一、镇压王伦起义

　　王伦领导的山东清水教起义是乾隆后期发生的第一次大规模的农民起义。清水教是白莲教之一支，因其教义中有"饮水一瓯，可四十九日不食"，俗称清水教。[159]清初以来，该教一直在山东一带秘密流传。乾隆时期，由于阶级矛盾进一步激化，在王伦担任教首期间，该教传播更为广泛。王伦是山东阳谷县党家庄人士，早年曾为县役，通文墨，有拳勇，精医术。乾隆十六年，他秘密加入了清水教。后来，他以行医为掩护，往来山东各县，在广大贫苦群众中进行传教活动。由于他医术精湛、医德高尚，为人治病"不受值"，因而广大贫苦人民"均感其惠，愿为义儿、义女以报德"，[160]甚至不少县役营兵也"纷纷归教"。[161]十来年的时间里，教徒遍诸各邑。[162]乾隆三十八、三十九年，山东连年遭灾，而地方官又"妄行额外加派"，人民反抗情绪日益增长。利用广大人民的不满情绪，从乾隆三十九年春天开始，王伦开始了起义的准备活动。他先是将各地教徒数千人聚集到东昌、兖州一带地方；尔后，分别任命清水教骨干人员范伟、孟灿、王经隆、乌三娘、杨累等为国师、元帅、将军、总兵等官职，对各支教徒教习枪棒，进行军事训练。

正在各种准备活动积极进行之时，当年八月中旬，寿张县县令沈齐义侦知此事。为了先发制人，王伦当机立断，决定将起义日期提前。八月二十七日深夜，在城内清水教教徒的策应下，王伦率领起义部队一举攻克了寿张县城，"劫库放囚，焚烧军器"，[163] 杀死县令沈齐义和游击赶福；与此同时，堂邑县张四姑庄的清水教教徒也在王伦义子王经隆的领导下发动起义并南下寿张，与王伦所率起义队伍相会合。山东巡抚徐绩、布政使国泰得知起义爆发消息，极为恐慌，急忙进驻东昌，并调集中军参将海明、兖州镇总兵惟一从东昌、东阿一带两路出师，进攻寿张。为了摆脱清军包围，九月初二日，王伦率领起义部队北上，连下阳谷、堂邑二县，又乘胜北上渡河，一举攻克了运河旁边的重要城镇临清旧城。多年以来，山东地区的阶级矛盾一直异常尖锐，而起义军所到之处，除了对贪官污吏进行严惩之外，对广大人民群众一无所扰，攻克临清之后，又采纳范伟的建议，"收人心，不杀劫，一切食物均易之以价"，[164] 因而义军沿途所经之处受到广大人民的热烈欢迎，在攻克临清后也得到了广大人民群众的拥护。"无知细民，咸谓贼无所害，而稍有知识者亦图苟安，不思远避。"[165] 眼见义军挥师北上，连克重镇，山东巡抚徐绩等又改变计划，急调德州、高唐、兖州、东昌等地驻军四面合围，企图将起义军一举歼灭。面对政府军队的四面围剿，王伦等起义领袖无私无畏，率领义军，英勇作战。九月中旬，大败徐绩、惟一和德州城守尉格图肯等于临清郊外的柳林，与此同时，又组织义军向临清新城发动了进攻。在进攻中，他们除轮番使用挖掘地道，火烧敌人城门、敌楼等方式之外，还利用从敌军中缴获的大炮进行轰击，"飞弹入城，声如饿鸥，人人慌恐"。[166]在义军的猛烈进攻下，新城守将叶信和守城清军慌作一团。为了对付义军的进攻，他们竟然于城头之上"裸妇女，血鸡犬厌之"。[167]在王伦起义的打击下，清朝政府在山东的统治面临着全部垮台的危险。

临清地处直、鲁、豫三省交界之地，绾毂南北漕运，临清的攻克给了清朝政府以极为沉重的打击。一时之间，南北漕运堵塞，清朝政府的漕运空船无法回南。得知临清失陷消息后，遥在热河行在的乾隆皇帝异常焦急。他先是急令大学士舒赫德佩钦差大臣印信驰驿南下，调集天津、沧州、德州等地驻防满兵进剿义军；与此同时，又令额驸拉旺多尔济、左都御史阿思哈从京挑选健锐、火器二营精锐一千名迅速南下。为了防止义军北上直隶、西攻河南、南下两江，乾隆皇帝还分别下令三省督抚周元理、何煟、高晋等各自派兵严密防守与山东毗连地方及派兵出境作战。在乾隆皇帝加紧对起义军进行围剿的时候，临清新城却因登州、青州等地的满兵前来赴援而久攻不克。面对这种形势，王伦不是改弦更张，寻找敌军薄弱环节发动进攻，而是长期屯兵坚城之下，军事上渐趋被动。与此同时，王伦在生活上也迅速腐化。据当时传教士晁俊秀所记，王伦在攻克临清之后，"除连续的狂欢和宴会以外，没有其它活动。两个剧团不停地演戏。王伦从剧院中外出，仅仅是为了在人们面前炫耀自己。他以很不适宜的威仪通过街道，在这仅有的小片领土上摆着皇帝的架子"。[168]这样，在九月下旬舒赫德率领清军到达临清附近时，起义军面临的形势急剧恶化。面对武器精良、数量众多的清朝正规军队，起义军虽然进行了顽强的战斗，但终因寡不敌众，临清失陷。不少起义领导人被捕，主要领袖王伦自焚身死，起义最后失败。

根据乾隆皇帝的指示，王伦起义失败后，清军对广大起义人员及其家属进行了疯狂的报复。据史载，清军攻入临清之时，杀人已经很多。"官兵往彼剿捕，歼戮甚多"，"旧城街巷，贼尸填积塞路"，然而乾隆皇帝却仍嫌不足，除下令当地军队刨两个大坑将被杀害的起义者"投掷其中"，"使人见而知儆"之外，[169]还对和起义军一起居住过的临清人民也概不放过。他说："旧城居民，有甘心从贼、抗拒官兵者，自应同贼骈诛；其为贼供役之人，即未拒敌，亦当分遣新疆烟瘴，以示惩儆。"[170]此外，他还命令当地官员将主要起义领袖王伦的历代祖坟以及其师张既成、张既成之师袁公溥坟茔一概发掘捣毁，焚尸扬灰。其他起义领导人范伟、王经隆以下十几个人也被押解至京，经过严刑审讯之后凌迟处死。继临清城破时两千多名起义者惨遭杀害之后，所有起义人员的家属、亲戚也都受到株连，或者惨遭杀害，或者发遣边远，所有家产也全部被没收。这样，在广大起义者的血泊之中，乾隆皇帝又恢复了他的统治秩序。

王伦起义虽被镇压下去，但是，相当长的一段时间里，乾隆皇帝一直余悸未消，地方稍有风吹草动，便以为是人民革命风暴重新来临而极度紧张。当年十月，在镇压王伦起义的清军陆续撤离山东之际，一个名叫周曰璜的莘县监生首告其子周振东与朝城、阳谷、冠县等处人士"结党谋反，约定十月二十八日起事"。[171]得到这一报告，乾隆皇帝急令撤离部队仍速"驰驿赴东"[172]，后来，经过对查拿人犯的审讯，方才弄清，原来周曰璜是一个赌徒，因为要把家中仅存的一点米谷粜卖归还赌债，遭到母亲和儿子的一致反对，方才诬告其子谋反，竟使乾隆皇帝为此而受了一场虚惊！

二、镇压苏四十三、田五起义

在乾隆四十年代全国各地人民的反抗斗争中，声势最大的是苏四十三、田五领导的撒拉尔族和回族人民起义。

苏四十三领导的甘肃循化厅撒拉尔族人民起义发生在乾隆四十六年。撒拉尔族人民和回族人民一样信奉伊斯兰教。长期以来，该族宗教领袖教长、阿訇等凭借特殊的宗教地位世袭其职并大量勒索人民财富，形成了反动的门宦制度和天课制度。乾隆二十六年时，安定回民马明心自中亚地区回国，别创新教。和旧教相比，新教不但在宗教仪式上有所不同，"念经时则摇头，念毕则耍拳舞手"，而且在政治上也废止了相沿已久的门宦制度，经济上又"仅取忏钱五十六文"，[173]和旧教之"须用羊只布匹，所费较多"大不相同。对于入教者，还"皆有周济"。因而，"穷民愿归新教者较众"，不长时间，仅撒拉尔族聚居的循化厅一带，改宗新教者已占当地居民的八成左右。[174]新教的迅速传播使得旧教教长、阿訇们的政治地位和经济权益大受影响，因而，他们对新教极其仇视并多次挑起新、旧教之间的械斗。而当地清朝政府官员也和旧教头目沆瀣一气，将马明心逐出循化。这样，撒拉尔族新、旧教之间的冲突发展成为一次大规模的反清武装起义。

乾隆四十六年正月，撒拉尔族新教教徒千余人在新教教首苏四十三、韩二个等人的率领下，攻入清水工河东老教区，杀死当地旧教头目，起义正式发动。清朝官员一方面将马明心及其子婿逮捕，系于兰州狱中；一方面由兰州知府杨士玑、河州协副将新柱等率兵前往弹压。起义群众将杨士玑、新柱处死。三月二十一日，又乘胜攻占河州，杀死官吏，开狱放囚，河西大震。为了防止起义军渡河北上攻取兰州，陕甘总督勒尔谨一方面率兵扼守狄道州，一方面向乾隆皇帝告急并檄调各镇兵马前来救援。然而，苏四十三却出敌不意，暗渡洮河，通过山僻小道，浩浩荡荡地杀向兰州城下。这时，困守兰州的甘肃布政使王廷赞几乎被起义军的声势吓破了胆，急忙乖乖地将马明心子婿送出城外以向起义军求和。[175]得知起义爆发消息，乾隆皇帝极为震惊。除急令西安提督马彪带领绿营军队二千，西安将军伍弥泰、宁夏将军莽古赉各率满洲军队一千人就近驰援外，[176]还命令尚书和珅、额驸拉旺多尔济、领侍卫内大臣海兰察等率领京师健锐、火器二营精锐各二千人前往助剿。与此同时，又令军机大臣阿桂自河南黄河工次径赴甘肃，统一指挥镇压起义事宜。三月二十五日以后，临近兰州的各镇兵马陆续抵达兰州。四月中旬，和珅所率之京师精锐也到达兰州城下，向起义军发动了进攻。这时，起义军解除对兰州的包围，退守兰州西南三十里的华林山。在进攻义军的战斗中，清朝官兵尽管数量众多，但是因为"无总办之人，声势既不联络，纪律又不严整"，在战争中，"兵不顾将，将不顾兵，一遇贼匪，惶遽退回"，[177]因而战况并未有所好转，反而在四月十九日的战斗中，被义军歼灭了固原总兵图钦保以下近千人。

四月二十一日，阿桂至军，首先命令各路官兵移营就敌，设卡安营，对华林山一带进行封锁围困，断其给养；与此同时，增调四川士兵、阿拉善王蒙古军队一千七百人驰赴兰州前线。这样，五月上旬以后，形势变得对起义军不利起来。尽管如此，在当年五月、闰五月两个月中，起义军在严密防守华林山根据地的同时，还不时出击，先后予敌以重创。因而，闰五月以后，阿桂被迫改变战术，"严密围困，使之无路觅食，不战自乱"，[178]义军处境更加困难。六月十五日，乘义军饥疲交加之际，阿桂督率军队攻上华林山，苏四十三以下多数起义人员阵亡，残部约二百余人退守山上之华林寺，继续坚持斗争。尔后，又于六月二十三、二十六等日连续多次打退清军的猛烈进攻。对于起义军的这种顽强战斗精神，连乾隆皇帝本人也极为吃惊。他说："此时余党无多。且要犯、首犯，已皆歼毙，所余不过败残贼众，何以尚然如此死守，实不可解。"[179]直到七月初，在清军的全力进攻下，华林寺才最后失陷。所有起义军"俱尽力抗拒，不肯束手就缚"，全部壮烈牺牲。[180]至此，清朝政府历时半年，调兵两万，损兵折将一千四百多人之后，始将这次起义烈火扑灭下去。

对于苏四十三领导的撒拉尔族人民起义，乾隆皇帝极为痛恨。早在当年五月，他即指示阿桂："新教逆回如此肆扰，实为罪大恶极，不可不严断根株……应于剿贼事平后，趁兵威严整之时，痛加惩治，以儆凶顽，不可姑息了事。"[181]因而，起义失败后，清军对当地人民进行了疯狂的报复和血腥的屠杀，不只直接参加起义的新教教徒及其家属几乎被斩尽杀绝，家产没收，即使同情起义的一些新教教徒也惨遭杀害。此外，还严禁新教，所有新教礼拜寺概行拆毁。为了防止新教传入内地，还专颁谕旨，禁止撒拉尔族人民和内地回民互相通婚。乾隆皇帝还下令在华林山一带建立营垒、设兵驻防、扩建兰州城池，添募甘省军队等，从而使清朝政府在当地的统治又得到了恢复和加强。

田五领导的甘肃通渭新教回民起义发生在乾隆四十九年。田五是甘肃伏羌县的一个新教阿訇，乾隆四十六年苏四十三起义失败以后，为了替马明心等遇难教友报仇，在他的组织发动下，当地新教教徒在通渭县之石峰堡秘密修筑堡寨，预贮粮食、布匹并打造军器、帐篷、旗帜等物，准备再次发动反清武装起义。与此同时，他还往来各地进行起义的宣传发动工作。不长时间，新教势力又有了新的发展，伏羌县之鹿卢山、静宁州之底店山、潘陇山等地也都成了新教的重要据点。在各项准备工作大致就绪之后，乾隆四十九年正月，田五亲至靖远与当地新教教首哈得成、哈彦等商定起义日期，决定于当年五月五日各地教徒共同发动起义。因为消息走漏，当年四月十五日，田五在盐茶厅之小山一带提前起事，攻克当地之西安土堡。尔后，又率领起义队伍西向攻打靖远县城。这时，得知起义发动消息，陕甘总督李侍尧、甘肃提督刚塔迅速调集各镇兵马前往进剿。在四月二十三、二十四两天的战斗中，起义领导人田五、田介洪、吴二、韩二等先后牺牲，起义队伍遭受了重大的损失。几天之后，起义军队在转移途中又陷入了清军的重重包围之中。为此，乾隆皇帝下令李侍尧、刚塔二人将义军就地歼灭。这时，处于重围之中的起义人员在马胡子、李胡子等人的带领下，克服千难万险，翻越大山，渡过黄河，乘敌不备，南下攻克通渭，并于五月十二日在石峰堡一带一举歼灭西安副都统明善以下官兵一千二百人。与此同时，各地新教教徒也按期举事。一时之间，南至伏羌、秦州，北至靖远、盐茶厅，东至隆德、静宁，西至安定，方圆一千多里的广阔区域中，起义烽火到处燃烧。乾隆皇帝气急败坏，下令将李侍尧、刚塔二人革职拿问，命令阿桂、福康安、海兰察等再次带领京师健锐、火器二营精锐二千人前往征讨。

六月上旬，阿桂、福康安等率领京营到达甘肃，逐次消灭隆德、静宁以及其他各地小股起义部队。为了坚持斗争，各路义军退守石峰堡。石峰堡"踞万山中，四面削险，沟堑纵横"。[182]福康安率军抵达后，首先攻占石峰堡以东的义军四处营盘，尔后，又从上游断绝石峰堡内水源，从而使石峰堡内的义军处于极其困难的境地。七月初，在清军的进攻下石峰堡失陷，起义再次遭到了失败。约有万名起义者被处死，家属老弱四千余人统统被发遣各地为奴。此后不久，因为尸骨遍地，无人掩埋，尸气上蒸，瘟疫流行，又有大批无辜百姓病死，从而使当地赤地千里，一片荒凉，严重地破坏了当地经济的发展。

1 《清高宗实录》卷九三二，乾隆三十八年四月庚子。

2 《清高宗实录》卷一〇二三，乾隆四十一年十二月乙卯。

3 《清高宗实录》卷一〇五一，乾隆四十三年二月庚戌。

4 《清高宗实录》卷一〇五一，乾隆四十三年二月庚戌。

5 《清高宗实录》卷一二二七，乾隆五十年三月甲戌。

6 《清高宗实录》卷一〇九五，乾隆四十四年十一月己酉。

7 《清高宗实录》卷一〇五八，乾隆四十三年六月乙未。

8 《清高宗实录》卷一一一一，乾隆四十五年七月庚子。

9 《清高宗实录》卷一二一八，乾隆四十九年十一月癸丑。

10 《清高宗实录》卷一二五〇，乾隆五十一年三月戊午。

11 《清高宗实录》卷一〇一一，乾隆四十一年六月癸亥。

12 《清高宗实录》卷一一七八，乾隆四十八年四月丁卯。

13 《清高宗实录》卷一一〇二，乾隆四十五年三月辛卯。

14 《清高宗实录》卷一二九三，乾隆五十二年十一月庚辰。

15 《清高宗实录》卷一二二八，乾隆五十年四月壬辰；卷一二三二，乾隆五十年六月戊戌。

16 《清代文字狱档》第六辑《尹嘉铨为父请谥并从祀文庙案》。

17 《清高宗实录》卷一一一五，乾隆四十五年九月壬辰。

18 《朝鲜李朝实录中的中国史料》第11册，正宗四年（乾隆四十五年）十一月戊寅。

19 《清高宗实录》卷一一一六，乾隆四十五年十月戊申。

20 《朝鲜李朝实录中的中国史料》第11册，正宗四年（乾隆四十五年）十一月戊寅。

21 《清朝野史大观》卷六《清人逸事·倾轧可畏》。

22 《朝鲜李朝实录中的中国史料》第11册，正宗四年（乾隆四十五年）十一月戊寅。

23 《朝鲜李朝实录中的中国史料》第11册，正宗二年（乾隆四十三年）七月戊子。

24 《清高宗实录》卷九七七，乾隆四十年二月丁酉。

25 《清高宗实录》卷九八六，乾隆四十年七月乙卯。

26 《清高宗实录》卷一〇九〇，乾隆四十四年九月戊子。

27 《清仁宗实录》卷三八，嘉庆四年正月。

28 《清高宗实录》卷一一三二，乾隆四十六年闰五月丙午。

29 《清高宗实录》卷一一三六，乾隆四十六年七月丁未。

30 《清高宗实录》卷一一三八，乾隆四十六年八月甲申。

31 王庆云：《石渠余记》卷二《纪列朝各省兵数》。

32 《清高宗实录》卷一一三八，乾隆四十六年八月乙酉。

33 《清高宗实录》卷一一六三，乾隆四十七年八月壬辰。

34 《清高宗实录》卷一一四一，乾隆四十六年九月丁卯。

35 《清高宗实录》卷五四九，乾隆二十二年十月戊子。

36 《清高宗实录》卷九六九，乾隆三十九年十月丙午。

37 《清高宗实录》卷二〇，乾隆元年六月己巳。

38 《清高宗实录》卷五八〇，乾隆二十四年二月壬子。

39 《清高宗实录》卷六一〇，乾隆二十五年四月甲申。

40 《清高宗实录》卷七六〇，乾隆三十一年五月丁丑。

41 《清高宗实录》卷九七一，乾隆三十九年十一月戊寅。

42 《清高宗实录》卷一〇二七，乾隆四十二年二月壬戌。

43 《清高宗实录》卷一〇四四，乾隆四十二年十一月癸亥。

44 《清高宗实录》卷一一四九，乾隆四十七年正月乙丑。

45 《清高宗实录》卷一四六三，乾隆五十九年十月。

46 《清高宗实录》卷一三四四，乾隆五十四年十二月癸丑。

47 《清高宗实录》卷七六一，乾隆三十一年五月甲午。

48 《清高宗实录》卷七六一，乾隆三十一年五月甲午。

49 《清高宗实录》卷八三六，乾隆三十四年六月丙辰。

50 《清高宗实录》卷八八六，乾隆三十六年六月辛未。

51 《清高宗实录》卷九九六，乾隆四十年十一月癸未。

52 《清高宗实录》卷一〇〇〇，乾隆四十一年正月己卯。

53 《清高宗实录》卷一〇〇二，乾隆四十一年二月庚戌。

54 《清高宗实录》卷九二六，乾隆三十八年二月壬戌。

55 《清高宗实录》卷一〇四八，乾隆四十三年正月辛未。

56 《清高宗实录》卷一〇四八，乾隆四十三年正月辛未。

57 《清高宗实录》卷一〇四八，乾隆四十三年正月辛未。

58 《清高宗实录》卷一〇四八，乾隆四十三年正月辛未。

59 《清高宗实录》卷一〇四八，乾隆四十三年正月甲戌。

60 《清高宗实录》卷一〇四八，乾隆四十三年正月甲戌。

61 《清高宗实录》卷一一二〇，乾隆四十五年十二月庚戌。

62 《清高宗实录》卷一一二四，乾隆四十六年二月乙巳。

63 《清高宗实录》卷一二九，乾隆五年十月丙辰。

64 《清高宗实录》卷一六三，乾隆七年三月庚辰。

65 《清高宗实录》卷七一九，乾隆二十九年九月甲戌。

66 《钦定日下旧闻考》。

67 《朝鲜李朝实录中的中国史料》第11册，正宗四年（乾隆四十五年）四月乙卯。

68 《清高宗实录》卷一五四，乾隆六年十一月丙寅。

69 《清高宗实录》卷三八四，乾隆十六年三月丙午。

70 《清高宗实录》卷三八八，乾隆十六年五月壬寅。

71 《清高宗实录》卷三九九，乾隆十六年九月戊子。

72 《清高宗实录》卷四〇三，乾隆十六年十一月庚戌。

73 《清高宗实录》卷四〇二，乾隆十六年十一月丙子。

74　赵翼：《檐曝杂记》卷一《庆典》。

75　《庆典成案·内务府二》。

76　昭梿：《啸亭杂录》卷一○《苏州街》。

77　《清朝野史大观》卷一《清宫遗闻·同乐园中买卖街》。

78　《清朝野史大观》卷一《清宫遗闻·同乐园中买卖街》。

79　《清高宗实录》卷一一○二，乾隆四十五年三月癸未。

80　《庆典成案·内务府一》。

81　朴趾源：《燕岩集》卷一四《万国进贡记》。

82　《清高宗实录》卷一二○二，乾隆四十九年闰三月己巳。

83　《清高宗实录》卷一二一六，乾隆四十九年十月辛卯。

84　《清高宗实录》卷一二二二，乾隆五十年正月丙辰。

85　《清高宗御制诗五集》。

86　《清高宗实录》卷一二二二，乾隆五十年正月丙辰。

87　《清高宗实录》卷一九七，乾隆八年七月乙巳。

88　《清高宗实录》卷二一八，乾隆九年六月辛酉。

89　《清高宗实录》卷三四○，乾隆十四年五月戊申。

90　《清高宗实录》卷三六五，乾隆十五年五月辛酉。

91　《清高宗实录》卷四九一，乾隆二十年六月乙巳。

92　《清高宗实录》卷四九二，乾隆二十年七月己卯。

93　《清高宗实录》卷三六五，乾隆十五年五月辛酉。

94　《清高宗实录》卷一○○六，乾隆四十一年四月庚戌。

95　《清高宗实录》卷一一八九，乾隆四十八年九月乙卯。

96　《清高宗实录》卷一二九二，乾隆五十二年十一月己巳。

97　《清高宗实录》卷一二九九，乾隆五十三年二月丙辰。

98　《清高宗实录》卷一四四九，乾隆五十九年三月己酉。

99　《朝鲜李朝实录中的中国史料》第11册，正宗四年（乾隆四十五年）四月乙卯。

100　《朝鲜李朝实录中的中国史料》第11册，正宗四年（乾隆四十五年）四月乙卯。

101　《清稗类钞》第24册《豪侈类》。

102　《清高宗实录》卷一一○二，乾隆四十五年三月丁亥。

103　《清高宗实录》卷一一○二，乾隆四十五年三月壬辰。

104　《清高宗实录》卷一一九七，乾隆四十九年正月辛丑。

105　《清高宗实录》卷四二三，乾隆十七年九月丁丑。

106　《清高宗实录》卷四三一，乾隆十八年正月丙子。

107　《清高宗实录》卷一○○七，乾隆四十一年四月己巳。

108　《清高宗实录》卷五六○，乾隆二十三年四月乙丑。

109　《清高宗实录》卷六三四，乾隆二十六年四月癸酉。

110　《清高宗实录》卷六七五，乾隆二十七年十一月丙子。

111　《清高宗实录》卷六九五，乾隆二十八年九月。

112　《清高宗实录》卷七六三，乾隆三十一年六月甲寅。

113　《清高宗实录》卷七六三，乾隆

三十一年六月甲寅。

114 《清高宗实录》卷七七七，乾隆三十三年正月。

115 《清高宗实录》卷八九四，乾隆三十六年十月戊辰。

116 《清高宗实录》卷八八八，乾隆三十六年七月丁未。

117 《清高宗实录》卷八八七，乾隆三十六年六月甲午。

118 《清高宗实录》卷八九八，乾隆三十六年十二月甲戌。

119 《清高宗实录》卷八九四，乾隆三十六年十月戊辰。

120 《清高宗实录》卷八八八，乾隆三十六年七月戊申。

121 《清高宗实录》卷八九二，乾隆三十六年九月戊申。

122 《清高宗实录》卷九二三，乾隆三十七年十二月丙子。

123 《清高宗实录》卷九二三，乾隆三十七年十二月辛巳。

124 《清高宗实录》卷九二一，乾隆三十七年十一月戊申。

125 昭梿:《啸亭杂录》卷七《木果木之败》。

126 《清高宗实录》卷九四〇，乾隆三十八年八月辛卯。

127 《清高宗实录》卷九四〇，乾隆三十八年八月辛卯。

128 《清高宗实录》卷九四〇，乾隆三十八年八月辛卯。

129 魏源:《圣武记》卷七《乾隆再定金川土司记》。

130 《清高宗实录》卷九七七，乾隆四十年二月乙未。

131 魏源:《圣武记》卷七《乾隆再定金川土司记》。

132 《清高宗实录》卷一〇〇二，乾隆四十一年二月甲寅。

133 《清高宗实录》卷一〇〇七，乾隆四十一年四月己巳。

134 《清高宗实录》卷九〇〇，乾隆三十七年正月辛亥。

135 《清高宗实录》卷九〇七，乾隆三十七年四月壬午。

136 《清高宗实录》卷九二〇，乾隆三十七年十一月癸卯。

137 《清高宗实录》卷一一六〇，乾隆四十七年七月甲辰。

138 薛福成:《庸庵笔记》卷三。

139 《朝鲜李朝实录中的中国史料》第11册，正宗十八年（乾隆五十九年）三月丁酉。

140 《清仁宗实录》卷三七，嘉庆四年二月甲戌。

141 《史料旬刊》卷七。

142 《清高宗实录》卷九七一，乾隆三十九年十一月戊辰。

143 《清高宗实录》卷一〇三六，乾隆四十二年七月丙子。

144 《清高宗实录》卷一一三八，乾隆四十六年八月辛未。

145 《清高宗实录》卷九七一，乾隆三十九年十一月戊辰。

146 《清高宗实录》卷一〇五二，乾隆四十三年三月壬戌。

147 《清高宗实录》卷一〇五八，乾隆四十三年六月辛卯。

148 《清高宗实录》卷一一三一，乾隆四十六年五月乙未。

149 《清高宗实录》卷一一三四，乾隆四十六年六月癸酉。

150 《清高宗实录》卷一一三六，乾隆四十六年七月癸丑。

151 《清高宗实录》卷一一四〇，乾隆四十六年九月辛亥。

152 《清高宗实录》卷一一六五，乾隆四十七年九月丁巳。

153 《清高宗实录》卷一一六六，乾隆四十七年十月戊辰。

154 《清高宗实录》卷一一六五，乾隆四十七年九月丙辰。

155 《清高宗实录》卷一一五四，乾隆四十七年四月甲戌。

156 《清高宗实录》卷一一五四，乾隆四十七年四月壬申。

157 《清高宗实录》卷一一五九，乾隆四十七年六月丙戌。

158 《清高宗实录》卷一一五五，乾隆四十七年四月乙酉。

159 俞蛟：《临清寇略》。

160 俞蛟：《临清寇略》。

161 秦震钧：《守临清日记》。

162 俞蛟：《临清寇略》。

163 《康雍乾时期城乡人民反抗斗争资料》下册，第751页。

164 俞蛟：《临清寇略》。

165 俞蛟：《临清寇略》。

166 秦震钧：《守临清日记》。

167 魏源：《圣武记》卷八《乾隆临清靖贼记》。

168 《耶稣会士中国书简集》，中国人民大学清史研究所资料室编《清史译文》第10期，1985年12月油印本。

169 《清高宗实录》卷九六八，乾隆三十九年十月壬辰。

170 《清高宗实录》卷九六八，乾隆三十九年十月癸未。

171 《清高宗实录》卷九六九，乾隆三十九年十月丁酉。

172 《清高宗实录》卷九六九，乾隆三十九年十月己亥。

173 《清高宗实录》卷一三四一，乾隆五十四年十月甲戌。

174 《兰州纪略》卷六。

175 《清高宗实录》卷一一三一，乾隆四十六年五月壬辰。

176 《清高宗实录》卷一一二七，乾隆四十六年三月壬寅。

177 《清高宗实录》卷一一二九，乾隆四十六年四月壬申。

178 《清高宗实录》卷一一三三，乾隆四十六年闰五月己未。

179 《清高宗实录》卷一一三五，乾隆四十六年六月癸巳。

180 《阿文成公年谱》卷二四。

181 《清高宗实录》卷一一三〇，乾隆四十六年五月丁丑。

182 魏源：《圣武记》卷七《国朝甘肃再征叛回记》。

第十章　江河日下

第一节　朝政废弛

　　乾隆四十五年七十寿辰时，乾隆皇帝刻了一块镌有"古稀天子，犹日孜孜"八字铭文的"古稀天子之宝"；乾隆五十五年八十寿辰时，又刻了一块镌有"八征耄念，自强不息"八字铭文的"八征耄念之宝"。在其日常言谈话语中，乾隆皇帝也时时以"适百里者半九十"自戒。乾隆皇帝之本意，是想以此自勉，以使自己的晚年政治更辉煌，然而，由于骄傲情绪的不断滋长和老境来临造成的身体状况的不断恶化，乾隆皇帝的这些自箴之词，一句也没有实现。以乾隆五十年为转折点，乾隆后期的政治在经过一个时期的极度专制之后进入了它的宽纵、废弛的阶段。

一、骄傲浮夸，肆意挥霍

　　乾隆五十年代以后，由于半个多世纪以来自己专制统治的不断加强，乾隆皇帝的骄傲情绪也空前滋长。乾隆皇帝的

乾隆帝晚年朝服像

一生，在位时间长，政治活动多，涉及面广，其中一些成就还比较大。所有这些，在进入乾隆后期时，几乎都成了乾隆皇帝自我陶醉的资本。在夸耀自己的这些成就时，乾隆皇帝特别喜欢将自己和历代帝王进行比较。开始时是比疆域，比人口，比蠲赈，比政治安定，比统治巩固；七十岁以后，这种比较发展到了非常庸俗无谓的地步。文治武功之外，包括年龄、儿孙和在位时间在内的一切项目都成了乾隆皇帝进行比较的内容。

如早在乾隆四十五年七十寿辰时，乾隆皇帝即亲制《古稀说》，历数秦汉以降历代帝王"寿登古稀者才得六人"，其中之汉武帝、梁武帝、唐明皇、宋高宗等四君皆不值一提，下余两个创业之君元世祖和明太祖，虽然武功甚盛，但其"礼乐政刑，有未遑焉"。而他本人在位期间，"前代所以亡国者，曰强藩，曰外患，曰权臣，曰外戚，曰女谒，曰宦寺，曰奸臣，曰佞幸，今皆无一仿佛者"。[1]尔后，乾隆四十九年三月，乾隆皇帝曾孙奕纯得子载锡，乾隆皇帝五世同堂，群臣纷纷称贺。这时，乾隆皇帝开始和历代帝王比儿孙，命令儒臣查阅《四库》中"自古以耆寿得见元孙者凡几人"，查阅结果，"三代以上不可考，秦汉以后，隋以前未有其人"，自唐迄明，五世同堂者只有唐朝钱朗，宋朝张涛，元朝吴宗元，明朝罗恢、归璨、文徵明等六人，"帝王中臻斯盛者，尤未之前闻"。[2]这样，乾隆皇帝又像打了一场大胜仗一样异常高兴。乾隆五十年，乾隆皇帝迎来了自己即位五十年国庆，于是，乾隆皇帝又和历代帝王比起了在位年代。当年元旦，他挥毫作诗，"七旬登寿凡六帝，五十纪年惟一人。汉武却非所景仰，宋家高、孝更非伦"。[3]乾隆五十五年和乾隆六十年，乾隆皇帝八十寿辰和在位周甲，乾隆皇帝更是年龄、儿孙和在位年代无所不比。如其在乾隆五十五年所作之诗篇中称："八旬开袠春秋永，五代同堂今古稀。"[4]"古稀六帝三登八，所鄙宋、梁所慕元，惟至元称一代杰，逊乾隆看五世孙。"[5]乾隆六十年时又有诗称："三代问谁几周甲，巍躬惕已益增寅。"[6]这样比来比去，在乾隆皇帝看来，历代帝王中没有一个能比得上自己。就是在这样的比较之中，乾隆皇帝得到了极大的满足和乐趣，骄傲情绪也空前滋长。

随着骄傲情绪的空前滋长，乾隆前期本来已经非常严重的浮夸和挥霍行为也愈益严重。如乾隆四十九年乾隆皇帝喜得玄孙，当即命令各省督抚详查治下五世同堂者奏闻。这样，各地官员置行政事务于不顾，陆续查得一百九十四家上奏乾隆皇帝。为此，乾隆皇帝亲制诗篇、御书匾额、赏赐缎匹银两、敕令建坊，不一而足。[7]此番举动之后，乾隆皇帝意犹未足。因为自己"逮事皇祖、皇考，复得元孙，亲见七代，实为古今罕有"，乾隆五十七年，他又花样翻新，再命各省督抚访得臣民中身见七代者七人，优加赏赉。[8]一时之间，全国骚然。与此同时，乾隆皇帝还借各种礼庆活动之际大肆挥霍。乾隆五十年代，乾隆皇帝孙曾多人陆续成婚，这样，乾隆皇帝几乎连年赏赐不绝。其中赏赐最多的一次是乾隆五十四年乾隆皇帝幼女和孝公主下嫁和珅之子丰绅殷德。据史载，"妆奁之侈，十倍于前驸马福隆安时。自过婚翌日，辇送器玩于主第者，概论其值，殆过数百万金。二十七日，皇女于归，特赐帑银三十万"。[9]与此同时，乾隆皇帝本人历次寿辰的庆祝活动也越来越盛大，其中，靡费最甚的是乾隆五十五年举办的八旬万寿庆典。

乾隆四十五年七旬万寿庆典和乾隆五十年正月举办的千叟宴使得乾隆皇帝大为开怀，为了满足自己的侈大心理，刚刚度过自己的七十七岁诞辰后，乾隆皇帝便决定于其八旬寿辰时举行更为盛大而又隆重的庆祝活动。乾隆五十二年八月，他正式颁布谕旨，命令臣下照历次皇太后万寿庆典之例筹办自己的八旬万寿庆典。乾隆五十三年三月，又成立了由军机大臣阿桂、和珅等共同负责的筹备八旬庆典的领导机构。为了筹集庆典资金，和珅等人欺上压下，除向商众大肆勒索之外，还令全国大小官员各捐廉俸。与此同时，各种庆典准备活动也着手进行。首先是动工将紫禁城宫殿、圆明园所有建筑和京城至西山一带所有道路一律重加修整。在这一活动中，和珅等人"务极侈大，内外宫殿，大小仪物，无不新办。自燕京至圆明园，楼台饰以金珠翡翠，假山亦设寺院人物，动其机括，则门窗开阖，人物活动，营办之资，无虑万万"。[10]在这些工程正在紧张施工的时候，北京至承德之间的路面点缀工程也开始着手进行。[11]尔后不久，各省督抚又循例遣人进京，对分派地段进行布置。为了将庆典办得隆重盛大，乾隆皇帝除循例开恩科乡、会试之外，还于五十五年正月颁布谕旨普免全国钱粮，颁诏朝鲜、安南、琉球、暹罗等国令其届期遣使朝贺。

当年七月，万寿庆典首先在热河避暑山庄拉开帷幕。哲布尊丹巴呼图克图等宗教首领，西藏、回部、蒙古、金川、

《乾隆帝八旬万寿图卷·京城市景》之一　　（清）佚名绘

台湾等少数民族贵族、头人，朝鲜、安南、缅甸、琉球、哈萨克、南掌等国贡使和扈从巡幸的文武大臣一齐向乾隆皇帝叩祝万寿。尔后，连日赐宴、观剧，赏赉不绝。八月上旬，乾隆皇帝进京，庆典活动进入了高潮。八月十二日，在乐队所奏的《万寿衢歌》乐声之中，乾隆皇帝在子、孙、曾、玄和文武大臣的簇拥下自圆明园起驾进城。一路之上，"夹道左右，彩棚绵亘，饰以金碧锦绣"，[12]较之历次皇太后万寿庆典的布置更为壮丽。乾隆皇帝高兴之余，将像海水一样白花花的银子颁赐给迎驾的"老民、乐工、承应匠役人等"。当日，大宴重华宫，皇子、皇孙、皇曾孙、玄孙彩衣作舞，奉觞上寿。次日，万寿节，乾隆皇帝亲御太和殿，接受宗室、满汉文武大臣、边远土司和外藩使臣的朝贺。尔后，所有人众分作两处举行大宴。万寿节后，一连十来天，观剧之外，就是游幸香山、圆明园，整个北京城也沉浸在一派热烈的气氛之中。这时，乾隆皇帝历数汉唐以来，帝王寿登八十者只有梁武帝、宋高宗、元世祖三人，不是偏安之君，就是未见五代，只有自己统治全国，固若金汤；曾玄绕膝，五世同堂。此情此景，乾隆皇帝倍感欣慰与快活。

二、老年倦勤，政务废弛

在骄傲情绪不断滋长，挥霍靡费日益严重的同时，由于年老昏愦和健康情况恶化，对于国家事务的处理，乾隆皇帝则失去了应有的关心。乾隆皇帝早年，身体一直非常健康，精力也极为充沛。乾隆八年东巡盛京时，途中打猎，用弓达九力之多；平日卯刻即起，听政理事，略无倦怠。对准噶尔用兵期间，"有军报至，虽夜半亦必亲览，趣召军机大臣指示机宜，动千百言"。[13]乾隆二十年以后，左耳重听，四十年以后，又左眼欠明，但是听政理事却从不稍辍。正是因此，使得各种政务都能及时得到处理，乾隆皇帝的专制统治也得到了进一步的巩固和加强。

乾隆四十五年以后，由于老境来临，乾隆皇帝的身体开始衰弱。当年，因年老臂疼而一度不能弯弓射箭。乾隆四十八、四十九年时，又因气滞作疼以及升降台阶时步履维艰而令皇六子永瑢代行上辛、郊祀大典。乾隆四十九年以后，又增失眠之症，"寅初已懒睡，寅正无不醒"。[14]同时，记忆力也显著减退，至乾隆五十九年时，已经达到相当严重的程度。"皇帝早膳已供，而不过霎时，又索早膳。宦侍不敢言已进，而皇帝亦不觉悟。其衰老健忘，推此可知。"[15]苑中射猎用弓，仅达两力半，最多时也不过三四力。精神如此昏愦，身体也如此虚弱，怎能不影响国家事务的处理！乾隆四十九年以后，为了适应自己的身体状况，乾隆皇帝处理政务的时间大大缩短。当年九月，他以"优眷老臣"为名，准三品以上官员年过七十者日出后进朝。[16]乾隆五十六年十月以后，这一规定的适用范围又扩大到了全体在京官员，"俱着于卯正到齐，亦不为迟"。[17]对于各地官员奏进的像小山一样的公文和奏折，乾隆皇帝打心眼里感到腻烦，并为此而多次指责各地官员奏事琐细，"徒滋烦扰"。[18]

由于乾隆皇帝老年倦勤，朝政和各地事务都普遍废弛。即以有过官员和贪污人犯的处理而言，乾隆皇帝不是拖拉不办，就是以"不为已甚去已甚"为理由，竟从宽典。如至乾隆五十二年五月，内外文武大臣中竟有多人连续被革职、革任十余次之后却仍留原职者。[19]受乾隆皇帝影响，各地事务更是一塌糊涂，不可收拾。其中仅湖北一省，自乾隆四十五年至乾隆五十一、五十二年，积压未办案件即有六百余件之多。[20]对于这种政务废弛的现象，出使中国的朝鲜使臣看得很清楚。他们说："皇帝近年颇倦为政，多涉于柔巽，处事每患于优游，恩或多滥，罚必从轻，思滥故启幸进之门，罚轻故成冒犯之习。文武恬嬉，法纲解弛，有识者颇以为忧。"[21]应该说，这是反映了当时的实际情况的。

还需要指出的是，由于年迈和怠于政事，乾隆皇帝无法掌握全国各地的真实情况，以致对不少问题都做出了完全错误的处理。如乾隆五十一年九月，针对江浙一带水利废弛、浮收多征现象严重、耕地不足等实际问题，御史祝德麟上书乾隆皇帝，要求讲求水利、禁止浮收漕粮、限制族葬坟地。对于这一正确建言，乾隆皇帝却严厉指斥为"竟无一款可行之处"。[22]又如清查户口、造报民数，本是国家重要政务之一。乾隆五十六年时，江苏巡抚长麟因为所属官员敷衍塞责、造报不实，上疏要求"展限核实查造"。而乾隆皇帝得知后，却以恐怕"吏胥借端滋扰，更非安辑闾阎之道"为理由，指令长麟"只须照例造册奏报，毋庸过为稽核，转滋扰累而无实际"。[23]还如对于云南地方官员的查禁烟酒，乾隆皇帝也以其"名为劝谕撙节，适以扰累地方"而下令停止。[24]所有这些，都使较为正直的官员寒心气短，并且导致了国家政务的进一步混乱。在这方面，最为典型的两个例子是对浙江学政窦光鼐和内阁学士尹壮图两起案件的错误处理。

乾隆四十六、四十七年时，浙江先后发生了王亶望和陈辉祖两起贪污大案，全省钱粮亏空高达一百三四十万之多。为此，乾隆皇帝在处死王亶望、陈辉祖的同时，还限令浙省各级官员一年内将亏空全行补齐。然而由于吏治的全面腐败，四五年后，全省亏空不但未能补齐，反而有愈益严重之势。乾隆五十一年，乾隆皇帝派尚书曹文埴、侍郎姜晟等前赴浙省，清仓查库。得知乾隆皇帝派员清查，浙江巡抚福崧以下大小官员闻风而动，一方面借机向百姓摊派加征，一方面用重金收买清查官吏。其中，最为无耻的是平阳县知县黄梅。当时，他的母亲刚刚死去。但是，为了不放过这借机勒索中饱的好机会，他不但匿丧不报，反而借口为其母庆祝九十寿辰在府演戏，收受贺礼；与此同时，他还明目张胆地印发编号田单、印票、借票、收帖等，上注花户姓名及摊征银两，发往各村，逼令乡民交纳。浙江学政窦光鼐得知此事后，立即上书乾隆皇帝，予以揭发。此外，他还将布政使盛柱、总督富勒浑以及永嘉县知县席世维、仙居县知县徐延翰等贪污残民的罪恶事实一并检举。因为他的这一行为触动了浙江官场上的关系网，为了报复，以新任浙江巡抚伊龄阿为首，所有贪官污吏通通联合起来共同对付窦光鼐。他们一方面互相包庇开脱，以使调查无法深入；一方面无中生有，罗织罪状，反诬窦光鼐"污人名节"。乾隆皇帝为其所蛊，置贪官污吏于不问，反而指责窦光鼐"以无根之谈，冒昧陈奏，实属荒唐"。[25]此后不久，他又以窦光鼐此举"恐煽惑人心，致启生监平民人等讦告官长、效尤滋事之风"为理由，将其革职拿交刑部治罪。[26]只是因为窦光鼐已经掌握了不少确凿证据，于访查中得到了黄梅非法摊派票据两千多张，在这些铁证面前，为了防止"浙省士子议论风生"，乾隆皇帝才被迫将窦光鼐释放，转而惩治贪官污吏。由此可以看出，此时乾隆皇帝所理庶政存在着多么严重的问题！

尹壮图奏疏案发生在乾隆五十五年。当时，对于犯有过失的各地督抚，乾隆皇帝往往以罚缴巨额银两代替行政处分。这一措施，不但未收整顿吏治之效果，反而大大地助长了贪风。因为受罚官员如果素有贪污行为，则可借此而肆无忌惮地进行贪污；即使较为清廉的官吏，因为无力缴纳罚项，需要属员资助，再遇属下官员贪污时，也不敢认真办理。为此，乾隆五十五年十一月，内阁学士尹壮图上疏乾隆皇帝，对于官员处分中的罚银之弊进行了批评，并且揭露"各省督抚借罚项为名，派累属员，致仓库多有亏缺"。[27]这一奏折使得乾隆皇帝极为反感，责令尹壮图将所指具体人事一一复奏。尹壮图在复奏中又进一步指出："各督抚声名狼藉，吏治废弛，经过各省地方，体察官吏贤否，商民半皆蹙额兴叹。各省风气，大抵皆然。"[28]为了证实自己的这种看法，他要求乾隆皇帝简派满洲大臣和他一起密往各省盘查亏空。乾隆后期，吏治进一步腐败，人民生活也极为痛苦。尹壮图的这种看法，基本上反映了当时的实际情况。

然而，当时乾隆皇帝刚刚度过了自己的八旬万寿，传到耳中的全是一片颂扬之声。尹壮图的这一意见，不啻是给乾隆皇帝泼了一瓢冷水。这使乾隆皇帝大发雷霆。他说："朕临御五十五年，子惠元元，恩施优渥，普免天下钱粮四次，普免各省漕粮二次，为数何啻万万。倘遇水旱偏灾，不惜千百万帑金，补助抚恤，赈贷兼施，葺屋穷檐，共沾实惠，凡身被恩膏者，无不家喻户晓。小民等具有天良，方将感戴之不暇，何至蹙额兴叹，相聚怨咨。"[29]"乃尹壮图忍为此蹙额兴叹之言，直似方今天下，民不聊生，不特诬及朕躬，并将亿兆黎民爱戴恫忱，全为泯没。"[30]为了对尹壮图进行惩罚，乾隆皇帝令其自备廪给，与侍郎庆成一起前往山西、直隶、山东、江苏等地盘查仓库。所至之处，庆成则游山玩水，大吃大喝，以待当地官员挪借完毕，方才带同尹壮图前往盘查。因而，查来查去，一点问题也未能发现。尹壮图不得不违心地上疏乾隆皇帝，自认愚妄之罪。这时，乾隆皇帝又再次对其进行指责："使小民等受我朝百数十年深仁厚泽，尊亲爱戴之忱，尽行泯没，竟将熙皞之民，诬为朝不谋夕之状，则莠言惑众，其罪实无可解免。"[31]他下令将尹壮图革职留任，以示惩戒。不久，又以其母老，令其返籍终养，将其逐出北京。出完了这口恶气，乾隆皇帝的情绪方才平定下来。

三、和珅专权，吏治全面腐败

乾隆皇帝年老倦勤对于国家政治产生了极为严重的影响，其直接后果是和珅专权和全国吏治的普遍腐败。

如前所述，乾隆四十年代，出于加强专制统治的需要，和珅在国家政治生活中的地位和作用开始上升。进入乾隆五十年代以后，乾隆皇帝对和珅的依赖性进一步增加。而在此时，为了巩固和发展自己的势力，和珅也对乾隆皇帝极尽阿谀奉承之能事。针对乾隆皇帝年事已高之后喜谀恶谏、贪财好货、爱摆阔气的心理，和珅一方面利用手中掌握的户部尚书、崇文门税务监督等项权力朘剥商民，将其勒索所得解送内库以供乾隆皇帝恣意挥霍，任情靡费；一方面又亲自主持备办乾隆皇帝七旬、八旬两次万寿庆典和千叟宴事宜，备极盛大，使得乾隆皇帝大为开心。对于乾隆皇帝的生活起居，和珅虽为军机大臣，但仍像当年担任乾隆皇帝的近身侍从时一样亲与其事。"皇帝若有咳唾之时，和珅以溺器进之。"[32] "言不称臣，必曰奴才，随旨使令，殆同皂隶。"[33]这样，无论在政治上还是在生活上，和珅都成了乾隆皇帝须臾不可离开的人物，对其愈加宠遇。早在乾隆四十五年时，乾

隆皇帝便将自己最为宠爱的幼女和孝公主指配给和珅的儿子丰绅殷德，乾隆五十年后，又专遣内侍"轮番其第"。[34]乾隆五十一年闰七月，又以其补授大学士，管理户部；乾隆五十三年，晋封其为三等忠襄伯，赐紫缰；乾隆五十五年，赐黄带，四开禊袍。一时之间，和珅权势进一步膨胀。为了巩固和发展自己的势力，和珅一方面利用自己的特殊地位，与皇室联姻，将自己的女儿嫁给了康熙皇帝的曾孙贝勒永鋆，将自己的侄女嫁给了乾隆皇帝的孙子质郡王绵庆；[35]一方面采取各种手段，将相当一批亲信党羽安插在中央和地方的各个重要岗位，"内而公卿，外而藩阃，多出其门"。[36]利用手中的权力，和珅还招权纳贿，大肆聚敛，"纳赂谄附者，多得清要；中立不倚者，如非抵罪，亦必潦倒"。[37] "擅弄威福，大开贿门，豪富奢丽，拟于皇室，有口皆言，举世侧目。"[38]这样，乾隆五十年代以后，和珅成了一个仅次于乾隆皇帝的权倾朝野的大人物。

　　和珅专权不但对广大劳动人民来说是一场严重的灾难，而且使多数高级官吏的利益受到了严重的损害。因而，从其秉政之日起，除其后台乾隆皇帝以及个别死党之外，"上自王公，下至舆僵，莫不侧目唾骂"。[39]个别具有正义感的封建士人和政府官吏如御史曹锡宝、钱沣、谢振定、武亿等，或者直接上疏乾隆皇帝，指斥和珅专权，或者冒着革职治罪的危险，对其党羽的不法行为进行惩治。如乾隆四十六年，"陕西一儒上疏，极言和珅怙宠卖权之事"。[40]乾隆五十一年六月，御史曹锡宝又上疏乾隆皇帝，揭露和珅家人刘全"服用奢侈，器具完美，恐有招摇撞骗等事"，[41]闪烁其词地将抨击的矛头指向了和珅本人。然而，乾隆皇帝此时正将和珅倚如手足，视为心腹，凡是抨击和珅者，无不严加惩治。那个上疏的封建士人，乾隆皇帝将之处以"赤族之祸"，其他抨击和珅的官员，不是对其严加指斥，就是革去官职。这样，在乾隆皇帝的包庇纵容之下，和珅"宠遇愈隆，威势日加"，[42]对于乾隆后期政治的腐朽和清帝国的衰落，都起了极为重要的作用。

　　上梁不正下梁歪。在和珅等人的带动下，乾隆五十年代，官吏贪污几乎成了一种普遍现象。"大抵为官长者，廉耻都丧，货利是趋，知县厚馈知府，知府善事权要，上下相蒙，曲加庇护，故恣行不法之事，而毕竟幸逭。生民困穷，专由于此。"[43]除了原先的浮收多征等一般贪污方法之外，径直侵亏库帑、诡作民欠也更加普遍，并且成了各级官吏贪污的主要手段，以致乾隆四十年代以来本已相当严重的钱粮亏空和民间积欠问题愈益严重。

乾隆四十年代，针对甘肃、浙江、山东等省先后发生的巨额亏空案件，乾隆皇帝在将勒尔谨、王亶望、国泰、于易简等人处死的同时，还决定所有亏空官员各留本任，限期一年，补齐亏空。但是十来年之后，因为官吏贪污愈益普遍，不但上述各省亏空未能弥补，其他各省也相继出现了数额甚巨的亏空和积欠。至乾隆五十六年时，据有关机构统计，直隶未完积欠银米一百一十万，山东二百一十八万，河南四十五万八千，江苏五十万七千，福建八十一万六千，湖北六十四万，浙江九万……[44]对此，乾隆皇帝心中非常清楚，所有亏空、积欠，不过都是各级官吏贪污中饱的一个代名词。因此，他多次对各级官吏进行指斥，"其各省所报未完银数，必非尽系实欠在民，闻总由地方官吏，借口水旱欠收，因灾带缓，从中挪前移后，官侵吏蚀，借称积欠在民"。"国家经费有常，似此悬宕无着，便于蠹吏，诬及良民，年复一年，伊于何底。"[45]因而，从乾隆五十六年底开始，他即一再下令各省督抚调派"隔属道府大员"，率同就任不久的"丞倅州县"中下级官员等"调取收纳红簿及完银串票，逐一核对"，[46]限期一年，全数归额。但是，这一决定不但未曾煞止贪风，反而对贪风的滋长起了刺激作用，积欠亏空越来越多，越来越普遍。至乾隆五十九年时，除奉天、山西、四川、湖南、贵州、广西六省没有积欠之外，其他大部分省份积欠数字都相当之大。尽管乾隆皇帝一再为此而大发脾气，指出其中"实欠在民者，不过什之二三，自系经征官吏，任意侵蚀，居其七八"，[47]并要求在事官员严加清查，但是整个清查活动却毫无进展。至此，年老昏愦的乾隆皇帝黔驴技穷，不得不向这些贪官污吏再次做出重大让步，于乾隆六十年即将归政之时，将各省所有积欠银两一千七百余万、粮米三百七十五万余石尽数豁免。[48]由此也可以看出，当时的官吏贪污行为已经发展到了何等严重的程度。

在各地官员普遍贪污的同时，大型贪污案件也不时发生。其中，两广总督富勒浑、闽浙总督伍拉纳、浙江巡抚福崧、福建巡抚浦霖、湖南布政使郑源璹等都是这一时期比较有名的大贪污犯。如福崧再任浙江巡抚不过两年，贪污银两即达十七八万两之多。凭借贪污所得，大肆挥霍。其母游历西湖，单是"豫备食用、灯彩、船只等项"，每次即费银千余两。[49]闽浙总督伍拉纳在任期间，与福建巡抚浦霖等狼狈为奸，恣意侵亏库帑，以致全省亏空高达二百五十多万两。单是被其侵吞之盐务经费，即达十五万两之多。革职后查抄二人家产，伍拉纳家中所藏之如意，竟有一百余柄；浦霖家中则"查出现存银钱及埋藏银共二十八万四千三百余两，房屋地契共值银六万余两，金七百余两，其余朝珠、衣服、玉器等物，尚不在此数"。[50]还有一个下五旗包衣出身的道员德明，革职后抄家，家财竟然也有二十多万两。[51]尽管乾隆皇帝一再表示不愿为此屡兴大狱，"不为已甚去已甚"，但是这些人的贪污手段过于恶劣，乾隆皇帝不得不将其中的一些主要案犯如福崧、伍拉纳、浦霖等分别处死，子孙发遣伊犁。与此同时，乾隆皇帝也还作了一些自我检查："此皆因朕数年来率从宽典，以致竟有如此婪赃害民之督抚。朕当先自责己。嗣后各督抚等益当各矢天良，倍加儆惕。倘不知洁己奉公，再有废弛婪索等事，伍拉纳、浦霖即其前车之鉴，毋谓不教不诫也。"[52]即使如此，也刹不住这股贪风，而且，由于乾隆皇帝年老昏愦和和珅、福康安等权臣蒙蔽，不少贪污大案还一直未曾揭露。这样，乾隆末年，吏治进一步腐败，并且一直延续到了乾隆皇帝去世之前。

第二节　危机重重

一、社会危机深重

乾隆四十年代，乾隆皇帝热衷于加强自己的专制统治和穷兵黩武；乾隆五十年代及以后，又因年老倦勤而怠于理事，兼之长期以来的吏治腐败所造成的恶劣影响，乾隆前期一直奉行的一些有利于社会发展的基本政策先后遭到了破坏和废弃。人均耕地面积显著减少，水利事业废弛，仓贮制度也严重破坏。凡此种种，都使国计民生受到了严重的影响，经济发展也停滞不前，整个社会陷于空前深重的危机之中。

首先是劝垦田地政策的废止。乾隆前期，为了巩固自己的统治，针对全国人口急剧增长、耕地相对不足的矛盾，继清初各帝之后，乾隆皇帝厉行劝垦田地的政策。在乾隆皇帝的鼓励下，一个时期之中，全国耕地面积迅速增长。根据《清高宗实录》历卷统计，从乾隆五年至乾隆三十五年，全国耕地增加二十余万顷。而根据《清通考》所载，这一数字更多。仅乾隆十八年至乾隆三十一年，全国耕地面积即由七百零八万顷增加到七百四十一万余顷，纯增三十三万余顷。所有这些，都说明了乾隆皇帝推行的劝垦田地政策收到了效果，对于全国人民生计问题的缓和，对于社会经济的进一步发展发挥了重要的作用。然而，乾隆三十年代后，随着乾隆皇帝专制统治的巩固和加强，对于劝垦田地这一重要问题，乾隆皇帝的态度趋于消极。出于维持封建统治秩序的目的，不只对于内地山林动辄加以封闭，严禁人民开垦，对于内地居民自发的移垦边远的限制也日益严厉。如乾隆四十年以后，乾隆皇帝多次下令严禁流民进入东北境内私垦土地，与此同时，还规定了失察文武官吏的处分条例。"失察一名至十名者，罚俸一年；十名以上，降一级留任；二十名以上，降一级调用。"[53]对于蒙古王公贵族招募内地民人开垦游牧田地的活动，也严行申斥，限期逐回内地。[54]对于西北地区的移垦活动，乾隆皇帝的热情也显著下降。原先，凡是内地民人携眷移垦新疆者，皆官给盘费，以示鼓励。而至乾隆四十五年以后，只给四分之一；后来，又全行取消。[55]与此同时，由于水利失修，内地各省耕地报废者也逐年增加。这样，乾隆三十六年以后，在全国人口急剧增长的同时，全国耕地面积却开始出现了减少的趋势。

据《清高宗实录》历卷统计，从乾隆三十六年至乾隆六十年，全国耕地面积不但没有增加，反而减少了一万顷，从而使乾隆后期的人均耕地面积显著减少。如乾隆十八年和乾隆三十一年，全国人均耕地尚分别为三点八五亩和三点五五亩，而至乾隆五十年时，人均耕地只有二点五六亩，仅仅相当于乾隆十八年时的三分之二；到了乾隆五十九年，全国人口达到三亿一千三百二十六万，人均耕地面积二点三六五亩，较之乾隆十八年足足减少了百分之四十。在当时的生产条件下，据学者洪亮吉估计，"一人之身，岁得四亩，便可得生计矣"。[56]按照这一估计，乾隆前期，全国人民的生计问题已经比较突出，因而当时乾隆皇帝对劝垦田地表示了高度的重视。而至乾隆后期，在全国人口急剧增长的同时，劝垦田地政策实际上却被废止不行，可以想见，当时人民生计问题该是何等的严重！耕地面积严重不足已使广大人民处于半饥饿状态，土地兼并的剧烈进行更使他们雪上加霜。在这样的情况下，继乾隆前期薛蕴、顾琮等人建言限田之后，乾隆后期，一些有识之士又进一步提出了均田的建议。如乾隆三十六年十一月，一个叫余朴的低级官吏上疏乾隆皇帝要求"均田"。[57]乾隆四十一年十一月，又有一个广东高要县童生梁畅善向广州将军永玮呈递禀帖，要求"复均田"之法。[58]对此，乾隆皇帝不但不予考虑，反而以余朴、梁畅善二人"穷极无聊，借上书而图希冀"，予以严厉制裁。后来，他又利用各种机会对"均田"之说进行批判。一直到乾隆五十六年时，他还说："若如经生迂腐之见，拘执古制，均其田亩，限其服制，必致贫者未富而富者先贫，扰累纷纷，适以酿乱。"[59]这样，这一社会问题愈益严重，对于乾隆皇帝的统治和此后清朝政局的发展都产生了极为不利的影响。

其次是水利事业的废弛。乾隆皇帝即位之初，先后拨出大量帑银进行水利建设。在他的主持下，治理黄河，修造浙江海塘和永定河水利工程以及全国各地的水利事业都有所发展，对于水患的减轻和农业生产的发展都起了一定的作用。但至乾隆后期，除了对浙江海塘工程尚表示关心之外，对于全国其他地区的水利工程，乾隆皇帝概加忽视。不只不拨款兴建或维修，而且有时还对主动兴修水利的一些地方官员横加指责。如乾隆四十五年八月，湖北地方官因为当地时有偏灾，"农商未便"，呈请借帑浚修安陆城外的富民河。对此，乾隆皇帝却指斥为"沽名"，"不惟虚糜帑项，且徒劳民力"，[60]下令将有关官员交部察议。其他水利工程如黄河、永定河的治理，也因吏治腐败而大多流于形式。因而，经过一个时期的平静之后，从乾隆四十三年开始，黄河几乎连年溃决。如乾隆四十三年六月，河南祥符河决。当年闰六月，又决仪封。乾隆四十五年六月，又在睢宁和考城、曹县一带同时决口。乾隆四十六年五、六月间，再度于睢宁、仪封两处决口。乾隆四十九年八月，又决睢宁。乾隆五十一、五十二年，又先后决于桃源、睢宁。乾隆五十四年，又决睢宁。乾隆五十九年，又决丰北曲家庄。与此同时，从乾隆三十五年以后，直隶境内的永定河也连年溃决。而且，由于多年以来的吏治腐败，"河员疏防性成，反以黄河有事为利"，[61]一旦溃决之后，还经年累月不能堵塞。如乾隆四十三年闰六月，仪封一带黄河自南岸溃决，"下游宣泄不及，漫溢两岸，堤堰随处塌陷，低洼村庄水深五六尺至丈余，庐舍田禾被淹"。[62]为此，乾隆皇帝先后拨发大量帑银并调派重臣阿桂、高晋等前往工次，组织民夫堵塞决口。然而两年之中，几次都是在大坝即将合龙之际重新溃决。乾隆皇帝气急败坏，或对在事官员严行治罪，革职留任，革任注册；或者建造河神庙乞灵上苍。一直到乾隆四十五年二月，乘春间河水减流之际，方将决口堵塞。又如乾隆四十六年七月，黄河又决自仪封青龙岗，一直到乾隆四十八年春，才将决口堵塞。所有这些，不但大大加重了灾区人民的痛苦，而且也虚耗了大量的国帑。不计其他损失，单是这两次堵塞黄河决口，前后花费银两便高达一千三四百万两，清初以来一直坚持的水利兴修事业遭到了严重的失败。

再次是粮食积贮制度也遭到了严重的破坏。康、雍以来，为了维持统治，历代清朝统治者都对仓贮制度表示了高度的重视，先后在全国范围内推行常平仓、社仓、义仓等，丰年采买，歉年出借或者平粜、赈济。乾隆前期，有鉴于全国人口激增、粮价不断高涨的现实问题，乾隆皇帝除规定各省督抚按月奏报粮价，岁末奏报民数、谷数之外，对于粮食积贮也继续表示重视，并先后采取各种措施增加国家粮食贮备。在乾隆皇帝的关心下，乾隆六年以后，国家贮粮常年保持在三千万石左右。乾隆三十年代，一度还突破四千万石大关。正是由于国家粮食贮备相当丰盈，才使清朝政府在历次平叛战争中获得了胜利。与此同时，文化事业也得到了较大的发展。因而，在清朝统治全盛局面形成的过程中，仓贮制度发挥过重要的作用。然而，进入乾隆后期，由于乾隆皇帝的任情挥霍和吏治的全面败坏，仓贮制度遭到了破坏。首先是仓贮制度中的各种弊端愈益严重。采买之时，经手官吏"只发银四五钱不等，并勒令出具照时价领票，兼之差役需索使费，以致领票花户皆不愿上纳谷石，惟求缴还原封银两，另外加倍缴价，转交谷犹为省事。甚至有力富户，贿嘱书吏，将本名下之谷，飞洒零星有田之户"，"竟至完善良民，衣食难周，深受采买之累"。[63]出粜之时，又高价勒买。[64]所余银两，概行侵吞，惠民措施变成了病民措施。其次，由于经办官吏夤缘为奸，或者借端挪移，或者从中盗卖，各地仓贮亏空现象也日益严重。如乾隆四十三年时，江苏砀山等三县仓贮因为积年以来"胥役冒领，社长侵蚀"，所亏粮食已达三万四千余石。[65]又如乾隆五十年时，山东一省亏缺仓谷竟高达九十万石。[66]山西省亏缺仓谷也有三十五万石。[67]按照规定，盛京所属各城旗仓应有额谷二十万石，民仓应有额谷五十二万石。但至乾隆五十五年时，各城旗仓仅存米二万四千石，民仓二十八万一千石，"缺额甚多，不足以资缓急"。[68]乾隆五十六年时，甘肃通省贮粮不到二百万石，仅仅相当于应贮额谷的一半。[69]还如乾隆五十七年春，直隶保定以北久旱不雨，麦收无望。乾隆皇帝因令动用当地常平、社、义各仓额贮七十万石进行赈济。[70]但是由于历年官吏侵吞挪移，"所存无多，不敷散赈"而不得不改行截漕。[71]

对于仓贮制度中的这些弊端和严重的亏空现象，乾隆皇帝极为恼火。他说："各省仓贮并不能足数收贮，此皆由不肖官吏平日任意侵挪亏缺。""以古人之良法，转供贪墨之侵渔，而该督抚并不实力稽察，惟以盘查无亏一奏了事，以致各省仓贮，俱不免有名无实，备荒之义安在乎？"为此，他多次严令各地督抚"务当认真整饬，实力稽查，使仓谷丰盈，以期有备无患"。[72]尽管乾隆皇帝三令五申，然而，由于吏治腐败，仓贮亏额现象仍然无法制止，并且还有愈益严重之势。如乾隆六十年时，安徽一省仓贮亏额二十二万余石。[73]广西省则干脆将价银贮库，但却报称通省仓贮无亏。[74]全国其他省份，"其照额实贮在仓者十无二三"。[75]与此同时，采买、出枭之中的弊端也不胜枚举。出借仓谷时，"于富户则抑之使借，而于贫民则靳而不予。且出借之斗斤任意减少，而还仓之谷石勒令加增，以致小民不沾实惠，转或因之受累。是惠民之法，适以资贪官而病民"。[76]这样，仓贮制度的破坏也使乾隆皇帝的专制统治陷入了深深的危机之中。

劝垦田地、兴修水利和建仓贮粮都是有关国计民生的大问题，对于社会安定、经济发展以及封建统治的巩固有着重要的意义。乾隆前期，因为乾隆皇帝对这些问题比较重视，因而其统治地位不断巩固，整个社会经济也有了较大的发展。而至乾隆后期，由于乾隆皇帝对于这些重要问题的态度日趋消极，从而严重地影响了乾隆皇帝专制统治的巩固和社会秩序的安定，清朝政局也因此而步入了一个动荡不安的时代。

二、人民负担沉重，生活极端痛苦

由于年老倦勤，乾隆帝对广大人民的生活失去了前期应有的"关心"。兼之以吏治败坏以及有关国计民生的一些重要政策的废弃，从乾隆四十年代以后，广大人民的赋税负担日益沉重，生活状况迅速恶化，处于水深火热之中。

首先是摊征加派繁多，赋税负担沉重。关于乾隆时期的人民赋税负担，乾隆皇帝曾多次宣称："本朝丁归粮办，民间一切差徭久经停免，即遇紧要工程如河工、城工之类，亦俱官给雇值，不令丝毫累民。"[77]"国家百数十年以来，除地丁正赋钱粮而外，并无加赋力役之征。……从未有一草一木派及闾阎之事。"[78]其实，实际情况完全相反。早在乾隆前期，不少地区的人民负担即已超出了政府规定的标准。如乾隆二十三年山西布政使刘慥在上给乾隆皇帝的一份奏折中即指出："晋省积年，事无大小，通省派捐，解司收放。计一州县，岁解捐款，不下数百金。"[79]与此同时，其他各省和州县以下官员自行摊派者还在在皆有。如果说，乾隆前期，这些额外摊派尚因没有得到乾隆皇帝的公开批准而有所收敛的话，那么，到了乾隆后期，因为乾隆皇帝的过度靡费和吏治的进一步败坏，各种摊征、加派都开始公开化并且日益严重。

乾隆皇帝巡幸办差和战争帮贴首先开创了加赋的先例。凡是乾隆皇帝巡幸所至，地方官除无偿支用民力办差之外，还勒派兵、民、商众公捐银两，"备办道途"。进行战争，需要"资用民力"运送粮草军需，又有所谓"里民自行帮贴"。尔后，名目越来越多，河工、城工、万寿庆典等，不是"公捐"，就是"摊征"，甚至迎送西藏、新疆和外藩使臣的费用也一概摊到沿途人民头上。在乾隆皇帝的带动下，各级官员相继效尤。在征收赋税时，除原先通过踢斛、淋尖以浮收粮米以及溢收耗羡等旧有弊端重趋严重之外，随着商品经济的进一步发展，几乎所有有漕省份都于收漕时拒收本色，改征折色，以对广大农民进行盘削。与此同时，"重征勒折"以及巧立名目、科敛百姓的现象也普遍发生，从而使不少地区的人民赋税负担成倍增长。

举例而言，如湖北荆门州地方官从乾隆四十年代开始，即在征收漕米时改征折色。因为当地米贱钱贵，"每斗卖制钱一百文，交纳时要交八百文"。[80]浙省收漕，历来弊端相当严重，浮收加耗，不一而足。乾隆四十二年，大贪污犯王亶望调任浙抚后，变本加厉，"纵容劣员收粮浮冒，苦累小民"。[81]后来，王亶望治罪，收漕弊端一度有所收敛，但为时不久，"渐已如前"。与此同时，湖南不少地方还另征耗外之耗，其中沅陵县从乾隆四十六年开始即以折耗为名，"每两多索银一钱九分"。[82]乾隆四十八年以后，贵州镇远县按亩征收米石改征折色，"每地一亩，征银递年加增"；"折征之始，每亩折银六钱五分，递加至二两一二钱不等"。[83]进入乾隆五十年代，情况更加严重。如从乾隆五十二年开始，湖南湘乡折收漕米时，"每石折银五、六两不等"，"至交纳钱粮，每两须纹银一两三钱。若花户交纳，每两外加至五、六钱不等"。[84]

乾隆五十五年，湖北广济县官员征收赋税时，不但"重征"，而且"勒折"。[85]同时，福建蓬溪历任知县则借出兵镇压林爽文起义之际加征科派，大发战争财。[86]乾隆五十六年至五十七年，还先后发生了江西广丰、湖南辰州、陕西浦州、浙江石门等地方官员浮收仓粮，短发价值，勒征折色，借端科派等多起案件。如乾隆五十六年，江西广丰县曹德元"将未完米石勒令花户交银及浮收仓粮，抑派交仓使费钱文"。其中"未完粮米勒令花户每石交银五两六钱"，"收粮三斛算两斛，每石要仓钱二百文，水脚钱二百文"。[87]湖南辰州官员则借采买兵粮为名，"每田一亩，连加耗实需出谷九斗三升"，而发价时，"每谷一斗，仅发官价五分，贫民逃避不前，辄票差花户锁押"。[88]陕西浦州官员除"征收钱粮，额外多收"之外，还于"放赈时从中克扣，又借军需之名，雇觅骡头，科派铺户银钱，及借修文庙，累及闾阎"。[89]与此同时，浙江石门县收漕改征折色，每石勒折钱文竟然高达"大钱四千余文"。[90]乾隆五十九年时，陕西高平县遭灾。当地官员不但匿灾不报，反而催追当年应免钱粮。为了粉饰太平，这帮吸血鬼还不顾人民死活，"派令每里出银五十两，雇人装扮抬歌傀儡"，以庆祝乾隆六十年灯节。[91]以上所举，不过是当时揭发出来的各地官员加派多征的个别事例，但是由此也可以看出，乾隆后期，广大人民的赋税负担达到了何等沉重的程度！

其次是自然灾害频繁，蠲赈流于形式。乾隆前期，虽然自然灾害时有发生，但因当时乾隆皇帝勤于政治，比较关心民瘼，及时赈济之外，往往还于节庆之际蠲免正额赋税，从而使广大灾区人民痛苦相对减轻，整个社会也维持了相对安定的局面。乾隆后期，由于人民负担空前加重，失去了抗御自然灾害的能力，因而自然灾害愈益频繁。与此同时，因为吏治极端腐败，虽然各种蠲赈活动次数不少，但却大多流于形式，成了各级官吏贪污中饱的利薮。在这方面一个极其典型的例子是乾隆四十六年发生的甘肃捐监冒赈案。除此之外，粉饰灾情、讳灾不报甚至侵吞赈济银米的案件还层出不穷。如乾隆三十九年和四十年，江苏兴化遭灾办赈，当地武生周卓凝等竟乘机串同书役，侵渔赈谷达七百余石之多。[92]乾隆四十三年，安徽通省遭灾。在办赈活动中，不少地方官员从中作弊，"于造报册内，多加人口；及领银散赈，又减户拨给"。[93]其中，仅凤阳县户书韩载扬一人便侵蚀银两一万两以上，以致查赈官员到达之时，不少饥民"求吁马前"要求散赈。[94]乾隆四十八年，陕西遭灾，而府谷县官员竟将放赈仓谷私自出售，别以粗腐不堪食用之米放赈。[95]乾隆五十年，湖北大旱。为此，乾隆皇帝发放赈银五百万两，然而江陵、孝感、黄安等不少县的官员在办赈时"虚开户口，侵冒赈项"，[96]以致数百万金俱为蠹吏奸胥中饱。[97]同年，安徽盱眙遭灾，领取赈银一万二千两，但是由于县令、奸吏通同作弊，实到灾民手中者不满千两。[98]为了巩固统治，乾隆皇帝先后对侵蚀赈银的一些官员进行了处理。他还将自己临摹的李迪的《鸡雏待饲图》刷印多份分寄直省督抚，并令其"照式多为摹刻，遍及藩、臬、道府各州县等"，以使各级官员体念他的"惠爱黎元之心"；"时时以保赤为念，遇有灾赈事务，实心经理，勿忘小民嗷嗷待哺之情，庶几视民如子，克称父母斯民之责"。[99]尽管如此，各级官吏侵渔蠲赈银两的案件仍然无法制

止。如乾隆五十六年，山东章丘县官员将已经蠲免之钱粮私行重征。[100]乾隆五十九年，又有陕西富平县官员追缴应免钱粮和江苏萧县官员"将已经豁免之节年民欠及河工借帑等项一概催征"的案件发生。[101]乾隆六十年，还发生了安徽阜阳县户书唐顺泽等将乾隆五十年因灾蠲免钱粮改串重征，并将本年豁免积欠仍旧私征一案。[102]

因为蠲赈活动大多流于形式，因而乾隆后期广大人民生活极为困苦。如乾隆四十三年至四十四年，湖北、四川一带连年遭灾，不少灾区人民或以树皮、草根为生，或以观音土为食，"死亡相踵"，[103]"存活者仅十之一二"。[104]乾隆五十年以后，江苏连年大旱，"米价日高。至次年春，升米至五十文，百物皆绝。中产之家，尽食麦麸野菜以度命。饿殍载道，空旷处积尸臭秽不可闻。稍留残喘者，惟以抢夺为生。街市不敢携物而行，郊野更甚。羸者乞食，挤入门，终不肯出，呜呜之声，惨不忍听"。[105]向以鱼米之乡著称的太湖之滨，不

少饥民竟靠采蕨为食。偶见地中杂有变质黑米，"闻风踵至刨挖"。[106]与此同时，泗州一带灾民则挖掘蒿根以充饥肠。[107]同年，山西介休、汾州、霍州、平阳、绛州、蒲州也久旱不雨，"百姓多有刨挖野菜，采取榆钱充食"。[108]河南永城一带甚至还出现了"人相食"的惨景。[109]乾隆五十二年、五十三年，山西又连续干旱，"地土干燥，不能播种，民人口食无资，卖鬻子女者甚多，并有逃往口外觅食者"。[110]由于地方官粉饰灾情，不少起灾害乾隆皇帝根本就不知道。有时，个别官员实事求是地陈奏灾情，乾隆皇帝知道后，也不过是洒上几滴眼泪，写上两首悯农诗，颁布几道谕旨而已。空话说完，又去忙乎他的巡幸和千叟宴以及万寿庆典的筹备事宜，而任由广大灾民在死亡线上挣扎。

再次是土地兼并剧烈，人民流离失所。早在乾隆前期，土地兼并已在剧烈进行。据时人杨锡绂估计，"近日田归富户者，大约十之五六；旧日有田之人，今俱为佃耕之户"。[111]而至乾隆后期，形势更为严重。由于政治黑暗，不少土豪劣棍勾结官府强占贫民耕地房屋。如乾隆四十年，江西崇仁县革监黄金龍捏改契约，将贫民余牛房屋强行拆毁之后，又将其山场树木通行砍伐净尽。此外，他还将代笔立契的罗寄五闭置空房，逼其出面作证，致令罗寄五自缢身死。[112]又如乾隆四十三年，贵州仁怀县恶霸地主谢希廷倚势强占民人杨玫祖遗地亩，并且还极其残忍地"将伊子杨玉安、杨奉安用箭射死"。[113]与此同时，不少贵族、官吏也以剥削、贪污所得大肆兼并土地。如再征金川之役时，领侍卫内大臣富德即以贪污军需银两购置土地数百顷。乾隆四十三年，又有亲王弘畅之弟贝子弘晬在玉田一带"讹占地亩",从而激起了广大旗汉人民的强烈不满。[114]遇到灾荒年景,更是土豪商人兼并土地的大好时机。如乾隆五十年后,江苏、安徽、山东、湖北等省连年遭灾,因此,他地商人乘机"越境买产,图利占据"。[115]因为无地灾民到处流徙,有妨封建统治秩序,乾隆皇帝限令各省督抚将外省商人收购土地概行赎回。然而,广大饥民食不果腹,哪里还有钱赎地!最后赎来赎去,还都是"赎"到了本地地主的手中,饥民流徙问题仍旧没有解决,从而给社会增加了新的不安定因素。

最后是政治极端黑暗,冤狱遍及全国。乾隆后期,专制统治一度极端酷烈,兼之以吏治十分腐败,全国各地的冤狱接连不断。其中,乾隆皇帝本人便是一个制造冤狱的能手。乾隆后期的各起文字狱,差不多都是因为对地方官吏、土豪贪残虐民行为不满而被地方官吏挟仇诬陷而成狱。对此,乾隆皇帝全然不察,概予严惩。这样,很长一段时期中,是非颠倒,告密诬陷者领赏升官,弹冠相庆;主持正义者倾家荡产,身首异处,整个社会处于极度的恐怖气氛之中。在这一风气的影响下,凡逢刑狱案件,州县等亲民之官不问事理曲直,只看势力大小和致贿多少而上下其手。"州县办理命案,关涉绅衿富户,瞻徇情面,曲予开脱,致令死者含冤,凶徒幸免,最为吏治民主之害。"[116]如乾隆四十二年,山东郯城县生员刘玉式聚众殴死贫民吴廷干,经吴子上控,该县只将刘玉式等四人监禁审讯,余俱释放。[117]同年,河南商丘书吏汤锦倚势强抢守节孀妇刘氏为妾,致令其含愤自缢身死。为了伸冤,尸亲遍告河南抚按各衙门,但是因为被告声气广泛,各衙门皆以"其女自缢，并非被人谋害，无从抵命"而"不肯从实审理"。[118]乾隆五十一年三月，湖北孝感又发生了革生梅调元将贫民二十三人捆缚拷打之后极其残忍地加以活埋的严重案件。然而，对于这样一起极为严重的人命案件，很长一段时间里，湖北上自督抚，下至县令，竟然无人过问。[119]乾隆五十二年，湖北蕲州还发生了书役舞弊、"重征浮收"，民人上控反被承审官吏监毙狱中的事件。[120]还有一些吏胥，凭借后台包庇，鱼肉乡里，欺男霸女，无恶不作。如乾隆五十四年，云南一个州差刘国相竟于光天化日之下"率领多人，私拿平民，甚至焚烧房屋，抢夺妻女什物"。[121]同年，河南光山县又发生了县役何九等因为民人郑守谦欲行呈控其非法"派夫折钱"，而将郑守谦子、媳、孙三人一概殴毙的严重案件。[122]除此之外，其他冤狱比比皆是，不胜枚举。如乾隆五十五年八月，孙士毅署理两江总督，"自入江境以后，接据上下两江民人具控呈词关涉官吏之案，纷纷不一"。[123]

由于政治黑暗，受冤民人上告，不是发回原籍重审，就是屡控不准，维持原判。这样，不少受冤民人把希望寄托在告御状上面，不顾千难万险，径赴北京各衙门或者乘乾隆皇帝外出巡幸之时叩阍上诉。因而，从乾隆五十年以后，因为各种冤情而进京上控者空前增多。对此，乾隆皇帝却以这些人皆是"刁健讼棍"而严加指斥。"所控情节，多属子虚，不过挟嫌逞忿，妄砌诬捏之词，冀遂其拖累之计。"他下令各地官员对于入京上控人员"但若稍涉虚诬，亦必加倍治罪"。[124]这样，在乾隆皇帝的黑暗统治下，广大人民控诉无门。如果不想束手待毙，除了拿起武器进行反抗之外别无他法。因而，就是在乾隆皇帝的专制统治达到顶点之际，各地人民的反抗情绪也不断高涨，大规模的人民起义风暴到来的时机愈益成熟了。

第三节　东隅巨浪

由于社会危机空前深重，阶级矛盾十分尖锐，进入乾隆五十年代以后，全国各地人民的反清武装起义开始进入了高潮。其中，林爽文领导的台湾天地会起义首先吹响了这场革命风暴的号角。

天地会组织产生于乾隆前期，最初只是闽、粤两省中流动性较大的小商贩和失去土地的雇工之间的秘密互助团体。由于当时乾隆皇帝的专制统治异常酷烈，兼之以天地会本身尚处于早期发展阶段，因而参加人员极少，活动极为隐秘，对当时政局也没有发生什么影响。乾隆四十年代末，随着闽、粤两省流寓台湾民人的不断增多，天地会也传播到了台湾，并在当地得到了极为迅速的发展。台湾地处海外，距离清朝政府的统治中心极远，清朝统治相对薄弱；多数流寓民人又是冒犯清朝政府的禁令偷渡私垦，富于反抗精神；到台后虽然仍行按籍居住，但冲破了原来的封建保甲制度的束缚和封建宗族制度的羁绊。所有这些，都为天地会的传播提供了更为有利的客观条件。

除此之外，流寓台湾民人自身之间的矛盾以及台湾地区的吏治败坏也对天地会的传播起了很大的刺激作用。因为流寓台湾民人大多来自闽、粤两省的漳、泉、潮、惠等地，因而闽、粤两省移民之间以及闽籍内部的漳、泉和粤籍内部的潮、惠移民之间经常发生械斗。对此，当地官员不是置之不理，听凭事态发展，就是仅仅委员晓谕，企图将就了事。面对异乡殊俗，为了求得生存，命运相同的异姓人之间的相互帮助必不可少。而且，由于清初以来内地移民的辛勤开发，乾隆时期，台湾地区已经极为富庶，因而至台仕宦成了贪官污吏竞相追逐营求的肥缺。仕台官员"不以涉险为虞，转以调美缺为喜。到任后利其津益，贪黩无厌"。[125]这样，乾隆时期，台湾地区的吏治较之内地尤为腐败。其中，台湾镇总兵柴大纪即是一个贪污能手。担任台湾镇总兵不过两年时间，即先后通过招权纳贿、收受规礼、纵容兵丁私回内地贸易逐利等方式聚敛财富五六万两。其他如台湾知府孙景燧，淡水同知程峻，台防同知刘亨基、董起埏，署诸罗县事唐镒等，"虽在任久暂不同，声名俱属狼藉"。[126]

这样，乾隆四十年代后期，台湾地区的阶级矛盾相当尖锐，人民反抗情绪也空前增长。所有这些，都为天地会的广泛传播和大规模的人民起义准备了条件。

在台湾地区天地会的传播活动中，林爽文和庄大田都发挥过重要的作用。林爽文与庄大田于乾隆中先后移居台湾，并都在乾隆四十年代末加入天地会。其中，林爽文曾充县衙捕役，素喜交结，为人豪侠仗义，"得来银钱肯帮助人，因此人多服他"，[127]在天地会会员中有着很高的威信。利用天地会这个组织，他们团结了相当一批贫苦民人，"有事大家相帮，不怕人家欺侮，也不怕官役拘拿"。[128]另外，庄大田在台南一带也有较大的影响，从而为后来进行武装起义奠定了重要的组织基础。

乾隆五十一年秋，林爽文在彰化一带传播天地会的情况被当地官府所侦知。台湾知府孙景燧因令当地官员率领衙役前往拘捕，借此机会，"衙役等从中勒索，无论好人歹人，纷纷乱拿，以致各村庄俱被滋扰"。[129]与此同时，这帮恶棍还极其凶恶地纵火焚烧无辜村民房屋，威胁当地居民交出林爽文，并无理宣称："如敢抗违，即烧庄剿洗。"在反也是死、不反也是死的情况下，广大人民的反抗情绪再也无法压抑，十一月二十五日，林爽文、刘升等天地会会员二百余人首先在茄苳山竖旗举事。二十七日，他们组织当地人民两千余人向前来剿捕的清军发动猛烈进攻并将之全行歼灭；尔后，这支起义民众又乘势一举攻破彰化县城，"抢夺仓库器械"，开狱放囚，并将知府孙景燧以下所有官员全部杀死，一场大规模的武装起义爆发了。

攻克彰化以后，为了扩大战果，林爽文先后调动起义兵马分路攻打鹿仔港、淡水、诸罗等处。十二月初，攻克诸罗，杀死县令董起埏、淡水同知程峻等。与此同时，应林爽文之约，庄大田也组织台湾南部的天地会成员两千余人立即举事，并于十二月十三日攻克凤山。在他们的带动下，台湾各地天地会成员纷纷响应，一时之间，起义烽火遍及全台。为了更好地领导起义，在广大起义群众的拥戴下，林爽文自称"盟主大元帅"，建元"天运"，封官授职。与此同时，他还先后颁布多项命令，规定缴获财物，一律归公；损坏居民财物，"失一赔二，焚茅赔瓦"，严明军纪，"以安民心，以保农业"。[130]这样，义军"所过之处，香案叠叠，唧唧相迎"，[131]起义军得到了广大人民群众的热烈拥护，声势愈益浩大，整个起义形势一派大好。

得知起义发动消息，闽浙总督常青立即命令水路提督黄仕简、陆路提督任承恩、海坛镇总兵郝壮猷等率兵渡海，从南北两路向义军发动进攻。为了保存实力，乾隆五十二年正月底，义军撤离诸罗；二月下旬，又放弃凤山。尔后，一待郝壮猷率部进入凤山，即刻回师将凤山包围。在义军的猛烈进攻下，清军占领凤山不过二十天，便被义军所击溃，一千六百人遭歼灭。郝壮猷率领残部狼狈逃窜台湾府城，往依黄仕简。这时，义军又挥师北上，对台湾府城形成包围之势。在义军的强大攻势下，在台清军虽有一万三千多人，但皆被分割在互相隔绝的几个据点之中，根本无法互相救援，其中之黄仕简，株守郡城，毫无作为；任承恩则龟缩鹿仔港，一筹莫展。眼见清军毫无进展，乾隆皇帝气恼交加，心急如焚，在调任李侍尧为闽浙总督的同时，一方面下令将失地遁逃的郝壮猷就地正法，将拥兵观望的黄仕简、任承恩调回内地，下狱治罪；一方面以常青为将军，以福州将军恒瑞、提督蓝元枚为参赞，率领所属满汉军队，渡海作战。

当年三月，常青等人率师抵台，清军数量大量增加，兼之以起义军内部出现叛徒，庄大田部下将领庄锡舍率军降清，清军处境一度有所缓和。然而为时不久，在林爽文、庄大田两路义军联合攻打府城的战斗中，清军又遭受了重大的伤亡。当年五月下旬，在乾隆皇帝的严令督促下，常青率师出城与义军交战。双方刚刚接火，眼见铺天盖地而来的义军，常青便吓得面无人色，两手哆哆嗦嗦，连马鞭子也举不起来，大喊一声，"贼砍老子头矣"，不顾一切地遁回府城。义军乘势追击，消灭清军近万人，乘胜进抵府城之下安营，城外所有村庄也均为义军占据。不久，林爽文一路义军又挥师北上，将台中重镇诸罗城团团包围，并先后多次发动猛烈进攻。驻守诸罗城的台湾镇总兵柴大纪一方面负隅顽抗，一方面多次遣人出城至府城向常青求救。常青虽然自顾不暇，但是慑于乾隆皇帝的严令，不得不先后三次派兵赴援。对此，义军围城打援，几乎将全部援兵通行消灭。与此同时，其他各地义军也都获得了很大的发展。至当年秋末冬初，据钦差大臣福康安、福州将军恒瑞先后奏报："贼匪情形，近更猖獗，自凤山至彰化，要隘处所，半被贼踞；南北两路，声气相通，每于官兵经过之地，从中突出邀截，以致郡城、诸罗两处，受困日久。"[132]"目今全台地方，仅余沿海一带及府城、盐水港、笨港、鹿仔港等处，余俱被贼占据，其势甚大。"[133]"愚民无知，被贼人威胁附和顺从者，在在皆是"，仅是诸罗、彰化两县，"乌合贼众不下数十万人"。[134]在这样的情况下，柴大纪困守诸罗，奄奄待毙；常青则不敢出府城半步，除了连行上奏乾隆皇帝要求增兵、增饷之外，就是日夜哭泣并暗中写信给他的后台和珅，要求调回内地。清朝政府在台湾的统治面临崩溃的危险。

眼见常青无能废事，师久无功，乾隆五十二年六月，乾隆皇帝又命令福康安为将军、海兰察为参赞大臣，率领在京巴图鲁侍卫章京一百余人赶赴台湾替代常青指挥作战。与此同时，乾隆皇帝又下令抽调四川、贵州、两湖军队数万人飞

福康安画像　（清）佚名绘

速赶赴福建沿海待命渡台。至此，单为镇压林爽文起义而调动的各地满汉军队已遍及闽、粤、浙等七省十余万人。在清朝政府的镇压力量空前增长的同时，起义军所面临的一些问题却日益严重。一是义军发动群众极不普遍。林爽文起义发动之初，义军皆来自福建漳州地区的移民，随着形势的发展，不少粤籍和闽省泉州地区的移民也参加了起义。但是由于起义军领导对此并没有予以高度的重视，兼之以旧有的地区隔阂和矛盾，大部分粤籍移民和闽省泉州地区的移民，仍对义军持敌视态度。在清朝政府的煽动和当地地主的裹胁下，他们或应募入伍，编入清朝地方部队而和起义军正面交锋；或者组成所谓"义民"武装，不时向起义军发起偷袭，从而使义军处于腹背受敌的困境。二是起义军以天地会为基础，不但队伍极为混杂松散，而且目标也很不明确。不少人经不起失败的考验和清朝政府的金钱、官职的收买，一有风吹草动，即刻脱离起义队伍，甚至倒戈相向。因而，继乾隆五十二年四月庄锡舍降清之后，随着形势的恶化，又有林爽文部下陈泮等人相继降清。凡此种种，都使起义形势隐藏着深刻的危机。

乾隆五十二年十一月初，福康安率师抵台。至此，清朝政府在台兵力近六万人。面对为数众多、装备精良的清朝正规军队，林爽文起义军的处境开始急剧恶化。在福康安的猛烈进攻下，义军首败于八卦山、崙仔顶等地，再败于牛稠山。义军不得不解除对诸罗的包围而退保大里杙、集集埔。这时，清军又乘势连续发动进攻，将大里杙、集集埔等义军根据地先后攻克。不久，义军主要首领林爽文等被清军拿获，北路大致平定。次年正月，福康安率军南下，向庄大田领导的义军发动了极其猛烈的进攻。经过激战，义军根据地大武垄失守，庄大田率领残部退保台湾最南端的郎峤。二月初，清军分水陆两面包围郎峤，向据守郎峤的义军发动进攻，擒获庄大田。至此，经过一年零三个月的战斗，林爽文等领导的台湾天地会人民起义最终失败。

林爽文起义被镇压后，为了发泄淫威，乾隆皇帝下令将林爽文等主要起义领导人凌迟处死，家属连坐，未及年岁的幼子概行阉割，没入宫中为奴。为了恢复当地封建秩序，防止起义再度发生，还严令台湾和闽、粤等省追查天地会徒党，并修筑台湾府城和各县城城池、增加戍守部队、厉行保甲、收缴民间武器等。除此之外，他还下令在台湾府城为镇压起

458

义有功的福康安、李侍尧、海兰察等建立生祠，以对台湾人民进行震慑。在乾隆皇帝看来，从此之后天下可以太平无事了。乾隆五十三年六月，他骄傲地宣称："予以古稀望八之岁，五十三年之间，举武功者凡八，七胥善成。……近八旬之天子，葳八事之武功，于古诚希。""自今以后，益惟虔巩持盈，与民休息，敢更怀佳兵之念哉！"[135]然而，和乾隆皇帝的期望相反，台湾人民起义虽被镇压，各地人民的反抗情绪却在不断高涨。就在乾隆皇帝陶醉于自己的八大武功并力图将之扩大为十全武功之时，不但闽、粤一带天地会的零星反抗仍然不时发生，更大规模的人民反抗斗争也在酝酿之中，终于在乾隆末年汇聚成为一场震撼全国的人民起义风暴。

第四节　多事之秋

林爽文起义虽被镇压下去，但是，乾隆皇帝在国内的统治却日形衰落。恰在此时，清朝政府的对外关系也进入了多事之秋。一是近邻安南因为内部动乱而发生了王朝更迭；二是与西南边疆相邻的廓尔喀先后两次对中国的西藏地区发动了武装侵略；三是中西关系特别是中英关系也出现了许多新的情况。面对这些问题，乾隆皇帝虽然对廓尔喀入侵和英国殖民者企图奴役中国人民的阴谋进行了坚决的回击，捍卫了国家的独立和主权，但是由于年老昏愦和好大喜功，在处理这些问题的过程中，也虚耗了大量的库帑，加重了国家的财政危机并使国内阶级矛盾更加激化。其中，最为错误的是出兵安南，不仅劳民伤财，还使两国人民的传统友谊受到了严重的损害。

一、出兵安南

明初以来，统治安南的是后黎王朝，并且一直和明、清两代王朝保持着宗藩关系。明朝中叶以后，由于后黎王朝统治者日渐腐朽和权臣专权，后黎王朝式微不振。乾隆三十年代以后，阮文岳、阮文惠、阮文吕兄弟三人崛起于西山，乘安南国内政局混乱之机进行了推翻后黎王朝、统一安南的军事活动。十来年的时间，他们首先统一了安南南部，尔后，又借口诛除黎朝权臣郑氏而于乾隆五十一年和乾隆五十二年两次率兵分道北上，攻克黎城。安南北部各主要城镇望风归降，安南国王黎维祁出奔在外，黎朝部分王族、遗臣流离播越，进入中国广西境内，吁请清朝政府出兵救援。这样，如何对待安南国内王朝更迭的问题便摆到了乾隆皇帝的面前。

多年以来，安南一直是清朝政府的藩属。历来新君即位，无不需由清朝政府遣使册封；平常年节，三年一贡，六年一遣使来朝，成为定例。因此，这次安南国内王朝的自相嬗代使得乾隆皇帝感到自己的最高权力受到了侵犯。在得知这一事件后，他即刻表示："安南臣服本朝，最为恭顺；兹被强臣篡夺，款关吁投，若竟置之不理，殊非字小存亡之道。自当厚集兵力，声罪致讨矣。"[136] 在这一思想的指导下，他不顾朝廷重臣阿桂的反对，从乾隆五十三年六月起，即命两广总督孙士毅调拨粮饷，并调派两广各镇军队向边境地区集中，计划对安南大张挞伐，驱逐阮氏，重建黎氏王朝。与此同时，他还指示对逃入中国境内的黎氏旧臣各赐金帛，遣回国内，访求安南国王黎维祁下落，并组织"义军"配合清军进攻。一切准备就绪之后，从乾隆五十三年冬至乾隆五十四年春，乾隆皇帝进行了一场出兵安南的战争。

乾隆五十三年十月底，乾隆皇帝以两广总督孙士毅为主帅，统率两广军队上万人，取道镇南关，进入安南境内；二十几天后，云南一路军队亦由云南提督乌大经率领出境作战。最初，由于清朝政府先行发动宣传攻势，广布檄文，宣称讨阮扶黎，兼之以各地忠于黎朝的兵民的配合，清军连获胜利。十一月十三日，强渡寿昌江，大败阮文惠军队；四天之后，渡过市球江；六天后，渡过富良江。在清军的强大攻势下，阮文惠放弃黎城南遁广南。乾隆五十三年十一月二十

《平定安南战图册·富良江之战》　（清）佚名绘

日，孙士毅率军进入黎城，遵照乾隆皇帝旨意，册封黎维祁为安南国王。得知这一消息，乾隆皇帝兴高采烈，当即降旨将孙士毅晋封为一等谋勇公，赏戴红宝石帽顶。主要带兵将领许世亨则封为一等子爵，其余镇将及在事文武官员也各赏赐有加。这时，上自乾隆皇帝，下至出征将士，全都沉浸在一片欢乐之中。

清军虽在出师之初取得了一些胜利，但随着攻克黎城之后形势的发展，清军在军事上和政治上都开始处于极为被动的地位。在军事上，清军面临的主要问题是因补给线太长，无力继续南下向阮文惠主力部队发动进攻，从而使已经攻占之地随时都有重新失去的危险。清军出境作战，所有军队给养全靠内地补给。其中，仅孙士毅一路南下黎城时，沿途运粮夫役即已达四五万人之多。对此，清朝方面已极觉困难，而自黎城南下至阮文惠主力盘踞之广南一带，又有两千余里，总算起来，运粮夫役当需五六万名以上，"较之官兵转多数倍"，[137]更为清朝政府所力不能及。因而，攻克黎城之后，清军进退维谷。其次，黎维祁虽在清朝政府的武力支持下得以复位，但因长期以来的权臣窃国，内乱频仍，后黎王朝早已在安南广大人民心目中威信扫地。兼之以黎维祁复国之后，不但不以收拾人心为务，反而对政敌进行报复并且不择手段地诛除异己，从而更加失去人心。这样，乾隆皇帝出兵安南，反而使自己背上了一个沉重的政治包袱。为了摆脱困境，乾隆五十三年底，乾隆皇帝指令孙士毅及早撤兵回国。但是，作为全军主帅的孙士毅，这时却正在做着招降阮文惠的美梦，以致在攻克黎城之后四十来天，迁延不返。这样，在阮文惠军队的突然进攻下，不但原来攻占之地全行失去，而且几乎全军覆没。

在出国清军屯兵黎城无所作为，形势日益被动的同时，盘踞安南南部的阮文惠正在筹划着一场奇袭清军的重大战争行动。为了麻痹清军主师孙士毅，他先是多次遣使至孙士毅营中乞降；乾隆五十三年岁暮之际，又乘清军不备，集中了全部兵力八万余人向据守黎城的清军发动了猛烈的进攻。因为清军斗志懈弛、毫无准备，兼之以寡不敌众，清军大败，黎城亦随之失守。这时，为了逃命，孙士毅渡过富良江后即烧断浮桥，狂遁而北，致使尚在南岸拒守的广西提督许世亨以下数千官兵全部战死。得知失败消息，云南提督乌大经一路亦撤兵退回国内。至此，这场战争遂以清军的彻底失败而告终。

在打败清军入侵之后，阮文惠乘势统一安南全境。为了巩固自己的统治并防止清军的再度入侵，乾隆五十四年初，先后四次遣使谢罪。与此同时，还将所俘清军六百余人送回内地。这时，眼见黎灭阮兴已成事实，乾隆皇帝只好将阮文惠册封为安南国王，准其遣使朝贡，开放双边贸易。乾隆五十五年，安南国王阮光平（即阮文惠）率领安南朝贡人员亲赴热河避暑山庄，祝贺乾隆皇帝八旬寿辰。从此之后，清朝政府和安南政府之间的友好关系又得到了恢复和发展。

安南内部王朝更迭，本是安南国内之事。只要安南统治者不对中国边境发动侵略，而且继续维持两国之间的友好关系，乾隆皇帝即不必出兵干涉。而且，由于安南气候炎热，即使出兵也决不会有什么好结果，二十年前的缅甸之役即是明证。而乾隆皇帝却因年老昏愦，好大喜功，竟将安南内部的王朝嬗代看作是对自己最高权力的侵犯，悍然出兵安南，不但彻底暴露了他的封建统治者侵略扩张的本性，严重地破坏了两国人民的传统友谊，而且也给中国人民带来了极大的灾难和痛苦。其中军队、夫役成批死亡，一百万两军费虚掷徼外，又在很大程度上加剧了国内的阶级矛盾。就此而言，乾隆皇帝进行的这场战争，是不义之战，是得不偿失的。

二、抗击廓尔喀入侵西藏

乾隆五十年代，出兵安南之外，乾隆皇帝进行的另外两次战争是抗击廓尔喀入侵西藏。乾隆后期，随着国家事务的日渐废弛，西藏地区的政治也极为黑暗。"向来驻藏大臣，类多阘冗，一切置之不问，不过三年闲住，得润囊橐，班满即可回京，惟听达赖喇嘛亲近。及噶布伦等专擅辄行，并不关白驻藏大臣，以致任意妄为，屡滋衅端。"[138]与此同时，和西藏相邻的廓尔喀部却在其部长博赤纳喇的领导下崛起于喜玛拉雅山脉南麓，并从乾隆三十年代开始，进行了征服尼泊尔各部和向外扩张的活动。当时，英国殖民主义势力正在向印度北部发展，廓尔喀东邻锡金的势力也相当强大，北向侵略西藏便成了廓尔喀向外扩张的唯一出路。就是在这样的情况下，廓尔喀贵族先后两次发动了侵略中国西藏地区的战争。

在廓尔喀筹划入侵西藏时，西藏上层贵族之间的矛盾起了一定的作用。乾隆四十五年，西藏班禅额尔德尼亲赴热河行在和北京祝贺乾隆皇帝七十寿辰。当年十一月，班禅因患天花在北京去世。为了接待班禅并护送其舍利返回西藏，乾隆皇帝先后大行赏赐。除此之外，"在京各王公及内外各蒙边地诸番所供养，无虑数十万金，而宝冠、璎珞、念珠、晶玉之钵、镂金之袈裟，珍宝不可胜计"。[139] 所有这些资财运回西藏后皆被其兄仲巴呼图克图一人占有，"既不布施各寺，番兵、喇嘛亦一无所与"。[140] 对此，其弟舍玛尔巴因未能分润而极为不满，乾隆四十九年，舍玛尔巴逃入廓尔喀境内，煽动廓尔喀贵族向中国西藏地区发动进攻。廓尔喀贵族久已企图北进扩张领土，此时又对这批财富垂涎三尺，乾隆五十三年，遂以边卡官员征收商税过高以及西藏商人卖给廓尔喀商人的食盐中杂有沙土等为借口，悍然发动了对中国西藏地区的军事侵略活动。

乾隆五十三年六月，廓尔喀国王喇特纳巴都尔派遣头目素喇巴尔达布等率军三千，突然向西藏边境地区发动进攻，并占领了边境上的重要据点聂拉木和济咙。当年八月，廓尔喀军队又分道北上，先后攻陷胁噶尔、宗喀、萨喀等地，杀戮人民，抢掠财物。驻藏大臣庆麟得报，急调当地汉藏官兵一千二百人分路堵御，并飞檄邻省四川调集满汉土练三千五百人开赴西藏。乾隆皇帝得知后，为了加强指挥，又先后任命川督鄂辉为将军，四川提督成德为参赞，理藩院侍郎、御前侍卫巴忠为钦差大臣，前往西藏前线。当年九月，各路清军陆续抵藏并向入侵军队发起反击，广大西藏人民也坚壁清野，配合正规军队和廓尔喀入侵者进行了坚决的斗争。

然而，正在广大军民奋勇抗击廓尔喀入侵之时，由于被廓尔喀入侵者暂时的胜利吓破了胆，以萨迦呼图克图和仲巴呼图克图为首的少数西藏贵族却以"兴兵伤害生灵"为借口，[141]鼓吹向廓尔喀入侵者乞和。在他们的影响下，西藏地方政府噶布伦班第达等人置抗击入侵于不顾，瞒着乾隆皇帝，私自遣使至廓尔喀军中议和。当年十一月，巴忠等人至藏后，对此非但不加制止，反而加以支持和纵容，以图速行完结此事，好向乾隆皇帝请功邀赏。为了取悦廓尔喀，他们将滋事之官员和加税之第巴革退治罪，与此同时，还极其屈辱地答应廓尔喀的无理要求，每年致送元宝三百个，以换回被廓尔喀军队侵占的聂拉木等三处中国领土。在满足这些条件后，廓尔喀军队撤出中国境内，尔后，清朝军队堂而皇之地进驻这些地区并向乾隆皇帝奏报："番众畏惧，先行退避"，"巴勒布所占地方，业经全行收复，边界廓清。"[142]由于年老昏愦，乾隆皇帝对此一概没有察觉。这样，清朝政府耗费帑银上百万两，却未能给予入侵者以应有的惩罚，从而导致了廓尔喀的再次入侵。

巴忠等人和西藏一些地方官员私自向廓尔喀许银赎地大大助长了廓尔喀贵族的侵略气焰，乾隆五十六年六月，廓尔喀贵族又以西藏地方政府拒付赎地银两为借口，再次出兵攻占聂拉木，并将前往聂拉木进行谈判的西藏噶布伦丹津班珠尔以下三十余人全行掳掠。尔后，又分路内犯。西路由济咙入口，围攻宗喀；东路由乌咙地方进犯定结；中路则由聂拉木北上，骚扰定日。所至之处，烧杀抢掠，无恶不作。为了保卫国土，当地汉藏官兵分起反抗，但是寡不敌众，济咙、绒辖尔等许多城镇相继失守，廓尔喀军队乘胜北上，攻占萨迦。矛头所向，直指后藏首府日喀则。这时，驻藏大臣保泰吓得"心慌胆落",不但不组织当地军民进行抵抗,反而于当年八月主动放弃日喀则,携同班禅狂遁前藏。而以仲巴呼图克图为首的留驻扎什伦布寺的喇嘛则借口"天意",在广大僧俗群众中散布失败情绪,并在班禅离开不久也星夜逃散,致令廓尔喀军队轻而易举地进入日喀则,肆行抢掠,并且还极其狂妄地扬言要分兵三路,进攻前藏。在廓尔喀入侵者的战争恫吓下,驻藏大臣保泰在向乾隆皇帝飞章告急的同时,还提出了将达赖、班禅俱移往泰宁地方居住的建议。一时之间,全藏大震,整个形势极为严峻。

八月下旬,乾隆皇帝接到了廓尔喀军队大举入犯西藏的消息,为了保卫国家独立和领土完整,在对惧敌逃跑的驻藏大臣保泰等人痛加指斥、严厉惩治的同时,再度急令四川总督鄂辉、成都将军成德率领当地汉土官兵千里驰援。不久,因为鄂辉、成德二人畏怯观望,迁延不前,坐失时机,难膺重任,在严令他们率军速进的同时,又于当年九月,急调两广总督福康安兼程进京,面授方略,任命其为大将军,领侍卫内大臣海兰察等为参赞大臣,统率索伦、达呼尔健卒和内地兵丁数千人,开赴西藏前线,对廓尔喀侵略者大张挞伐。当年九月,福康安、海兰察自京起程,十一月底,行抵西宁。稍事休整之后,十二月初,轻装简从,疾驰而南。历经五十天艰苦行军,于乾隆五十七年正月下旬进抵前藏。这时,广大西藏人民像看到亲人一样,对他们的到来表示热烈的欢迎和坚决的支持。达赖喇嘛亲自"带领僧俗人等,办理火药、乌拉等事"。[143]当年二月底,福康安一行进抵后藏。三月以后,在广大藏族人民的协助下,各路兵马以及粮饷也源源不断地到达后藏，一场大规模的反击战正式开始了。

在福康安率军到达西藏之前，在乾隆皇帝的严令督促下，由鄂辉、成德等人率领的四川军队已于乾隆五十六年底先期到达前线。闻知内地正规军队到来，廓尔喀军队退至边境一带。清军乘势前进，渐次收复拍甲岭、聂拉木等地。这时，廓尔喀军队一方面在其攻占的济咙、绒辖尔等地修筑工事、城池，企图负隅顽抗；另一方面，又极其虚伪地遣使至清军营中求和。为了收复全部失地并对侵略者进行惩罚，乾隆五十七年闰四月底，福康安、海兰察率领劲旅六千人自拉孜南下。五月初，乘雨夜攻克了地势险要的擦木。数天之后，又经过激战，歼灭敌军近千人，克复边界重镇济咙。为了追歼穷寇，五月中旬，清军出境作战。先后越过许多崇山峻岭、激流险滩，连续攻克噶勒拉、堆补木、特帕郎木桥、甲尔古拉、集木集等处，"七战七胜，贼人丧胆"。[144]至当年七月间，

《平定廓尔喀战图册·廓尔喀陪臣至京》　（清）佚名绘

深入敌境七百余里，到达距离廓尔喀首都加德满都只有几十里路的纳瓦科特。在清兵的强大攻势下，廓尔喀军队势不能支，再次遣使乞和，并将上年所掳的内地汉藏官兵遣送回藏。这时，福康安代表清朝政府提出了释放全部掳掠人员、交出抢去扎什伦布寺金银什物、废除西藏个别官员非法订立的纳银赎地合同、退还侵占中国领土并不得再行侵犯等停战条件。对此，廓尔喀方面全部答应并当即照办。当年八月，廓尔喀又派遣使者赍带表文、乐工、驯象、孔雀等赴京朝贡。这样，当年八月二十一日，福康安率军分起凯旋回国，这次抗击廓尔喀入侵西藏的战争获得了完全的胜利。

鉴于西藏地区的政务废弛招致了廓尔喀入侵，在抗击廓尔喀入侵取得胜利之后，乾隆皇帝当即着手对西藏政务进行改革。根据乾隆皇帝的历次指示和军机大臣阿桂、和珅与福康安共同议定的《西藏善后章程》，这些改革措施大致如下：

一是提高驻藏大臣的地位和权力。《章程》规定："驻藏大臣除上山瞻礼外，其督办事务，应与达赖喇嘛、班禅额尔德尼平等"，噶布伦以下所有西藏政教官员，均为驻藏大臣之属员，"事无大小，均应禀知办理"。[145]两位驻藏大臣须轮流前往后藏视察政务，并对各级西藏地方官吏有拣选、升黜、赏罚之权力。

二是建立金奔巴瓶制度，以限制西藏地区僧俗贵族的权力。前此，达赖、班禅和各地黄教呼图克图之转世，俱由当地巫师"吹忠"作法指定转世灵童。因为政治黑暗，其间弊端甚多。一些上层僧俗贵族往往收买"吹忠"指定其后世子孙为"呼毕勒罕"（即转世灵童）并进而操纵政局，"以致达赖喇嘛、班禅额尔德尼等亲族姻娅，递相传袭，总出一家，与蒙古世职无异"。[146]为此，乾隆皇帝规定，每当达赖、班禅及各地呼图克图圆寂之后，即将各地呈报的灵童姓名、出生日期等交由驻藏大臣用满蒙汉三种文字书写于牙签之上，放入清朝中央政府颁发的金瓶之中，在驻藏大臣的监视下，于大昭寺内的宗喀巴佛像前，抽签决定。被抽中之灵童，亦须在驻藏大臣主持之下，举行坐床典礼。除此之外，乾隆皇帝还规定，大小官员"及前后藏管事喇嘛，均不得以达赖喇嘛、班禅额尔德尼族属挑补"，[147]从而在一定程度上限制了西藏上层贵族的权力。

三是为了加强清朝中央政府对西藏地区的控制，对西藏地区的军事、外交、财政等方面，乾隆皇帝也多所改革。在军事上，将藏兵建制定额规定为三千名，并制定了编制、粮饷和赏罚制度；在外交上，规定所有涉外事务皆须由驻藏大臣主持决定，达赖、班禅以及噶布伦以下所有官员不得"私行发信"于外国；在财政制度上，除设立机构，开炉鼓铸"乾隆宝藏"之外，还规定西藏地方政府的所有财政收支，"统归驻藏大臣稽查总核"。

金奔巴瓶

经过这样一系列的改革，清朝中央政府对西藏地区的管辖进一步加强，中原和西藏人民之间的关系更为密切，对于西藏社会的发展，对于祖国西南边疆的巩固，都起了重要的积极作用。

在国家领土遭到外敌侵犯之际，作为国家的最高代表，乾隆皇帝从维护国家统一的目的出发，毅然调动军队，收复失地，并对侵略者大张挞伐，战争胜利之后，又对西藏地区的政教事务进行了全面的改革，对于维护国家的统一和领土完整固然有着重要的意义，但是，由于这场战争发生在乾隆皇帝在位末年，乾隆皇帝已经年老昏愦，兼之以主持其事的官吏和珅、福康安、孙士毅、和琳等人从中营私舞弊，因而也对乾隆末年政治形势的发展产生了不良的影响。

一是在乾隆皇帝的纵容之下，带兵将领福康安等借机狂花滥费，耗费了大量的国帑。据统计，此次抗击廓尔喀入侵，军费开支高达一千多万两，从而在一定程度上加重了清朝政府的财政危机。此外，一些经办官吏还借军兴之际滥用民力，浮收加征，大搞里民"自行帮贴"，[148]也在很大程度上加重了广大人民的赋税负担，使得本来就已非常尖锐的阶级矛盾愈加尖锐。

二是由于战争胜利，乾隆皇帝本人的骄傲情绪空前滋长。早在乾隆五十三年六月林爽文起义刚被镇压下去之时，为了夸耀自己的赫赫武功，乾隆皇帝即将该次军事行动和平定准噶尔、回疆、金川三次叛乱，出兵缅甸，平定王伦、苏四十三、田五三次人民起义这八次性质、结局各不相同的战争胡乱地拼凑在一起，吹嘘自己"五十三年之间，举武功者凡八，七胥善成……近八旬之天子，蒇八事之武功，于古诚希"。[149]此次战役的胜利，更为乾隆皇帝增加了自我吹嘘的资本。因为前举八大武功中的诛王伦、翦苏四十三、洗田五，均是镇压内地人民起义，再行吹嘘，适足以表示自己治国之不善，因而乾隆皇帝不再提及，而是将原来的平定金川、准噶尔各分为二，再加上近年发生的安南之役和两次廓尔喀之役，凑为"大功十成"并将此载入诗章，宣称自己"开恩诪孽明颁旨，竟得十全大武扬"。[150]诗成之后，乾隆皇帝意犹未足，当年十月，又作了一篇《御制十全记》，于中骄傲地宣称："五十七年之间，十全武功，岂非天贶？……为归政全人，夫复何言。"[151]为了宣扬自己的威德，他还命令将这篇《御制十全记》以满、汉、蒙、藏四体文字刻在碑上，竖立于拉萨布达拉宫康熙皇帝的御碑之旁。由于骄傲情绪的空前滋长，乾隆末年的政务更加废弛，从而直接导致了乾隆皇帝专制统治的衰落。

如果对乾隆皇帝自己夸耀的"十全武功"认真分析，即可看出，除了其中的平定准噶尔、回疆和此次廓尔喀之役等四次战争对于维护国家统一有其积极意义之外，其他几次战争都不足以称之为"武功"，相反，倒可以作为"武过"。如出兵缅甸、安南两次战争皆是对邻国的侵略，而且还皆以失败而告终；平定林爽文起义则是对人民反抗斗争的疯狂镇压，和出兵缅甸、安南一样，全都暴露了乾隆皇帝的反动本性，岂可谓之为"功"？再如两征金川和初次出兵廓尔喀，或因穷兵黩武、指挥不当而得不偿失，或因年老昏愦、不善用人而师出无功，且不说对于生产发展、社会进步有何积极作用，即使对于清朝统治和乾隆朝政局而言，又有何功可录？总之，对于乾隆皇帝自我标榜的"十全武功"应该一一进行具体分析，不能笼统地予以肯定。一些史学家认为："如果我们站在中华民族立场，不受狭隘的种族成见所影响，我们就会对盛清的武功感到骄傲和欣喜。"这种观点，笔者以为是很值得商榷的。[152]

三、接待英使马戛尔尼

乾隆五十七年十月，乾隆皇帝刚刚写下他的得意之作《御制十全记》不过十来天光景，便接到了广东巡抚郭世勋报告的一个好消息：为了补祝乾隆皇帝八十寿辰，西洋英吉利国国王特遣马戛尔尼勋爵和斯当东为使团正、副团长，率随从人员七百余人，分乘五艘大船，携带国王亲笔书信以及许多珍贵礼物，正在前来中国途中。[153]一个远在重洋之外的西洋国家，不远万里，专程遣使进贡并向乾隆皇帝叩祝万寿，在乾隆皇帝看来，无异于是为他的"十全武功"锦上添花。这使乾隆皇帝十分高兴。为此，他先后颁布多道谕旨，指令使团船队经过省份督抚先事预备，提高接待规格。他说："该贡使航海远来，初次观光上国，非缅甸、安南等处频年入贡者可比"，"务宜妥为照料，不可过于简略，致为远人所轻。"[154]这样，两广、闽浙、两江、山东和直隶等省督抚以下不少官员一齐出动，有的遣人放帆出海逻查使船到达消息，有的备办牛羊米面并修葺馆舍以备使团食宿之用，有的采办物品、准备宴席招待和犒赏事宜，有的雇赁船只以供运送贡品之需。几个月的时间里，许多人员为此而异常忙碌，并盼望着这些西洋贵宾的来临。

广东地方官员奏报英使来华虽然确有其事，但是，称其来华目的是向清朝政府进贡和补祝乾隆皇帝八十寿辰则是广东地方官员的捏饰之词。其实，真正情况与此恰好相反，英国政府此次派遣马戛尔尼使华完全另有一番用意。十八世纪下半叶，英国资本主义进入了一个新的发展时期。各种大机器普遍采用，社会生产力迅速提高，为了寻求新的原料产地和商品市场，地大物博、人口众多的中国便更加引起了英国资产阶级的关注。为此，早在乾隆五十二年，英国政府即曾派遣以喀塞卡特为团长的英国使团出使中国。仅因喀塞卡特中途病死，英国政府的愿望当时未能实现。乾隆五十七年，英国政府又反复商讨、拟定条款，并以富有外交经验的孟加拉总督马戛尔尼为使团团长，携带重礼，前来中国，以为英国获得通商上的利益并搜集有关中国的各种情报。肩负着这样的使命，马戛尔尼一行开始了他们的中国之行。

乾隆五十七年秋，马戛尔尼一行自英国朴茨茅斯港起程，历经半年多的时间，渡过大西洋、印度洋，于乾隆五十八年

马戛尔尼进献的自来火枪

五月进入南中国海。尔后，沿中国大陆海岸北上，当年六月下旬到达天津，并于八月间携带部分贡品到达热河觐见乾隆皇帝。而随着双方关于觐见礼节的争执和对使团来华真正意图的逐渐了解，乾隆皇帝的热情急剧下降。首先引起乾隆皇帝不满的是马戛尔尼一行拒绝于觐见之时向乾隆皇帝行三跪九叩大礼。由于多年以来养成的骄傲自大心理，在乾隆皇帝看来，行跪拜大礼是对自己表示恭顺的一个主要标志。因而，早在使团一行刚刚到达天津时，他即因清朝官员宣读恩旨时马戛尔尼一行只是"免冠竦立"，立刻指示天津盐道徵瑞"婉词告知"他们"应遵天朝法度"，[155]但遭到了英国使臣的拒绝。到了热河以后，虽经军机大臣和珅等人多方劝诱，马戛尔尼一行仍然坚持原来立场。最后，不得已达成折中，两次觐见时，马戛尔尼均以觐见英王之礼觐见乾隆皇帝，以单膝下跪，但免去吻皇帝手的礼节。这使乾隆皇帝极为不快，认为其妄自骄矜，当即下令"减其供给"；原来计划给予使臣的一些额外赏赐，此时也全行取消了。[156]

当年八月中旬以后，使团一行回到北京，和以和珅为首的清朝政府官员举行了会谈。这时，马戛尔尼开始撕下友好通使的面纱，代表本国政府向清朝政府提出了一系列的侵略要求。其主要内容是：（一）要求清朝政府于广州之外，另开舟山、宁波、天津等地作为通商口岸，并准英国派人常驻北京，照料本国买卖事宜；（二）要求清朝政府割让舟山附近一小岛和广州附近的一小块地方，以为英商居留和贮存货物之处；（三）要求清朝政府对于进入中国内地各口岸的英国商品给予减税、免税之优待。至此，马戛尔尼使华的真正意图全行暴露。对于英国政府这种不加任何掩饰的赤裸裸的侵略要求，乾隆皇帝极为愤怒，并以颁给英国国王敕谕的形式迅速作复、逐条驳斥，全然拒绝。针对其提出的派人驻京和增开通商口岸的要求，敕谕指出，"与天朝体制不合，断不可行"；对于割让土地，则严正指出，"天朝尺土俱归版籍，疆址森然，即岛屿沙洲，亦必划界分疆，各有专属"，"此事尤不便准行"；对于要求减免英国商品税则，乾隆皇帝也丝毫不予让步，而坚持"照例公平抽收，与别国一体办理"。[157] 与此同时，因为该使团完全是为英国政府侵略中国而来，和其自称的友好通使截然不同，乾隆皇帝限令使团一行于当年九月初三日离开北京，由水路前赴南方，仍坐原船回国。为了防止其沿途滋事，乾隆皇帝还派侍郎松筠等一路监送，并下令各地督抚"只须照常供应，不可过于丰富"，"倘有借词逗留等事，应饬令护送官员严词拒绝，催令按程前进，毋任迁延"。[158] 这样，马戛尔尼一行来华，经过了一番"最礼貌的迎接、最殷勤的款待"之后，又在清朝政府"最警惕的监视"之下，以"最文明的驱逐"方式离开了中国。

在决定将马戛尔尼一行驱逐出境的同时，因为英国"在西洋诸国中较为强悍"，为了防止其因外交上的失败而在广东澳门一带"借词生事"，乾隆皇帝下令两广督抚预向各夷商"详晰晓谕"，"使其各安生业，不与英咭唎勾合"。[159] 又多次颁布谕旨，强调海防建设。针对各省海疆"巡哨疏懈，营伍废弛"的现象，他要求各地督抚必须振作有为，方可有备无患。对于浙江宁波、舟山以及广东澳门附近的岛屿，他下令有关官员"相度形势，先事图维，毋任英咭唎夷人潜行占据"。除此之外，他还下令沿海省份督抚严饬所属"认真巡哨，严防海口，若该国将来有夷船驶至天津、宁波等处，妄称贸易，断不可令其登岸，即行驱逐出洋。倘竟抗违不遵，不妨慑以兵威，使知畏惧"。[160]在乾隆皇帝的一再督促下，终乾隆一朝，对于西方资本主义国家的侵略活动，各地官员一直处于戒备的状态，海防建设也有所加强，对于维护国家的独立和主权起到了重要的作用。

马戛尔尼使华之时，乾隆皇帝虽已八十三岁高龄，但是，为了维护国家的独立和领土完整，仍然和其企图侵略中国的阴谋进行了坚决的斗争。与此同时，还整顿海疆，积极防御，不给侵略者以可乘之机。乾隆皇帝的这些活动，代表了广大中国人民的共同利益，应该给予肯定。但是，由于多年以来的闭关自守政策，乾隆皇帝对国际事务几乎毫无所知，兼之以晚年时期骄傲情绪的空前滋长，因而在英使来华时目空一切，甚至非常无谓地为觐见礼节而往返争执，也在英国侵略者面前暴露了他的无知和愚昧，并对此后的中西关系产生了不良影响。

第五节　盛世丧钟

马戛尔尼虽被驱逐回国，但他从乾隆五十八年六月进入中国国境，到当年十二月离开广州回国，在中国大陆几乎待了半年光景。在此期间，最高统治者乾隆皇帝的昏愦，权臣和珅的跋扈，中国官场的腐败和广大人民生活的痛苦都给他留下了极其深刻的印象。因而，他于乾隆五十九年秋天返回英国之后即宣称，清帝国不过是一艘破烂不堪的战舰，随时都有沉没的危险。历史进程的发展使得他的这种预言得到了证实。就在他作出这一论断之后几个月，大规模的湘黔苗民起义正式爆发；一年以后，川楚陕白莲教起义也席卷半个中国，乾隆时期的人民反抗斗争进入了高潮。两场人民起义的爆发，敲响了乾隆皇帝专制统治的丧钟。

一、湘黔苗民起义

自古以来，散处于贵州、湖南地区的苗族，即是我国多民族大家庭中的一员。雍正时期，为了进一步加强对苗族地区的控制，清朝政府进行了大规模的改土归流活动。这一活动的进行，进一步巩固了国家的统一，并在一定程度上推动了苗族地区社会的进步。至乾隆四十年代，改土归流不过几十年，广大苗民"衣冠耕读，无异编氓者"已"十居五六"，"其未经改装，与齐民耦居，互相姻娅者"也"十居二三"。[161]虽然如此，由于清朝统治者推行的反动的民族歧视政策和乾隆后期的吏治败坏，苗族广大人民的生活却处于水深火热之中。

在政治上，为了防止苗族人民进行反抗，清朝政府先后做出各种规定，禁止汉、苗人民互相往来，不许汉、苗结亲；限制苗民充当兵丁，严禁苗民丁壮演习鸟枪；减少苗民地区学校，不许苗族生员参加科举考试等。在经济上，由于吏治极端腐败，广大苗民的赋役负担也极其沉重。额定赋税之外，官吏浮收滥征、胥役敲诈勒索不一而足。据当时一些官员所见，"苗人承值差使，任劳倍于民力，而地方官委之胥吏，发价则克扣分肥，遇事则鞭笞肆虐，劳逸不均，咿嗳莫诉，欺凌不恤，往往而有"。[162]除此之外，尤为严重的是汉族地主的高利贷剥削和土地兼并。乾隆中期以后，在清朝地方官员的纵容下，一些汉族地主把魔爪伸向了苗族地区。他们先是利用苗民赋役沉重、生活困苦之机大放高利贷，尔后，在苗民无力清偿债务之时又借机大肆兼并土地。苗族人民多年以来辛勤开垦、耕种的土地，逐渐落入了那些"客民"地主的手中，而自己则沦为佃户，"听其役使，生死惟命"。[163]土地兼并的剧烈进行使得广大苗民的生活极为困苦，因而在苗族人民中常常出现"收获甫毕，盏无余粒，此债未清，又欠彼债，盘剥既久，田地罄尽"的悲惨景象，[164]以"客民"和广大苗民的矛盾为主要表现形式的阶级矛盾和民族矛盾空前尖锐。就是在这样的情况下，乾隆末年，湘黔交界地区爆发了一场大规模的苗民起义。

早在大规模的苗民起义爆发之前，乾隆五十年代之初，一些零星的反抗活动即已发生。乾隆五十二年春，凤凰厅勾补寨一带苗民即在石满宜、龙观音两人领导之下"占踞山梁，抵拒不服"，起而反抗清朝统治。[165]当地清朝政府出动军队大肆杀戮，始将这次反抗镇压下去。清朝政府的镇压政策使得千里苗寨人民的反抗情绪普遍增长，一批新的领导人又涌现出来，组织人民继续进行反抗斗争，其主要者在贵州有松桃厅大塘汛之石柳邓，在湖南则有永绥厅黄瓜寨之石三保、凤凰厅苏麻寨之吴半生、乾州厅平陇寨之吴八月等。他们来往湘黔各地苗寨之间秘密串连，发动群众。在广大苗民反抗情绪的推动下，个别苗族上层分子如曾经参与镇压石满宜反抗活动的鸭保寨苗民百户吴陇登也倒向广大苗民一边，积极准备起事反清。一场大的革命风暴正在酝酿之中。

乾隆五十九年岁暮之际，石柳邓、石三保、吴陇登等主要起义组织者在凤凰厅鸭保寨吴陇登家中秘密集会，商定于次年年初同时发动起义。会后，他们回到各自的村寨，发动群众，搜集武器，紧张地进行武装起义的准备工作。然而，就在此时，贵州大塘汛石柳邓的起义行动被当地政府所侦知，他们立即出动军队，包围了石柳邓的家乡大寨营。石柳邓被迫提前发动起义。在冲破敌人包围之后，即刻于乾隆六十年正月十三率领起义人民攻占大塘汛，又乘势包围了松桃厅城和铜仁附近的清军重要据点盘石营和正大营，与此同时，思南、印江及镇远四十八溪地方的广大苗民亦起而响应。[166]轰动全国的湘黔苗民起义就这样正式爆发了。

几天之后，贵州大寨营起义爆发的消息传到了湘西苗疆地区并给当地苗民以极大的鼓舞。正月十九日，吴八月在平陇寨、石三保在黄瓜寨、吴半生在苏麻寨、吴陇登在鸭保寨也同时发动起义。他们公举苏麻寨起义领导人吴半生作为"吴王"，并提出了"驱逐客民，夺还苗地"的口号。[167]在这一口号的鼓动下，"穷苗闻风，无不振臂相从"，"群寨响应，争杀百户起事"，武装起义的烈火迅速而又猛烈地烧遍了千里苗寨。

得知起义发动消息，镇算镇总兵明安图立即率所属军队八百余人前去镇压。刚出镇算不远，正好碰上了石三保率领的黄瓜寨起义队伍。愤怒的苗民立即将明安图等团团包围起来。这时，驻守永绥厅的清军副将伊萨纳和永绥厅同知彭凤尧闻讯，率兵六百赶来救援，也被成千上万的苗民包围于鸭酉寨。在将这两支清军完全歼灭之后，湘西起义苗民又乘势前进，将永绥、镇筸和乾州三处城池包围起来，并一举攻克了其中的乾州城。北至酉水两岸，南至麻阳，东至泸溪，西至四川秀山、酉阳的广大区域内，苗民起义的烽火到处燃烧，一时之间，湘黔苗民起义进入了高潮。

二月初四日，湘黔苗民发动起义的消息传到了北京。对此，乾隆皇帝极为痛恨，说："石三保、石柳邓等，竟敢聚众肆逆，陷城伤官，实属罪大恶极，必须痛加诛剿，以示惩创。凡被胁入伙各寨苗众，有曾经随贼抗拒伤害官兵者，将来事定后，均应查明，照台湾之例正法。"[168]他制定了一个三路进剿计划。按照这一计划，东路由湖广总督福宁、湖广提督刘君辅等率领军队一万三千人由镇筸向西进攻；南路由云贵总督福康安率军万人北上，由贵州铜仁进攻正大、松桃；西路由川督和琳、提督穆克登阿等率军四千东向秀山、酉阳，以对湘黔地区苗民起义队伍形成包围之势。根据他的指示，云贵总督福康安率领骁将花连布等自云南兼程北上，进抵铜仁，并从二月十九日开始向包围正大、松桃一带的义军发动了进攻。面对大批装备精良的正规清军的进攻，广大起义者毫不畏惧，坚决抵抗。盘塘坳之战时，起义群众不顾敌人枪林弹雨，奋勇冲杀，使得清军胆战心惊，惊呼起义者个个都是"铜筋铁骨"；尔后，清军向嗅脑进发时，"苗寨无数，各持镖矛扑拒"，[169]予清军以重大杀伤。在清军向松桃一带进军时，广大苗民先将"要隘路口用木石堆塞，复挖坑壕，中插木签"，[170]使得清军寸步难行。对于广大苗民的反抗，福康安等进行了极其残酷的镇压。清军所至之处，不问青红皂白，所有苗寨概予烧毁，仅是在嗅脑一带，就一举焚毁苗寨一百多处。就是通过这种血腥镇压的方式，历时两个来月，才将正大营、松桃一带苗民起义主要力量镇压下去。与此同时，由和琳统率的四川清军也将四川境内秀山、酉阳一带苗民的零星反抗斗争镇压下去。三月中旬，福康安、和琳两路军队会合一处，进入湘西地区作战。

在福康安率军进入湘西之后，针对湘西地区苗民起义据点各自孤立的情况，乾隆皇帝指示他们集中优势兵力，各个击破。"察看贼情，先将贼首屯聚紧要之处并力歼除，肃清一路，擒一首恶，再行攻剿一路，则兵威壮盛，可无后顾之虞。而贼匪首恶三人，亦无难次第搜擒，尽行就获，此为最要。"[171]与此同时，乾隆皇帝还大施其"以苗攻苗"之计，要求他们将苗民中的壮丁悉数编为团练，协助清军剿杀义军。他还规定，乡勇作战阵亡者，照官兵之例，"咨部赏恤"，"俾乡勇等倍知感奋，于剿捕更为有益"。[172]这样，福康安首先率军向包围永绥的起义队伍发动进攻。经过激烈战斗，在包围该城八十余日之后，起义军解围而去。尔后，福康安又率军南下，于当年四月间陆续攻克了石三保据守的黄瓜寨和吴半生据守的苏麻寨。当年四月底，福康安进军乌草河，并向退守该地的吴半生所据各寨发动进攻。虽然在清军的猛烈进攻下，起义队伍失去了一些地方，但是福康安进抵乌草河两岸之时，遭到了各路义军的顽强抵抗。他们利用有利的地形，连续出击，先后予敌以重大杀伤。与此同时，他们利用敌军大举南下、后路空虚之机，回师北上，克复黄瓜寨，并在永绥一带大败湖广提督刘君辅，再度包围了永绥城，使得清军粮道被切断，进攻的清军一度处于极为狼狈的境地。此外，黔东一部分义军余部还乘势挺进四川秀山一带，搞得当地清军往来奔突救援，惊恐异常。在东部战场上，义军更是连连进攻，迭获胜利，早在当年二月起义发动之初，起义军即已将镇筸城紧紧围困，只是由于刘君辅拼死抵抗，该城才未被义军攻克。二月底，福宁、刘君辅曾经企图出城作战，但是刚出城门不远，便被铺天盖地而来的起义军吓得面无人色，不顾一切地掉头逃回城内，龟缩不出。而在事后，却厚颜无耻地向乾隆皇帝谎报战功，当即被乾隆皇帝看出破绽，严加训斥道："该督等此次共带兵一千五百名，杀贼止十数名，为数甚少。算来几及官兵百名，杀贼一名，足见无能，岂尚能谓之奋勇？朕披阅至此，代伊等羞惭，不知该督亦自知愧否。"[173]在乾隆皇帝的严令督催下，当年四月，福宁又硬着头皮率军北上攻打乾州城，途经泸溪县苟拜岩时，被当地起义军打得溃不成军，为了逃命，福宁钻在运送军需品的车中逃回镇筸城。这时，起义军乘战胜之余威，东向泸溪，南下麻阳，如入无人之境，整个起义形势一派大好。

眼见福康安屯兵乌草河两岸，毫无进展；福宁又连吃败仗，镇筸、永绥长期被围，乾州又一直没有攻克，乾隆皇帝心急如焚。为了加强镇压力量，当年六月，下令荆州将军兴兆率领当地驻防满兵两千人开赴镇筸，"以壮声势而供派拨"。[174]与此同时，下令福康安檄调云贵、广西、四川等四省军队上万人开赴湘西前线，并命令他"添雇壮健乡勇，酌派营弁督领，分拨各隘口，协同防堵"。[175]调兵遣将之外，有鉴于苗民起义带有全民性，杀不胜杀，乾隆皇帝被迫改变政策，指示福康安、和琳等，"除吴半生等四犯首先肆逆、罪在不赦，及各处焚抢为首有名贼目彰明较著者亦当查拿究办外，其余被胁苗众，虽经从贼抗拒，而畏罪投诚，俱可无庸深究。总之渠魁一得，胁从可以罔治"，"不必豫为逆亿，以致奸戮过多，有违好生之道。况剿抚兼施，自更易于蒇事"。[176]六月中旬以后，荆州驻防满兵和檄调各路援军先后抵达湘西前线，镇筸解围。与此同时，福康安则自乌草河一带回军北上，逐步向鸭保、平陇方面推进，四川提督穆克登阿亦和刘君辅

一起再解永绥之围，坐镇辰州的湖广总督毕沅也派出军队从泸溪出发，进犯乾州。在军事上，清军逐渐掌握了战争的主动权。在政治上，由于"剿抚兼施"政策的推行，在起义军内部，开始出现了一股以苗族上层分子为主的叛变投敌的逆流。继当年春天永顺地区苗寨首领张廷中父子率部数千人投降清朝之后，当年夏天，又先后有乾州一带苗寨头人石上进和石大贵等分别率领四十二寨和六十八寨投向清政府。对此，乾隆皇帝一概下令封予官职，赏赐银两。在乾隆皇帝的金钱收买和官职诱惑下，至当年七月，"附近辰州、乾州一带苗寨前后投诚者计共有一百五十处"。[177]九月间，"乾州、保靖、永绥、永顺等属二百二十七寨诣行署乞降，连前已共有三百七十七寨"。[178]乘此机会，清军加强进攻，对鸭保、平陇各寨的包围愈益缩小。与此同时，还集中兵力，猛攻吴半生据守的高多寨。不久，高多寨失陷，吴半生被俘。这样，

从当年秋天开始，战场形势发生了不利于起义军的转变。

在吴半生被俘以后，为了继续坚持抗清斗争，各支义军在向鸭保、平陇一带集中的同时，共同推奉平陇寨起义领袖吴八月为"吴王"，石柳邓和石三保各为开国将军和护国将军，共同抵抗清军进攻。当年十月，福康安督率清军猛攻鸭保寨。为了保护起义军的这一重要堡垒，吴八月亲自率领平陇起义队伍赶赴鸭保寨，配合吴陇登作战。经过激烈战斗，鸭保寨失陷，吴八月率领义军残部向外转移。这时，久已和清军暗中勾搭的吴陇登乘机将吴八月擒献清军，叛变投降，起义队伍又遭到了一次重大的损失。为了替吴八月报仇雪恨，吴八月的儿子吴廷礼、吴廷义接过父亲的战旗，和石柳邓、石三保等起义领导人继续坚持战斗。当年十月底，再度攻克鸭保寨，吴陇登狼狈逃窜。只是等到福康安派来援兵，才将鸭保寨重新占据。此后几个月中，吴廷礼等以平陇为中心，率领起义队伍，南下沅江，东向辰水，在方圆数百里的战场上往返驰骋，予围剿清军以重大杀伤。恰在此时，川楚陕白莲教起义爆发，乾隆皇帝顾此失彼，腹背受敌。为了摆脱困境，乾隆皇帝决定集中兵力，先将已经受到严重削弱的苗民起义镇压下去，回过头来再去镇压白莲教起义。为此，嘉庆元年春，他再次抽调云南、四川、两广军队两万人开赴前线。面对数倍于己的清军的进攻，起义军处境虽然日益困难，但仍利用险要地形，节节抵抗，寸土必争，并于鸭保寨以东的壁多山、高吉山、贵道岭、七星岭、长吉山、茶山、茨岩和结石岗等处连续杀死了许多清军。兼之以当地"雾雨连绵"，水土不服，不少清军甚至清军主帅福康安、和琳都在前线送掉了性命。这样，乾隆皇帝不得不再度调兵遣将，以领侍卫内大臣额勒登保为主帅，并先后从湖北战场调来广州将军明亮，新授湖广提督鄂辉等共同指挥作战。在清军的猛烈进攻下，当年五月，起义领袖石三保被俘；六月间，清军攻克乾州厅；十月间，平陇失陷，石柳邓、吴廷义等率领起义军残部退守平陇附近的石隆寨，继续坚持抗敌。一个多月后，石隆寨失陷，石柳邓战死，吴廷义和石柳邓之子石老乔被俘牺牲。乾隆皇帝征调军队六七万人，历时两年，费尽九牛二虎之力，始将这场波及三省的苗民起义大致镇压下去。

嘉庆二年，川楚陕白莲教大起义如火如荼，方兴未艾。乾隆皇帝两路作战，深感兵力之不敷。在将苗民起义主力部队消灭之后，乾隆皇帝决定，除留两万清军驻守苗疆之外，其他军队全数开赴湖北、四川，剿捕白莲教起义。利用这一时机，黔东、湘西各支义军余部继续坚持武装斗争，一直到嘉庆皇帝亲政多年以后，方最后平定下去。

二、川楚陕白莲教起义

正在乾隆皇帝积极调兵遣将，全力镇压湘黔苗民起义之际，川楚陕地区又爆发了更大规模的白莲教起义。

乾隆五十年代以后，由于阶级矛盾的进一步激化，原先在民间秘密流传的白莲教在川楚陕各省得到了广泛的流传。其主要者，有刘松、刘之协等人传播的三阳教，王应琥等人传播的收元教和宋之清等人传播的西天大乘教。其中的刘松，原为混元教教首樊明德的再传弟子。乾隆四十年代初，樊明德被清朝政府逮捕杀害，刘松被遣戍甘肃隆德。乾隆五十三年三月，刘松与其徒刘之协"另立教名"，改称三阳教。[179]他们"将王双喜儿捏名牛八，伪称明裔"，又指刘松幼子"刘四儿为弥勒佛转世"，继续进行传教活动。[180]收元教则以艾秀和其徒王应琥为首。乾隆五十七年，他们扬言弥勒佛转生河南登封县无影山，并借此机会在各地广泛发展教徒。在白莲教各支势力中，发展最为迅速的是宋之清等人组织的西天大乘教。宋之清，湖北襄阳人，原为收元教教徒。乾隆五十三年，他拜刘之协为师，加入三阳教。乾隆五十四年至五十八年，他和刘之协一起六次前往甘肃隆德向老教主刘松致送敛取教徒钱文两千多两，[181]后因不同意刘松将王双喜儿指为牛八，并和刘之协在分配敛取教徒钱文上发生分歧，遂于乾隆五十七年自创西天大乘教，"另拜南阳李三瞎子为师，称为真弥勒佛，并指李三瞎子之子卯金刀小名卯儿者，将来必定大贵"。[182]在他的积极活动下，该教发展迅速。成立不过两年，教徒即遍及楚、豫两省。上述三教虽然名目不同并各有自己的教主、转世弥勒佛和牛八，并且教徒多寡不一，但其共同之处在于都保留了白莲教的基本教义，并皆有强烈的反清复明的政治色彩，传播地区也大多集中在川、陕、楚、豫四省。正是这些，为不久以后爆发的白莲教起义奠定了重要的思想和组织基础。

乾隆五十九年夏秋之际，陕西兴安、四川大宁和湖北襄阳等地先后破获多起白莲教活动案件。而且，由于白莲教势力的发展和教徒的增多，四川大宁，湖北来凤、竹溪等不少地方还在政府出兵捕拿时发生了白莲教教徒聚众抵抗、执械抢犯事件。白莲教势力的发展引起了乾隆皇帝的高度注意。为此，他先后下令上述四省督抚按名捕拿邪教教首，并对查拿邪教不力的湖广总督毕沅、陕甘总督秦承恩和河南巡抚穆和兰等严加处分。在乾隆皇帝的严令督催下，上述四省所有统治机器全速运转，一齐投入到捕拿邪教的活动之中。时间不长，西天大乘教教首宋之清、齐林，收元教教首王应琥，三阳教教首刘松、刘四儿以下数百名教徒相继被捕，不少有名教首惨遭杀害，其余教徒全数发遣黑龙江为奴。与此同时，各地官员还"以查拿邪教为名，四处搜求，任听胥役多方勒索。不论习教不习教，但论给钱不给钱"。[183]其中，最为恶劣

的是武昌府同知常丹葵，乾隆六十年，他在荆州宜都一带查拿白莲教时，"株连罗织数千人，富破家、贫陷死无算"。[184]其他地区，像常丹葵这样的官员也所在多有。乾隆皇帝的血腥镇压已使广大人民的反抗情绪空前增长，而各级官员借查拿邪教之际大行勒索更无疑是为渊驱鱼，兼之以湖南征苗之役，湖北、四川等地人民供役浩繁，早已无法忍受，因而，就在乾隆皇帝在位周甲、举行传位大典之际，终于爆发了一场轰动全国的白莲教大起义。

为了反抗乾隆皇帝的屠杀政策，乾隆六十年五月，白莲教组织即秘密通知各地教徒，"约以（嘉庆）元年三月初十日，年月日时皆辰，纠众起事"。[185]然而，正在各地白莲教教徒积极准备举事之际，当年腊月底，宜都、枝江两地白莲教活动情况被当地官府所侦知。为了先发制人，嘉庆元年正月初七，当地白莲教教徒一万多人在其首领张正谟、聂杰人的领导下，率先发动起义。不过几天时间，迅速扩大到长乐、

长阳两县。二、三月间，东湖、当阳、远安、竹山、保康、来凤、襄阳、孝感各县白莲教教徒相继发动起义，各路起义军"所在充斥，多且数万，少者数千人"。[186]一时之间，南起长江两岸，北至汉水流域，白莲教起义如同燎原烈火，熊熊燃烧。湖广总督毕沅闻讯，一方面向乾隆皇帝飞章告急，一方面急急忙忙地从湖南征苗前线赶赴湖北，率同荆州副都统德福及当地驻防满兵进行镇压。嘉庆元年正月中旬，乾隆皇帝得知起义发动的消息，当即命乌鲁木齐副都统永保驰赴湖北，总统剿匪事宜。为了增加镇压力量，他还命令毕沅征调河南、陕西等省军队一万余人开赴湖北，分路剿捕起义队伍。明确指示："郧县、郧西一带贼匪，着责成宜绵督饬百祥等实力剿办；其自竹溪以至保康一带贼匪，即责成永保、恒瑞剿办；当阳、远安、东湖一带贼匪，责成毕沅、成德、阿克东阿、舒亮剿办；枝江、宜都一带贼匪，责成惠龄、富志那剿办；襄阳、谷城、均州、光化贼匪，即交鄂辉同彭之年等办理；来凤与四川接壤，该处一带贼匪，即责成孙士毅督办。总之贼匪蚁聚蜂屯，官兵分投掩捕，办一处必肃清一处。"[187]在厉行军事镇压的同时，有鉴于起义发动的直接导火线在于各地官吏的查拿邪教，他决定："此时只宜上紧剿除逆匪，邪教一节，暂缓查办，以安众心。"[188]由于各路起义军互不联络，势力分散，在清朝军队的分头剿捕下，不长时间内不少地区的白莲教起义部队先后惨遭镇压。当年二月，枝江、宜都白莲教首领聂杰人投降被杀，尔后，竹山、保康、来凤、当阳、长阳、长乐等各地起义军亦先后被清军打散。

　　在湖北各地义军相继遭受重大挫折的同时，楚北襄阳王聪儿、姚之富等人领导的一支起义军却因领导力量坚强、战术灵活而获得了极大的发展。王聪儿是西天大乘教教首宋之清徒弟齐林的妻子。乾隆六十年，清朝政府大力查拿白莲教，齐林被捕遇难。为了报仇雪恨，嘉庆元年三月，她与齐林的徒弟姚之富率领当地白莲教教徒在襄阳黄龙垱起事。几个月的时间里，这支起义军队伍纵横驰骋于东至随州、孝感，南至钟祥，北至河南邓州、唐县一带相当广阔的区域之中，从而使其成为湖北白莲教起义的主力部队。在王聪儿率众驰骋汉水流域之时，四川白莲教起义也此起彼伏，一浪高过一浪。当年九月，徐天德率众起于达州，"旬日间，有众万人"。[189]

不久，王三槐、冷天禄率众万人起于东乡，罗其清、苟文明起于巴州，冉文俦、冉天元起于通江，龙绍周、徐万富起于太平。湖北王聪儿领导的起义军在战斗中不断壮大和四川各路起义军的同时并起，使得乾隆皇帝顾此失彼，川楚陕白莲教起义进入了高潮阶段。

因为进剿王聪儿起义军一路连遭失利，嘉庆元年冬，乾隆皇帝将永保革职，拿京治罪，而以惠龄总统军务，继续进行剿捕事宜。与此同时，又抽调直隶、陕西等省军队进楚作战，并在全国范围内大行扩军。因为湖北战场清军空前增多，从嘉庆二年开始，以王聪儿为首的襄阳起义军进行了大规模的流动作战。当年正月，起义军分兵三路进入河南境内，清军尾随来追，起义军则利用沿途险要地形，随时设伏，先后予敌以重大杀伤。尔后，又挥戈西向，进入陕西。当年夏，又自陕西南下，"由汉阴至紫阳，夺船渡汉"，[190]进入四川。起义军渡过汉江后五天，惠龄始至。眼见惠龄无能之极，乾隆皇帝再次换马，对惠龄等严加处分，"尽夺世职、孔雀翎、戴罪效力，命宜绵总统川、陕军务，惠龄等悉听节制"。**191**

当年七月，襄阳起义军分三路进入川北地区。川楚两地起义军会师，使得当地起义形势大为改观。他们一方面按青、红、蓝、白将起义军重新分号，并在起义军中统一设置掌柜、元帅、先锋、总兵等职以使起义军建制进一步健全，一方面在政治上明确提出了"兴汉灭满"的号召，并在所至之地张贴布告，宣言清朝"气运已衰，天心不顺，已归我汉家之天下"。所有这些，对于协调川楚两支起义军的作战步伐，对于动员更多的贫苦人民起来反抗清朝政府的反动统治，都起了重要的作用。

两路起义军会师使得乾隆皇帝极为惊慌，根据他的指示，总统川陕军务的陕甘总督宜绵，广州将军明亮，都统德楞泰、柯藩各自率领所属军队向起义军屯聚之处集中。与此同时，惠龄和侍卫舒亮也从陕西赶来，以对起义军形成夹击之势。为了甩脱敌人，襄阳义军除留部分军队在川与四川起义军并肩作战之外，其余部队分作两路再入湖北境内。九月间，一度率兵东向襄阳，待到大批清军东救襄阳之时，十月间，又突然回师入陕，当年底，再度进入四川境内。

襄阳义军大幅度流动作战使得进剿清军极为被动。为了扭转战争形势，掌握战场上的主动权，乾隆皇帝重新部署兵力，任命勒保为湖广总督，总统剿匪军务。与此同时，令明亮、德楞泰一支清军专门负责剿办王聪儿、姚之富义军；对于其他各路义军，也分别委派将领，分头负责，"各办各贼，原不相统，不拘何路擒贼，即此路将帅之功；何路养贼，即此路将帅之罪,其各自为战"。[192]根据乾隆皇帝的这一指示,明亮、德楞泰尾随襄阳义军入川寻战。为了打破敌人的围追堵截,襄阳义军分出偏师北渡汉江,插入陕西,明亮、德楞泰等深恐西安有失,吃罪不起,只好撇下在川大队襄阳义军,回保陕西。借此机会,襄阳义军渡过汉水,东出河南。为此,乾隆皇帝对明亮严加惩处,改以德楞泰作为主将,继续追击襄阳义军。因为清军穷追不舍,襄阳义军逐渐失去了战争中的主动权。嘉庆三年春,王聪儿、姚之富率军进入湖北西部山区时,陷于德楞泰率领的清军主力和当地地主武装的重重包围之中。经过激烈战斗,大部分义军作战牺牲,王聪儿、姚之富等主要起义领导人投崖自尽,起义队伍遭到了自从起义发动以来最大的一次失败。

王聪儿率领的襄阳义军主力失败以后,所余部众虽仍在湖北、四川等地继续坚持斗争,但是对于清朝政府的威胁却大大减轻。因而,乾隆皇帝立即将主力部队投入到四川战场。按照他的安排,额勒登保、德楞泰、明亮等在川北作战,负责攻打冉文俦、罗其清及在川北作战的襄阳义军余部李全、高均德等;勒保与惠龄、恒龄等在川东作战,负责攻打王三槐、冷天禄、徐天德各路义军;陕甘总督宜绵专防由川入陕的义军,湖广总督景安专防由川入楚的义军。与此同时,还规定各路清军"各专责成,互相援应,毋东驰西击,各不相顾"。[193]在军事上大举进攻的同时,他们还利用起义军觉悟较低,对整个封建统治机构镇压人民的本性认识极为模糊的情况,而指使"清官"刘清等大行政治招降之计。由于乾隆皇帝两手并用,双管齐下,一些义军首领如王三槐等受骗被擒，有的义军则在清朝军队的武力镇压下先后失败。尽管如此，直至嘉庆四年乾隆皇帝去世时，以四川为中心的川楚陕白莲教起义烈火仍在熊熊燃烧，以致乾隆皇帝弥留之际，还在"频望西南"，[194]并以"军务未竣"而"深留遗憾"。[195]

川楚陕白莲教起义波及内地五省，义军所过之处，各地基层封建统治机构几乎全部瓦解。为了镇压这场起义，至乾隆皇帝去世前，清朝政府征调之各省军队数逾十万，耗费帑银也在七千万两以上。[196]换言之，单是三年战争，即将雍、乾两朝积聚起来的国库存银花了个精光。因而，在这次起义的打击下，入关以来清朝统治向上发展的局面完全结束，大清帝国的繁荣盛世一去不复返了。

1 《清高宗实录》卷一一一二，乾隆四十五年八月己未。

2 《清高宗御制诗五集》卷八《命彭元瑞曹文埴检四库全书中古来见元孙者有几据奏自唐迄明凡六人诗以志事》。

3 《清高宗御制诗五集》卷一一《元旦试笔》。

4 《清高宗御制诗五集》卷五九《乾清宫家宴得句》。

5 《清高宗御制诗五集》卷六〇《安坐斋中偶尔成咏》。

6 《清高宗御制诗五集》卷九三《乙卯元旦》。

7 《清高宗实录》卷一二二三，乾隆五十年正月丙寅。

8 《清高宗实录》卷一三九四，乾隆五十七年正月壬申。

9 《朝鲜李朝实录中的中国史料》第11册，正宗十四年（乾隆五十五年）三月丁未。

10 《朝鲜李朝实录中的中国史料》第11册，正宗十四年（乾隆五十五年）三月丁未。

11 《清高宗实录》卷一三二七，乾隆五十四年四月乙卯。

12 《朝鲜李朝实录中的中国史料》第11册，正宗十四年（乾隆五十五年）九月甲辰。

13 赵翼:《檐曝杂记》卷一《圣躬勤政》。

14 《清高宗御制诗五集》卷一〇《少寐》。

15 《朝鲜李朝实录中的中国史料》第11册，正宗十八年（乾隆五十九年）三月辛亥。

16 《清高宗实录》卷一二一五，乾隆四十九年九月己卯。

17 《清高宗实录》卷一三八九，乾隆五十六年十月甲子。

18 《清高宗实录》卷一四八五，乾隆六十年八月戊申。

19 《清高宗实录》卷一二八三，乾隆五十二年六月癸亥。

20 《清高宗实录》卷一三〇五，乾隆五十三年五月庚辰。

21 《朝鲜李朝实录中的中国史料》第11册，正宗十一年（乾隆五十二年）二月己酉。

22 《清高宗实录》卷一二六四，乾隆五十一年九月癸酉。

23 《清高宗实录》卷一三七〇，乾隆五十六年正月甲申。

24 《清高宗实录》卷一四九二，乾隆六十年十二月辛巳。

25 《清高宗实录》卷一二五八，乾隆五十一年七月甲辰。

26 《清高宗实录》卷一二六一，乾隆五十一年闰七月乙未。

27 《清高宗实录》卷一三六七，乾隆五十五年十一月戊戌。

28 《清高宗实录》卷一三六七，乾隆五十五年十一月丁酉。

29 《清高宗实录》卷一三六七，乾隆五十五年十一月丁酉。

30 《清高宗实录》卷一三七〇，乾隆五十六年正月乙酉。

31 《清高宗实录》卷一三七二，乾隆五十六年二月己酉。

32 《朝鲜李朝实录中的中国史料》第11册，正宗十六年（乾隆五十七年）三月辛卯。

33 《朝鲜李朝实录中的中国史料》第11册，正宗九年（乾隆五十年）三月辛未。

34 《朝鲜李朝实录中的中国史料》第11册，正宗九年（乾隆五十年）三月辛未。

35 冯佐哲：《有关和珅家族与皇室联姻的几个问题》，《故宫博物院院刊》1987年第1期。

36 《朝鲜李朝实录中的中国史料》第11册，正宗十八年（乾隆五十九年）三月辛亥。

37 《朝鲜李朝实录中的中国史料》第11册，正宗十八年（乾隆五十九年）三月辛亥。

38 《朝鲜李朝实录中的中国史料》第11册，正宗十八年（乾隆五十九年）三月丁酉。

39 《朝鲜李朝实录中的中国史料》第11册，正宗十八年（乾隆五十九年）三月辛亥。

40 《朝鲜李朝实录中的中国史料》第11册，正宗五年（乾隆四十六年）二月壬申。

41 《清高宗实录》卷一二五七，乾隆五十一年六月戊子。

42 《朝鲜李朝实录中的中国史料》第11册，正宗九年（乾隆五十年）四月戊戌。

43 《朝鲜李朝实录中的中国史料》第11册，正宗十四年（乾隆五十五年）三月丁未。

44 《清高宗实录》卷一三九二，乾隆五十六年十二月戊申。

45 《清高宗实录》卷一三九二，乾隆五十六年十二月戊申。

46 《清高宗实录》卷一三九五，乾隆五十七年正月丁酉。

47 《清高宗实录》卷一四五七，乾隆五十九年七月癸丑。

48 《清高宗实录》卷一四八七，乾隆六十年九月辛未。

49 《清高宗实录》卷一四二三，乾隆五十八年二月壬午。

50 《清高宗实录》卷一四八八，乾隆六十年十月甲申。

51 《清高宗实录》卷一四八三，乾隆

六十年七月丁卯。

52 《清高宗实录》卷一四八八，乾隆
六十年十月丙戌。

53 《清高宗实录》卷九九六，乾隆四十
年十一月丙戌。

54 《清高宗实录》卷一一九四，乾隆
四十八年十二月辛未。

55 《清高宗实录》卷一一〇一，乾隆
四十五年二月丙子。

56 洪亮吉：《卷施阁文甲集》卷一。

57 《清高宗实录》卷八九六，乾隆
三十六年十一月丁酉。

58 《清高宗实录》卷一〇二〇，乾隆
四十一年十一月己巳。

59 《清高宗实录》卷一三七〇，乾隆
五十六年正月乙酉。

60 《清高宗实录》卷一一一二，乾隆
四十五年八月甲寅。

61 《清高宗实录》卷一三六二，乾隆
五十五年九月甲申。

62 《清高宗实录》卷一〇六二，乾隆
四十三年七月癸卯。

63 《清仁宗实录》卷五〇，嘉庆四年八
月丙午。

64 《清高宗实录》卷一〇五三，乾隆
四十三年三月甲申。

65 《清高宗实录》卷一〇七一，乾隆
四十三年十一月壬子。

66 《清高宗实录》卷一二二五，乾隆
五十年二月丁未。

67 《清高宗实录》卷一二四三，乾隆
五十年十一月。

68 《清高宗实录》卷一三六三，乾隆
五十五年九月甲辰。

69 《清高宗实录》卷一三八七，乾隆
五十六年九月。

70 《清高宗实录》卷一四〇二，乾隆
五十七年闰四月乙亥。

71 《清高宗实录》卷一四一七，乾隆
五十七年十一月甲寅。

72 《清高宗实录》卷一四一七，乾隆
五十七年十一月甲寅。

73 《清高宗实录》卷一四八九，乾隆
六十年十月丁未。

74 《清仁宗实录》卷二四，嘉庆二年
十一月壬辰。

75 《清仁宗实录》卷五〇，嘉庆四年八
月壬寅。

76 《清仁宗实录》卷二七，嘉庆三年二
月癸卯。

77 《清高宗实录》卷一〇九四，乾隆
四十四年十一月丁亥。

78 《清高宗实录》卷一四八七，乾隆
六十年九月乙丑。

79 《清高宗实录》卷五五五，乾隆
二十三年正月。

80 《清高宗实录》卷一三〇〇，乾隆
五十三年三月戊辰。

81 《清高宗实录》卷一三五二，乾隆
五十五年四月丁巳。

82 《清高宗实录》卷一三二九，乾隆
五十四年五月甲戌。

83 《清高宗实录》卷一三九八，乾隆
五十七年三月己卯。

84 《清高宗实录》卷一三五九，乾隆
五十五年七月丁未。

85 《清高宗实录》卷一三四五，乾隆
五十五年二月戊午。

86 《清高宗实录》卷一三六一，乾隆
五十五年八月庚午。

87 《清高宗实录》卷一三九二，乾隆
五十六年十二月壬子。

88 《清高宗实录》卷一四〇〇，乾隆
五十七年四月己酉。

89 《清高宗实录》卷一四一五，乾隆
五十七年十月癸巳。

90 《清高宗实录》卷一四二一，乾隆五十八年正月戊午。

91 《清高宗实录》卷一四七六，乾隆六十年四月己丑。

92 《清高宗实录》卷一〇三八，乾隆四十二年八月庚子。

93 《清高宗实录》卷一〇八二，乾隆四十四年五月庚寅。

94 《清高宗实录》卷一〇七二，乾隆四十三年十二月庚申。

95 《清高宗实录》卷一二五〇，乾隆五十一年三月丙午。

96 《清高宗实录》卷一二六七，乾隆五十一年十月庚午。

97 《清高宗实录》卷一二五五，乾隆五十一年五月己未。

98 《清高宗实录》卷一二五七，乾隆五十一年六月癸巳。

99 《清高宗实录》卷一三一四，乾隆五十三年十月己亥。

100 《清高宗实录》卷一三八三，乾隆五十六年七月甲午。

101 《清高宗实录》卷一四七七，乾隆六十年四月甲辰。

102 《清高宗实录》卷一四七七，乾隆六十年四月己酉。

103 [同治]《长阳县志》卷七《灾祥》。

104 [同治]《枝江县志》卷二〇《杂志》。

105 曹镳:《淮城信今录》卷五《记事》。

106 《清高宗实录》卷一二五〇，乾隆五十一年三月壬子。

107 《清高宗实录》卷一二五二，乾隆五十一年四月己卯。

108 《清高宗实录》卷一二三一，乾隆五十年五月乙丑。

109 [光绪]《永城县志》卷一五《灾祥》。

110 《清高宗实录》卷一三〇三，乾隆五十三年四月壬子。

111 《清高宗实录》卷三一一，乾隆十三年三月癸丑。

112 《清高宗实录》卷九九九，乾隆四十年十二月戊辰。

113 《清高宗实录》卷一〇五六，乾隆四十三年五月丙寅。

114 《清高宗实录》卷一〇五三，乾隆四十三年三月甲申。

115 《清高宗实录》卷一二五五，乾隆五十一年五月辛未。

116 《清高宗实录》卷九九九，乾隆四十年十二月戊辰。

117 《清高宗实录》卷一〇三六，乾隆四十二年七月丙寅。

118 《清高宗实录》卷一〇四五，乾隆四十二年十一月戊子。

119 《清高宗实录》卷一二六六，乾隆五十一年十月辛丑。

120 《清高宗实录》卷一四〇〇，乾隆五十七年四月癸卯。

121 《清高宗实录》卷一三四〇，乾隆五十四年十月壬戌。

122 《清高宗实录》卷一三八〇，乾隆五十六年六月戊申。

123 《清高宗实录》卷一三六一，乾隆五十五年八月壬申。

124 《清高宗实录》卷一三七〇，乾隆五十六年正月己丑。

125 《清高宗实录》卷一二九五，乾隆五十二年十二月庚戌。

126 《康雍乾时期城乡人民反抗斗争资料》下册，第796页。

127 《康雍乾时期城乡人民反抗斗争资料》下册，第812页。

128　《康雍乾时期城乡人民反抗斗争资料》下册，第812页。

129　军机处月折包，林爽文供词，转引自庄吉发《清高宗十全武功研究》。

130　《康雍乾时期城乡人民反抗斗争资料》下册，第779页。

131　《康雍乾时期城乡人民反抗斗争资料》下册，第779页。

132　《清高宗实录》卷一二八九，乾隆五十二年九月。

133　《康雍乾时期城乡人民反抗斗争资料》下册，第778页。

134　《康雍乾时期城乡人民反抗斗争资料》下册，第779页。

135　《清高宗实录》卷一三〇七，乾隆五十三年六月乙卯。

136　《清高宗实录》卷一三〇七，乾隆五十三年六月庚戌。

137　《清高宗实录》卷一三一九，乾隆五十三年十二月乙卯。

138　《清高宗实录》卷一四一四，乾隆五十七年十月丙子。

139　《清史稿》卷五二五《藩部八·西藏》。

140　《清史稿》卷五二五《藩部八·西藏》。

141　宫中档，乾隆五十三年九月二十五日，转引自庄吉发《清高宗十全武功研究》。

142　《清高宗实录》卷一三二六，乾隆五十四年四月甲午。

143　《西藏地方历史资料选辑》，总理藏务和琳奏谒见达赖、班禅折。

144　《清高宗实录》卷一四一四，乾隆五十七年十月戊辰。

145　《清高宗实录》卷一四一九，乾隆五十七年十二月辛卯。

146　《清高宗实录》卷一四一一，乾隆

五十七年八月癸巳。

147　《清高宗实录》卷一四一九，乾隆五十七年十二月辛卯。

148　《清高宗实录》卷一四八七，乾隆六十年九月乙丑。

149　《清高宗实录》卷一三〇七，乾隆五十三年六月乙卯。

150　《清高宗御制诗五集》卷七六《廓尔喀拉特纳巴都尔遣使悔罪乞降因许其请命凯旋班师志事》。

151　《清高宗实录》卷一四一四，乾隆五十七年十月戊辰。

152　《中国近代史》，转引自庄吉发《清高宗十全武功研究》。

153　《清高宗实录》卷一四一五，乾隆五十七年十月乙酉。

154　《清高宗实录》卷一四三一，乾隆五十八年六月戊寅。

155　《清高宗实录》卷一四三二，乾隆五十八年七月己亥。

156　《掌故丛编》第7辑，乾隆五十八年八月初六日上谕。

157　《清高宗实录》卷一四三五，乾隆五十八年八月己卯。

158　《清高宗实录》卷一四三五，乾隆五十八年八月乙酉。

159　《清高宗实录》卷一四三五，乾隆五十八年八月戊子。

160　《清高宗实录》卷一四三六，乾隆五十八年九月辛卯。

161　《清高宗实录》卷一〇二〇，乾隆四十一年十一月辛巳。

162　《清高宗实录》卷八三一，乾隆三十四年三月己酉。

163　严如熤：《苗防备览》卷八《风俗考下》。

164　严如熤：《苗防备览》卷二二《杂识》。

165 《清高宗实录》卷一二八〇，乾隆五十二年五月庚辰。

166 《清高宗实录》卷一四七一，乾隆六十年二月壬午。

167 《清高宗御制诗五集》卷九八《福康安和琳奏攻克苏麻寨一带贼巢诗以志事》。

168 《清高宗实录》卷一四七〇，乾隆六十年二月丁卯。

169 《清高宗实录》卷一四七三，乾隆六十年闰二月戊申。

170 《清高宗御制诗五集》卷九六《福康安奏报大剿逆苗攻解松桃之围诗成二十韵志喜》。

171 《清高宗实录》卷一四七四，乾隆六十年三月辛酉。

172 《清高宗实录》卷一四七五，乾隆六十年三月庚午。

173 《清高宗实录》卷一四七二，乾隆六十年闰二月丁亥。

174 《清高宗实录》卷一四八〇，乾隆六十年六月壬午。

175 《清高宗实录》卷一四八〇，乾隆六十年六月己丑。

176 《清高宗实录》卷一四八一，乾隆六十年六月乙巳。

177 《清高宗实录》卷一四八二，乾隆六十年七月壬子。

178 《清高宗实录》卷一四八七，乾隆六十年九月丙寅。

179 《康雍乾时期城乡人民反抗斗争资料》下册，第822页。

180 《清高宗实录》卷一四六二，乾隆五十九年十月己巳。

181 《清高宗实录》卷一四六二，乾隆五十九年十月壬戌。

182 《清高宗实录》卷一四五九，乾隆五十九年八月己巳。

183 《清仁宗实录》卷七二，嘉庆五年八月乙丑。

184 魏源:《圣武记》卷九《嘉庆川湖陕靖寇记一》。

185 《康雍乾时期城乡人民反抗斗争资料》下册，第825页。

186 史普善:《弇山毕公年谱》。

187 《清仁宗实录》卷四，嘉庆元年四月丙子。

188 《清仁宗实录》卷三，嘉庆元年三月丁巳。

189 《勘靖教匪述编》卷九。

190 魏源:《圣武记》卷九《嘉庆川湖陕靖寇记二》。

191 魏源:《圣武记》卷九《嘉庆川湖陕靖寇记二》。

192 魏源:《圣武记》卷九《嘉庆川湖陕靖寇记二》。

193 魏源:《圣武记》卷九《嘉庆川湖陕靖寇记三》。

194 《清仁宗实录》卷三八，嘉庆四年正月。

195 《清仁宗实录》卷三七，嘉庆四年正月癸亥。

196 《清仁宗实录》卷四〇，嘉庆四年三月癸酉。

第十一章　禁城黄昏

乾隆六十年，乾隆皇帝在位周甲，年龄已达八十五岁。这时，在经过长期的准备之后，乾隆皇帝向全国臣民公布了储君的名字，并于嘉庆元年正月举行了传位大典，过起了太上皇生活，从而掀开了他的一生政治活动中的最后的一页。

第一节　两次建储

建储是归政的前提，为了挑选理想的储君，并处理好皇储之间的关系以实现最高权力的顺利过渡，在长达六十年的漫长岁月中，乾隆皇帝进行了反复的选择，经历了曲折的历程。

一、初次秘密建储和建储思想的改变

有鉴于康熙末年以来激烈的皇储之争和诸皇子争夺储位乃至最高权力的斗争严重地影响了清朝统治的巩固和皇权的

加强，雍正皇帝即位以后，立即对建储制度进行了重要的改革，由原来的明立皇太子改为秘密建储。雍正皇帝的这一决定，是清初以来历代统治者经过长期的摸索并付出巨大代价之后的一个结果，对于处理皇储关系、储君和其他皇子之间的关系以及加强皇权、安定形势、巩固统治都有着重要的意义和作用。因而，雍正时期皇权极度加强；雍正皇帝去世之后，最高权力的过渡也极为顺利，使得雍、乾两朝最高统治核心一直保持着长期的相对稳定的局面，对于清朝统治全盛局面的形成，对于社会的安定和社会经济的迅速发展都发挥了积极作用。

但是，乾隆皇帝即位之初，由于受传统建储观念的影响和缺乏政治经验，他对秘密建储制度的认识较其父雍正皇帝大有倒退。两千多年以来，中国历代君主大多是以在位期间公开预立储君为建储基本方式，在建储时，又以"立嗣以嫡不以长，立嫡以长不以贤"为基本原则。而且，经过春秋以后历代儒家大师的阐释、发挥和美化，这一思想几乎被所有人普遍接受，成为一种极其顽固的习惯观念。这种根深蒂固的传统建储观念不能不给乾隆皇帝以极其深刻的影响。就秘密建储制度的实质而言，是以牺牲和侵犯储权的方式无限制地加强皇权，作为秘密建储制度制定后的第一代储君，在"备位藩封"十几年的时间里，乾隆皇帝曾经深受其苦。即位之后，地位虽然发生变化，但是当时处境却历历如昨，难以忘怀。因而，相当长的一个时期之中，对于秘密建储的做法，乾隆皇帝极为反感。兼之以乾隆皇帝即位之时，年仅二十五岁，虽然已有三子，但却皆在童年。十来年的时间内，并不存在皇储之争的客观环境和条件。乾隆元年七月初二，他虽然恪遵"三年无改于父之道"的古训，当着诸王大臣之面将亲书所立储君之名缄密封固，并将之照例藏于乾清宫最高处之"正大光明"匾额之后，但是在一些言行中，却流露出他对秘密建储制度极深的成见。

首先，在乾隆皇帝看来，作为储君尚未成年时的一种临时措施，秘密建储制度只是一种"酌权剂经之道，非谓后世子孙皆当奉此以为法则也。将来皇子年齿渐长，日就月将，识见扩充，志气坚定，万无骄贵引诱之习，朕仍应布告天下，明正储贰之位"。[1]他还不无含蓄地说："若夫以建储为嫌忌而不肯举行者，此庸主卑陋之见，朕所深鄙者也。"[2]表现了他对雍正皇帝秘密建储制度的不满。

其次，对于储君人选的标准，乾隆皇帝也拘泥于以往立嫡立长的旧说，对于清初以来各帝和他自己"皆未有以元后正嫡绍承大统"的历史，深为遗憾。为此，他暗下决心，"必欲以嫡子承统，行先人所未曾行之事，邀先人所不能获之福"。[3]乾隆元年七月首次秘密建储时，他即将嫡妃富察氏所生的皇二子永琏内定为储君；乾隆三年十月，永琏病殁之后，他又想将富察氏皇后所生之皇七子永琮内定为储君。仅因不久之后永琮也接着殇逝，乾隆皇帝的这一愿望才没有实现，但是由此也可以看出，传统建储观念对他的影响是何等之深。

再次，秘密建储，"密"是一个基本条件。对此，乾隆皇帝也做得很不好。乾隆十二年底，乾隆皇帝心目中的继嗣永琮殇逝之后，为了挑补新的继嗣人选，他曾先后降旨军机大臣讷亲、傅恒等，"大阿哥断不可立"，"至三阿哥，朕先以为尚有可望，亦曾降旨于讷亲等"。⁴正是因为保密不好，导致了孝贤皇后富察氏死后乾隆皇帝和皇长子永璜、皇三子永璋父子之间的隔膜和矛盾。所有这些情况表明，在即位之后十几年的时间中，对于秘密建储制度的意义，乾隆皇帝的认识尚极为肤浅。

　　继乾隆十二年底皇七子永琮殇逝之后，乾隆十三年春，孝贤皇后富察氏又病死于东巡途中，乾隆皇帝建储立嫡的愿望完全落空了。对此，乾隆皇帝本人极为悲痛。然而，作为年龄较大的皇长子永璜和皇三子永璋，却如置身事外，漠然处之，"并无哀慕之忱"，"于人子之道，毫不能尽"，⁵在乾隆皇帝看来，皇长子永璜甚至还有"母后崩逝，弟兄之内，惟我居长"，幸灾乐祸、觊觎储位的念头。⁶这使乾隆皇帝极为不满，当即对之严加训饬，指斥其"于孝道礼仪，未克尽处甚多"。⁷几个月后，乾隆皇帝又再次降旨，对他们在孝贤皇后死后觊觎储位的非分之想提出严厉警告："此二人断不可承继大统"，"若不自量，各怀异意，日后必至弟兄相杀而后止。与其令伊等弟兄相杀，不如朕为父者杀之。伊等若敢于朕前微露端倪，朕必照今日之旨，显揭其不孝之罪，即行正法。"⁸经过这一事件的教训，他对秘密建储制度的看法开始发生转变。一是放弃了建储立嫡的传统原则。乾隆十三年六月，在解释以前立皇后所生之皇二子永琏为嗣以及欲立皇七子永琮为继嗣的动机时，他说："从前皇太子、七阿哥，朕亦非以系皇后所生，另加优视，因较众阿哥实在聪明出众，亦尔众人所共见共闻者。"⁹二是重申雍正皇帝关于秘密建储的有关规定，严禁满汉大臣对此进行干预。他警告道："如有具奏当于阿哥之内选择一人立皇太子者，彼即离间父子、惑乱国家之人，朕必将伊立行正法，断不宽贷。"[10]如果说，在这时他还只是针对具体问题就事论事的话，那么几年之后，他的认识便进一步提高，并开始对两千多年以来的传统的建储制度进行了初步的否定和批判。乾隆十八年时，他说："古称建储为国本大计，朕酌古准今，深知于理势有所难行"，"建储一事，亦如封建井田，固不可行之近世也。"[11]

与此同时，有鉴于诸子陆续长成，为了防止前朝争储、夺嫡的斗争再度重演，乾隆皇帝还分别采取了一系列的重要措施。其主要者，一是加强对诸皇子的教育。据在此时入值军机处的著名文人赵翼记载，每日五更，皇子们便按照规定进入书房读书，作诗文，"每日皆有程课"。诗文毕，"则又有满洲师傅教国书、习国语及骑射等事，薄暮始休"。[12]对于诗文不佳、学业不好、骑射不优或不经奏闻，擅自行动的皇子，乾隆皇帝则予以斥责和惩罚。对于"平日怠惰，不能尽心课读"的师傅，或罚俸，或革职。[13]

二是对皇子们的地位和权势严加限制，不给其以竞争储位的政治资本。据《清高宗实录》记载，至乾隆三十年十一月以前，除了皇四子永城、皇六子永瑢因分别出继履亲王允祹、慎郡王允禧而得赐爵位之外，其他皇子一概没有任何爵位。而且，对于封有爵位的那两个皇子也严格限制其器用服饰，规定"一应服用，仍应照皇子之例"。[14]对皇子限制之严、待遇之低，超过了历史上的任何君主。

三是在没有物色到合适的储君人选以前暂不秘密建储。乾隆十三年以后，对于储君人选的标准，乾隆皇帝的要求一度至为苛严。因而，从此之后二十多年的时间里，几个年长的皇子都因些微过失而失去了被乾隆皇帝立为储君的资格。首先是皇长子、皇三子因为临丧不敬而遭到了乾隆皇帝的严厉申斥。受此打击，皇长子忧惧成疾，一病不起，并于乾隆十五年三月死去。而皇三子也从此一蹶不振，被乾隆皇帝排除在建储考虑范围之外。乾隆二十年以后，陆续成人的皇四子永城和皇六子永瑢也先后失去了乾隆皇帝的宠爱。[15]为此，乾隆二十四年，他将皇六子永瑢出继慎郡王允禧，乾隆二十八年时，又对皇四子永城也采取同样行动，以其出继履亲王允祹。对于皇五子永琪，乾隆皇帝的印象一度颇好，有意将其定为储君，[16]不幸的是，乾隆三十一年三月，永琪因病去世。这样，乾隆三十一年以后，乾隆皇帝不得不把建储目标扩大到乾隆十一年以后出生的几个儿子身上。当时，乾隆皇帝共有七子。除了皇四子、皇六子已经出继之外，可以作为建储对象的是皇八子永璇（乾隆十一年生）、皇十一子永瑆（乾隆十七年生），皇十二子永璂（乾隆十七年生）、皇十五子永琰（乾隆二十五年生）和皇十七子永璘（乾隆三十一年生）等五人。乾隆三十一年七月，皇后乌拉纳喇氏病死。乾隆皇帝以其南巡途中忤旨剪发，因命丧仪视同皇贵妃。这一事件当然会对她所生的皇十二子永璂发生不利影响，兼之以永璂本人在众兄弟之中并未引起乾隆皇帝的特别注意，因而他首先被乾隆皇帝筛选下去。其次是皇十一子永瑆，文理虽然颇优，但对乾隆皇帝极为注重的国语骑射却向不措意。乾隆三十一年五月，乾隆皇帝又发现他仿效汉人陋习自取别号，当即对其严加申斥。[17]在乾隆皇帝看来，他的这些问题都是属于重大缺陷，当然不能作为建储对象。再次是皇八子永璇，虽然在当时的几个皇子中年龄较长，但"为人轻躁，做事颠倒"，[18]"沉湎酒色，又有脚病，素无人望"。[19]乾隆三十五年五月，他又因私自外出而受到乾隆皇帝的公开斥责。[20]乾隆皇帝所定建储标准本来甚高，永璇举止行为如此，当然不堪膺此重任。

这样，经过二十多年的考察筛选，至乾隆三十五年乾隆皇帝六十寿辰时，所有年龄较长的皇子几乎被乾隆皇帝淘汰净尽。在这一过程中，乾隆皇帝虽然不无求全责备之病，但是因为态度严肃认真，却有效地防止了前朝争储夺嫡斗争的重演，对于乾隆皇帝专制统治的进一步加强，对于社会的安定，都起到了重要的作用。

二、再次秘密建储和对建储理论的发展

乾隆三十八年时，乾隆皇帝已经六十三岁。按照常人年龄来说，已经进入了一生中的晚年时期。对他而言，建储一事迫不可缓。这时，经过反复的选择，当年冬天，乾隆皇帝以皇十五子永琰为内定储君，再次秘密建储。由于乾隆皇帝主持国家政务已近四十年，各种政治经验已经相当丰富，因而这次建储，乾隆皇帝做得十分秘密。建储之前，并未就建储时机和储君人选与任何人商量，书写建储密旨并将之藏于乾清宫"正大光明"匾额之后的活动，也一反雍正皇帝和自己首次建储时的旧方式，根本没有召集诸王文武大臣公开宣示。只是在一切办妥之后，方才将此事"谕知军机大臣"。与

此同时，为防不虞，还另书同样密旨一道藏于小匣内随身携带，以备异日勘对之用。因为全部过程都做得极为秘密，不但当时所有档案文献中未曾留下乾隆皇帝再次建储的确切日期，而且在乾隆皇帝建储之后很长一段时间里，除个别军机大臣之外，全国臣民几乎都不知道乾隆皇帝已经建有储君，以至乾隆四十三年秋乾隆皇帝三次东巡盛京时，锦县生员金从善还为此而专门上书乾隆皇帝，要求建储。后来，人们虽然从乾隆皇帝批驳金从善的谕旨中得知乾隆皇帝数年前已经建储，并且对于谁是储君也多所猜测，但是由于乾隆皇帝保密工作做得好，将近二十年的时间里，人们猜来猜去，始终不得要领。

　　乾隆四十年代和五十年代初，不少人因为皇六子永瑢总办乾隆皇帝七旬万寿庆典颇为卖力而皇长孙绵德恩眷颇隆，因而推测"顷年储贰之匾额藏名，或以为皇六子永瑢，或以为皇长孙"。[21]"皇六子最为宠爱，皇帝方属意云。"[22]乾隆四十一年，绵德私下交通礼部郎中秦雄褒案发并因此而被革去王爵，谪居泰陵，而乾隆皇帝并无撤换建储密旨之事，于是人们把注意力一下子都集中到了皇六子永瑢身上。"今长孙既出，而更无改藏之事，始知属之永瑢无疑云。"[23]乾隆五十五年五月，质亲王永瑢病死，这两种推测最后都被事实推翻，这样，人们又改变目标，将宝盒押在了皇十一子成亲王永瑆和皇十五子嘉亲王永琰两人身上。乾隆五十七年时，他们认为："第十一子成亲王永瑆，为人恺悌，最著仁孝，故甚见钟爱。第十五子嘉亲王永琰，聪明力学，颇有人望。皇帝属意在此两人中，而第十一子尤系人望。"[24]乾隆五十八年十二月，绵恩晋封定亲王，于是，当时舆论于嘉亲王永琰之外，又加上了皇次孙绵恩。"皇子见存者四人，八王、十一王、十七王俱无令名，惟十五王饬躬读书，刚明有戒，长在禁中，声誉颇多。皇孙中皇长子永璜之子定郡王绵恩，才勇过人。自八岁已能骑射命中，派管旗营，最承恩宠。今年正月，谕旨褒嘉，晋封亲王。彼中物议，皆以为来头属意者，当不出此两人中云。"[25] 由此可见，尽管通过排除法，至乾隆五十九年时，人们的推测逐渐接近于实际，但是由于乾隆皇帝对此一直是"至严至密"，[26] 储君的真正人选一直未能准确地被推断出来。直到乾隆六十年新正，乾隆皇帝于家宴时对子孙普加赏赉，"而独不及于永琰"，并且还意味深长地说："尔则何用银为？"[27] 这时，人们才从乾隆皇帝的这些言行中最后准确地判断出皇十五子嘉亲王永琰才是乾隆皇帝的内定储君。然而这时距离乾隆皇帝公开下诏宣布皇太子名字只有半年左右的时间，即使人们普遍知道此事，已对政局不会发生什么不良影响了。可见，乾隆皇帝再次秘密建储在"密"字上面收到了明显的效果。

乾隆皇帝再次秘密建储使得虚悬三十五年之久的"国本"问题得到了解决，尽管如此，乾隆皇帝并不认为全部问题已经解决，自己可以从此高枕无忧了。在他看来，至少还有两项工作需要他长期而认真地去完成。

首先是对所建储君的进一步考察工作需要继续进行。因为再次建储时乾隆皇帝的选择面仅仅是皇十五子永琰和皇十七子永璘二人，而且被其选中的皇十五子永琰当时年仅十五岁，无法逆料其日后发展情况，兼之以乾隆皇帝又是在极其秘密的情况下独自一人做出的决定，这一决定究竟是否正确，乾隆皇帝本人也无十分把握，因而继续对储君进行长期考察便显得十分重要。为此，乾隆三十八年冬至节南郊大祀时，乾隆皇帝特命诸皇子陪祀，并以所定储君之名，默祷上帝："所定之子若贤，能承大清基业，则祈昊苍眷佑，俾得有成；若其人弗克负荷，则速夺其算，毋误国家重大之任，予亦可另行选择。"[28]乾隆四十八年秋，乾隆皇帝四次东巡时，他又以同样内容默祷太祖、太宗之神灵。与此同时，乾隆皇帝本人则利用二十多年的时间对所定储君的品质和才能随时进行默察。一直到乾隆六十年乾隆皇帝在位周甲之际，方才公布了储君名字，并于此后不久立即举行了传位大典。可见，为了选择储君，乾隆皇帝耗费了多大的心血！

其次，储君既设，如何处理自己和其他皇子之间的关系也愈显重要。处理得好，可以进一步巩固自己的统治，并顺利地实现最高权力的过渡。反之，各种不虞事件随时都有可能发生。为此，乾隆皇帝恩威兼施，两手并用。

就施恩方面而言，一是根据乾隆后期诸子多已成年，对于地位和权力要求比较强烈的情况，适当满足他们的合理要求。如在纂修《四库全书》期间，乾隆皇帝即分别将皇六子永瑢、皇八子永璇和皇十一子永瑆任命为四库全书馆正总裁，其中之皇六子永瑢还曾管理过内务府事务。这样，既使他们的工作能力得到培养和锻炼，又易于加强乾隆皇帝对各个机构的控制。此后不久，在授予皇子爵位方面，乾隆皇帝也迈出了重要的步伐。前此，诸皇子得有封爵者，不是因为出继康熙诸子，就是临终之前加封，或者死后追封。乾隆四十四年，乾隆皇帝首封皇八子永璇为仪郡王。乾隆五十四年十一月，为了庆贺自己的八十寿辰，乾隆皇帝又对诸皇子普予封爵，晋封皇六子永瑢为质亲王、皇十一子永瑆为成亲王、皇十五子永琰为嘉亲王、皇十七子永璘为贝勒。乾隆五十八年底，又将皇长子永璜之第二子绵恩晋封为亲王。二是加强接触以联络父子之间的感情。外出巡幸，大多皆令皇子随驾扈从；在京之时，也于百忙之中时常抽出时间临幸各皇子府邸。家人父子，时常团聚，彼此间的感情日益增进，当然不会发生互相疑忌、猜嫌的现象。

就施威方面而言，则是对诸皇子与外廷官员来往接触严厉禁止。一旦发觉，涉及人员立予严惩，不稍宽贷。如皇长孙绵德本来恩眷甚隆，但是乾隆四十一年时，乾隆皇帝得知他与礼部郎中秦雄褒私相往来，互馈礼物，当即大怒，下令革退绵德王爵，谪守泰陵，秦雄褒也为此而远戍伊犁。[29]同年七月，一个山西候选吏目严譜为了进行政治投机，竟然向军机大臣舒赫德投递包封，请立正宫。案发后，搜检其寓所违禁字迹时，又有"呈启四阿哥一纸"。对此，乾隆皇帝认为，"严譜乃微贱莠民，何由知宫闱之事。……且欲向四阿哥投递，其居心尤不可问"。"离间父子，实为乱民之尤，罪大恶极，必当审讯明确，典刑肆市，以示与众弃之之义。"[30]这样，严譜被凌迟处死。乾隆四十五年，大概是风闻六阿哥永瑢和皇次孙绵恩建储有望，山西巡抚喀宁阿利令智昏，竟向六阿哥及绵恩"呈递请安片子，并送鱼数尾"。[31]永瑢、绵恩怕招惹是非，赶紧将此事报告乾隆皇帝。结果，喀宁阿拍马未成，反而为此挨了一顿臭训。由于乾隆皇帝恩威兼施，双管齐下，因而在乾隆后期，诸皇子虽因年龄增长而对未来的皇帝宝座"觊觎者众"，[32]但却始终没有发生像康、雍之际皇室内部骨肉相残的情况，乾隆皇帝的最高统治地位也一直处于极为巩固的状态之中。

乾隆后期，在乾隆皇帝关于秘密建储的各种活动中，特别值得称道的是他对长期以来的传统建储理论的批判。两千多年以来，中国历代君主皆于生前公开建储，并以立嫡立长为建储基本原则，有关记载也几乎充斥所有经史各书，在整个社会上形成了一种极其顽固的习惯观念。雍正皇帝实行秘密建储，无疑是对两千多年以来中国历代王朝传统建储制度的一个重大突破。可惜的是，雍正皇帝只是从实际斗争的需要出发，因势立法，而并未对此作出进一步的阐释，更不用说对传统的建储理论进行批判了。兼之以清朝统治者是以少数民族入主中原，而在所有臣民皆极表关心的建储问题上又如此标新立异，因而建储制度虽然改变，但至乾隆四十年代时，广大臣民尤其是一些泥古不化的封建儒生并不认为这是一种正常的、合理的现象，是一种历史的进步，反而认为这是清朝统治者"以不正之运自待"。[33]乾隆四十三年九月，乾隆皇帝东巡时，锦县生员金从善从御道旁向乾隆皇帝投递呈词，要求建储立后，即是这种情绪的一个表现。为了对这股势力进行打击，乾隆皇帝下令将金从善斩首示众，虽是斗争之所必须，但是，乾隆皇帝也清楚地看到，广大臣民思想上的传统偏见单靠杀人并不能解决问题。为了破除全国臣民中普遍存在的这种传统偏见，乾隆皇帝通过对历史经验教训的总结，对传统的建储制度进行了深入的揭露和批判，并对秘密建储制度的意义进行了反复的阐释，从而为中国封建社会建储理论的发展做出了重要的贡献。

为了破除陈腐的传统建储观念，乾隆皇帝首先集中力量对两千多年以来的公开预立储君的方式进行了否定和批判。针对一帮泥古不化的封建儒生以为公开建储见之儒家经典的谬论，乾隆皇帝以子之矛，攻子之盾。他说："人君当以尧舜为法，唐虞之世，无所谓太子者，即夏后氏不传贤而传子，亦云启贤能敬承继禹之道，未闻立启为太子。"[34]"夫尧授舜，舜授禹，唐虞固公天下，即禹之传启，亦非于在位时有建立太子之事。"[35]与此同时，他还以大量的事例对历史上的公开建储制度的弊端进行了揭露。他说："太子之名，盖自周始，《礼记》因有《文王世子》之篇，其后遂相沿袭。"[36]而自此以后，很少不因此而发生祸乱。"秦汉豫立太子，其后争夺废立，祸乱相寻，不可枚举。"[37]所以如此，在于"有太子然后有门户"。[38]"盖一立太子，众见神器有属，幻起百端，弟兄既多所猜嫌，宵小且从而揣测，其懦者献媚逢迎以陷于非，其强者设机媒孽以诬其过，往往酿成祸变，遂至父子之间，慈孝两亏；家国大计，转滋罅隙"，[39]"而臣工亦必由此身罹刑宪，平心而论，其事果有益乎，无益乎？"[40]对于"立嗣以嫡不以长，立嫡以长不以贤"的传统建储原则，他也不遗余力地加以批判。他说："纣以嫡立而丧商，若立微子之庶，商未必亡也。"[41]"至于立嫡立长之说，尤非确论。汉之文帝最贤，并非嫡子；使汉高令其嗣位，何至有吕氏之祸？又如唐太宗为群雄所附，明永乐亦勇略著闻，使唐高祖不立建成而立太宗，明太祖不立建文而立永乐，则元武门之变，金川门之难，皆无自而起，何至骨肉伤残，忠良惨戮，此立嫡立长之贻害，不大彰明较著乎？"⁴²"明洪武时，懿文太子既殁。刘三吾建议，谓皇孙世嫡，礼宜承统，洪武泥于法古，遂立建文为皇太孙。其后酿成永乐靖难之变，祸乱相寻，臣民荼毒，皆刘三吾一言丧邦之所至也。"⁴³对于历史上多次发生的"因爱其母而欲立其子"的现象，⁴⁴乾隆皇帝更为鄙薄。他说，明神宗时，"内宠固结，觊觎非分，以致盈廷聚讼，骨肉生嫌，前事具在，可为殷鉴"。⁴⁵他表示："本朝家法，则无是也。"⁴⁶"惟期慎简元良，从不稍存私爱。"⁴⁷根据这些史实，他断言："建储册立，非国家之福，召乱起衅，多由于此。"⁴⁸

512

对于历来的建储理论，他也从历史进化的观点出发，予以彻底否定。"总之，建储一事，即如井田、封建之必不可行。"⁴⁹

为了使广大臣民尤其是使诸皇子汲取这些历史经验教训，乾隆四十八年十月，他特命诸皇子、军机大臣及尚书房总师傅等"将历代册立太子事迹有关鉴戒者"，"勒成一书，以昭殷鉴"。⁵⁰根据他的这一指示，皇子等将周平王、王子带、汉惠帝、汉景帝太子荣、汉武帝戾太子据以下，以至隋文帝废太子勇、唐高祖隐太子建成、唐太宗太子承乾、明惠帝、明仁宗、明光宗等"因建立储贰致酿争端者"三十三事编成《古今储贰金鉴》一书，并由乾隆皇帝御制序文后收入《四库全书》。这对于破除社会上传统的建储偏见，对于加强皇子教育都起了重要的作用。

在对历史上公开建储弊端进行揭露和批判时，乾隆皇帝还对一些人要求建储的动机进行了尖锐的揭露和批判。虽然这些人数量极少，但是作用十分恶劣，欺骗性极大，因而乾隆皇帝在对之进行揭露和批判时都更为严厉，不留任何余地。如乾隆四十三年在对金从善要求建储的呈词进行批驳时，他即先后指出："朕每论自昔为建储之请者，大率自为身谋，即年已老耄，亦为其子孙计；明执古礼以博正人之名，隐挟私见以图一己之利，若而人者，实无足取。"[51]"盖从来谏请立储者，动辄征引古说，自以为得忠臣事君之道。不知其心，隐以为所言若得采纳，即属首功，可博他日之富贵。名议国是，而实为身谋。即或其年已老，亦为其子孙计，大端不出乎此。朕今为之抉其隐微，作伪者尚何所托辞乎?"[52]因而，对于建言立储者，他一直表示深恶痛绝的态度。直到乾隆六十年九月归政前夕，他还说："若未经颁旨以前，设臣工中或有建议立储者，其人必非真怀忠爱。不过托为谠论，阳附正人君子之列，实则冀徼后福，阴为夤缘干进之阶，非为名，即为利，而名利两收，终归为利者多。""似此莠言乱政之人，自当立予重辟。"[53]这样，由于他的反复揭露和批判，自从乾隆四十三年金从善案件发生以后，二十来年的时间里，无人再敢就此建言，乾隆皇帝的秘密建储政策得到了顺利的推行。

在集中力量批判公开建储弊端的同时，乾隆皇帝还从秘密建储制度推行之后的社会效果和制定这一制度的出发点两个方面，对秘密建储制度的意义作了充分的阐述。早在批驳金从善要求公开建储的谬论时，他即以康熙皇帝临终之际"一言而定大计"，以致雍正皇帝即位后"内外帖然"，以及自己通过建储密旨即位后"人情亦甚辑宁"而指出："此即不建储之益，固天下臣民所共见共闻者也。"[54]归政前夕，他又满怀自信地宣称："千万世后，必有以（秘密建储）为非者，且令其平心观我祖宗及朕所行，与国家之得实益，政治之享太平与否可耳。"[55]对于秘密建储的动机，他也反复阐释："盖不肯显露端倪，使群情有所窥伺，此正朕善于维持爱护之深心也。"[56]"朕虽不明立储嗣，而于宗祐大计，实早为筹定，特不效前代之务虚文而贻后患耳。"[57]因此，他认为："总之，不可不立储，而尤不可显立储，最为良法美意。"[58]

为了防止后世子孙废弃这一基本制度，乾隆后期，他多次宣称，秘密建储制度是本朝重要"家法"，并要求"世世子孙，所当遵守而弗变"。[59]他说："若朕之子孙，皆以朕此心为心，实大清国亿万斯年之福也。"[60]他还断言，如果后世子孙放弃这一政策，恢复古制，必致"酿成大祸"。如乾隆四十三年时，他即预言："倘亿万年后，或有拘泥古说复立太子之人，必不能安然无恙，及祸患既生，而始叹不悟朕言，悔当晚矣。"[61]后来，他又就此一再发出警告："其有欲遵古礼为建立之事者，朕亦不禁，俟至父子、兄弟之间，猜疑渐生，酿成大祸时，当思朕言耳。"[62]"即亿万年后，朕之子孙有泥古制而慕虚名，复为建立之事者，亦所不禁，但人心不古如江河日下之势，父子之间必有为小人构成衅隙，复启事端，彼时始信朕言之不爽，然悔已晚矣。"[63]由于乾隆皇帝的反复申述，秘密建储制度普遍地为统治集团中的各阶层人士所理解和接受，从而成为此后清朝历代统治者建储时所必须遵行的一个"家法"，以致此后一百多年的时间里，最高统治集团中虽然斗争连绵不绝，但在最高权力过渡中始终没有发生较大的问题，对于最高统治集团核心的长期稳定和整个社会的安定都起到了相当重要的作用。

乾隆皇帝坚持秘密建储以及为此而对传统建储理论进行的批判，和他在位期间采取的其他许多措施一样，其目的都是为了加强自己的专制统治，而且，就其效果而言，也不像他本人宣扬的那样天花乱坠、完美无缺，而是存在着一些严重的弊端和问题。其主要者，一是这一制度是封建专制主义极端加强的一个产物，初创时期的于传子之中寓传贤之意的初衷无法实现。掌握挑选储君大权的只是皇帝一人，在拣选储君时，往往只是从巩固自己统治的角度出发，将皇子对自己的忠诚视之为"德"，将平庸作为"仁孝"，而视才干为不安本分，重"德"轻才。被其选中者，往往只是二流三流的凡庸之辈。二是这种建储方式对于皇子们的教育也极为不利。秘密建储制度形成之后，为了取得储君的资格，首先必须取得在位皇帝的承认和好感。因而，乾隆以后，皇子们为国事而向皇帝进谏之事不再发生，入关前后皇族子弟奋发有为、建勋立业的场面一去不返，几乎所有皇族子弟都变成了一批愚忠愚孝之徒而在政治上毫无作为。因而，这一制度的推行尽管对于乾隆以后最高统治集团的稳定和社会的安定起了一定的积极作用，但是同样不可否认的是，乾隆以后的历代清朝皇帝则是一代不如一代。其间原因固然极为复杂，并不单是秘密建储制度一项完全解释清楚的，但也绝非和秘密建储毫无关系。

因为秘密建储对于清代政局有着如此明显的消极作用，因而不能对其盲目推崇，评价过高。只不过，在当时的历史条件下，和传统的建储方式相比较，秘密建储制度毕竟较为进步，毕竟有利于社会的安定和社会经济的发展。为了推行这一制度，乾隆皇帝既不惑于世俗偏见，敢于对传统的建储理论进行批判；又能根据实践需要，将雍正皇帝的旧有规定加以发展，与此同时，在理论上也作了比较充分的论证。就此而言，这种进取精神和实事求是的态度，还是值得肯定的。

第二节　八五内禅

一、归政思想的提出和传位大典

建储问题的圆满解决为归政铺平了道路。这样，在乾隆皇帝在位六十周年之际，乾隆皇帝举行了传位大典并向全国臣民颁布了归政诏书，从而迎来了他一生中最后的岁月。

建储虽为归政之前提，但是，乾隆皇帝提出归政思想的时间却早在建储之前。而且，最初提出这一思想的目的只是祈求长寿，并没有有意识地将其和建储问题相联系。据乾隆皇帝自称，早在雍正十三年九月，乾隆皇帝举行即位大典之时，即曾焚香告天："昔皇祖（指康熙皇帝）御极六十一年，予不敢相比。若邀穹苍眷祐，至乾隆六十年乙卯，予寿跻八十有五，即当传位皇子，归政退闲。"[64]乾隆皇帝的祖父康熙皇帝冲龄即位，在位六十一年，终年六十九岁，在前此所有清代帝王中已为高寿。而乾隆皇帝即位时，已经二十五岁；六十年后，将至八十五岁高龄，因而，尽管他在口头上表示自己不敢上比皇祖在位六十一年之数，但就其本意而言，则是希望自己在年寿上超越康熙皇帝。乾隆二十五年时，乾隆皇帝度过了他的五十寿辰，而身体却康健如昔，兼之其生母崇庆皇太后也非常健康，因而，乾隆皇帝的胃口也越来越大，一度改变主意，表示只要崇庆皇太后健在，即使在位周甲，自己也不提归政之事。这样，他在六十岁以后，虽曾下令"豫葺宁寿宫，为将来优游颐养之所"，[65]并于乾隆三十七年十一月第一次向诸皇子公开提及归政之事，[66]但在实际活动中，却对归政一事表示了相当消极的态度。

乾隆四十二年正月崇庆皇太后的去世使得乾隆皇帝失去了不实行归政的借口，而次年东巡时金从善上书表请建储又使归政和建储问题发生了密切的联系。从金从善要求建储的呈词中，乾隆皇帝明显地感到一些臣民对自己"贪恋天位"的不满。为了替自己进行辩解，他一方面以历史上的许多帝王为例，大讲其"为君之难"，如针对唐宣宗、宋太宗、宋仁宗、宋英宗等对建储所持的抵触情绪，乾隆皇帝批评他们"惟知席丰履厚，以为君为乐，而不知为君之难也"。[67]对于宋高宗、宋孝宗等"值多事之秋，当励其有为之志，乃未及耄期，而遽行内禅"，他的批评更为严厉，指责他们"图遂一己之佚乐，而不顾国计之重轻，其人实不足取，则又朕所深薄者耳"。[68]另一方面，又反复表示自己无意久恋天位，他说："设或七旬、八旬以后，神志稍衰，不能似今之精勤求治，亦不肯贪天位以旷天工，且历代帝王，享位至四五十余年而归政者，实所罕觏。朕非不知足者，又何必定以六十年为期乎?"[69]至此，"八五归政"最后才算确定下来。

乾隆五十五年，乾隆皇帝度过了他的八十寿辰。由于距离"八五归政"之期日渐接近，兼之以随着年龄的不断增长，健康状况也大不如前，归政一事逐渐提上了乾隆皇帝的议事日程。凡逢节庆寿诞，无不以归政为念；诗赋词章，也时以传位为题。乾隆五十八年以后，距离归政之期愈益接近，各种准备工作皆着手进行。乾隆五十八年四月，乾隆皇帝以归政在即，"嘉惠士林之典尤应预为举行"，而决定从次年秋天开始至丙辰年春三年间连续举行归政恩科乡、会试和嗣皇帝恩科乡、会试。[70]乾隆五十九年底，又下令各直省督抚将历年以来所有民间积欠银一千七百余万两、粮食三百七十五万石概行豁免，"俾小民节年欠项，廓然一清，得以户庆盈宁，共游化宇"。[71]与此同时，还于往常每逢年底普赏八旗兵丁一月钱粮之外，由国库拨出银两，赏借王公以下以至闲散宗室觉罗、八旗兵丁半年俸饷。[72]乾隆六十年，有关归政的准备活动进入了高潮，各种加恩活动一件接着一件。正月间，乾隆皇帝下令将因过查抄家产的官员未曾完纳部分全行豁免，以示"法外施仁，恩加无已至意"。[73]二月间，又下令增加"各直省岁试入学名数"。[74]虽然自己幼年时期的两个发蒙老师福敏和蔡世远已经故去多年，但为了感念他们的辅导之功，乾隆皇帝特将福敏晋赠太师，蔡世远加赠太傅，并各派员赐祭，以示"眷隆耆旧，崇礼师儒至意"。[75]与此同时，归政恩科会试和嗣皇帝恩科乡试也次第举行。

在一切准备工作大致就绪之后，乾隆六十年九月初三，在乾隆皇帝即位六十周年之际，乾隆皇帝召集皇子、皇孙、王公大臣于勤政殿，当众取出当年藏在乾清宫"正大光明"匾额后面的建储密旨，宣布立皇十五子永琰为皇太子，并决定次年新正举行传位大典。与此同时，还将皇太子生母令懿皇贵妃追赠为孝仪皇后，并为避讳起见改皇太子名为颙琰。十月朔日，向全国颁发嘉庆元年时宪书，并以传位大典"实为旷古吉祥盛事，允宜广沛恩纶，俾薄海群黎，共沾湛恺"而下诏"将嘉庆元年各直省应征地丁钱粮通行蠲免，以示朕与嗣皇帝爱育间阎，同锡恩施至意"。[76]嘉庆元年正月元日，内外王公以下文武百官与朝鲜、安南、暹罗、廓尔喀等国使臣咸集太和殿，按班序列。尔后，礼部堂官首先至毓庆宫启请皇太子朝服出宫，恭候乾隆皇帝乘舆至太和殿升坐。这时，鼓乐齐鸣，皇太子以下所有官员皆跪伏殿内，由宣表官员跪宣传位诏书。尔后，大学士二人恭导皇太子至乾隆皇帝御座前俯伏跪地，由乾隆皇帝将"皇帝之宝"授皇太子，嗣皇帝率领群臣再次向乾隆皇帝行九叩大礼。庆贺礼毕，已经成为太上皇帝的乾隆皇帝还宫，接受公主、福晋及未受爵之皇孙、皇曾孙、皇玄孙行庆贺礼。嘉庆皇帝则御殿登极，接受群臣朝贺。礼部鸿胪寺官员则登上天安门城楼恭宣太上皇帝传位诏书及恩赦条款。当年正月初四日，乾隆皇帝又按预定计划在宁寿宫、皇极殿举行了较之乾隆五十年时规模更为盛大的千叟宴。眼见传位顺利，百事如意，乾隆皇帝再度挥毫：

> 归禅人应词罢妍，新正肇庆合开筵。
>
> 便因皇极初临日，重举乾清旧宴年。
>
> 教孝教忠惟一笃，日今日昨又旬延。
>
> 敬天勤政仍勖子，敢谓从兹即歌肩。[77]

至此，全国臣民所瞩目的授受大典最后完成，乾隆皇帝过上了太上皇帝的生活。

两千多年以来，由于公开预立储君，不只在君主生前皇、储之间矛盾重重，关系极难处理，而且储君与诸皇子之间的斗争也相当激烈。这些矛盾长期积攒的结果，往往在旧君去世，新君即位，最高权力过渡之际酿成一场惨祸，不是弟兄之间束甲相攻、兵戎相见，就是平时处于潜伏状态中的宦寺、女宠之辈乘机弄权，以致所立新君多非旧君意愿。雍正皇帝制定的秘密建储制度虽在旧君生前对于皇储斗争和诸皇子之间的斗争起了一定的限制作用，但是在其去世之后，其所指定的嗣君能否即位仍需视其托付是否得人而定，换言之，臣下仍然对嗣君废立起着一定的作用，建储中存在的一些漏洞并没有完全被堵塞。因而，雍正皇帝去世后，臣下请出其生前建储密旨时，因为名分未定，乾隆皇帝竟然"不敢自行启封"，而是"召同大学士鄂尔泰、张廷玉当面展缄敬阅"，由张廷玉于灯下宣读，方才名正言顺地即了皇帝之位。乾隆皇帝于生前自行传位，是对雍正皇帝制定的秘密建储制度的重要补充和发展。这一措施的推行，不但能使自己的建储意志完全实现，更重要的是，由于在传位过程中"明颁诏旨，亲御殿廷，付授神器"，[78]也避免了大臣等借机怙宠擅权的弊端。尽管乾隆皇帝"八五归政"在时间上似乎晚了一些，而且在归政之后也依然不适当地集大权于一身，但在当时的历史条件下，这种通过传位而实现最高权力过渡的方式还是可取的。

二、太上皇生活和去世

太上皇之称，肇始于皇帝制度形成以后的秦汉之际，本为在位皇帝对于生父之尊称。如秦始皇将其已故之父秦庄襄王追尊为太上皇，汉高祖刘邦将其在世之父亲刘太公尊为太上皇等。由于太上皇位置虽极为尊崇，但并无临政治民之实权，因而秦汉以后，一些皇族子弟在政治斗争中获得胜利、攫取皇位后，也将在斗争中失败的父亲或原来的皇帝尊为太上皇。如唐太宗通过玄武门之变杀掉政敌太子建成、齐王元吉之后，逼令其父唐高祖李渊退位，去当太上皇；又如明英宗被掳放还，当时其弟明景帝已嗣位为君，遂将英宗尊为太上皇。就此而言，两千多年来，尊称太上皇者虽然代不乏人，但在不少情况下，都不过是高级囚徒的代名词。

乾隆皇帝二十五岁即位，为了加强自己的专制统治，苦心孤诣地经营了六十年之久。年老退位，当然不愿去做这样的太上皇。为了继续保持自己的最高权力，早在宣布归政之日，他即决定，归政之后，将那些因为自己年老而不能胜任的各种祭祀和礼仪活动交由嗣皇帝办理，至于"军国大事及用人行政诸大端"，他则坚决地表示不能置之不问，"仍当躬亲指教，嗣皇帝朝夕敬聆训谕，将来知所禀承，不致错失，岂非国家天下之大庆"。[79]根据他的指示，军机大臣拟定传位事宜时，又使太上皇帝的礼仪规格和实际权力都远远地超出了嗣皇帝。按照这些规定，太上皇帝对人仍然自称为"朕"，太上皇帝谕旨称为敕旨；题奏行文遇太上皇帝字样，高三格抬写，皇帝高二格抬写；太上皇帝生辰称万万寿，皇帝生辰称万寿；文武大员进京陛见以及新授道府以上官员离京赴任皆需具折恭请太上皇帝恩训。而嗣皇帝拥有的权力，不过只是按期举行祭祀以及经筵、耕耤、大阅、传胪等礼仪活动而已。而且，还要向太上皇帝奏闻之后始得举行。[80]用他自己的话来说："朕虽然归政，大事还是我办。"[81]因而，乾隆皇帝之归政并非退位，不过是变亲政为"训政"而已！

在筹备归政事宜时，乾隆皇帝已为自己保留了极大的权力，而在传位大典举行以后的几年中，乾隆皇帝又大大突破了归政之时做出的许多承诺。

其一是居住地址。早在乾隆三十七年时，乾隆皇帝即命令修葺宁寿宫以为归政之后的优游颐养之所，而在传位大典举行之后，他却仍然居于养心殿。为了给自己找理由，他说："子皇帝初登大宝，用人理政，尚当时加训诲，何忍即移居宁寿宫，效宋高之自图安逸耶。"[82]嘉庆二年时，他又说："予即位以来，居养心殿六十余载，最为安吉。今既训政如常，自当仍居养心殿，诸事咸宜也。"[83]因为他"寝兴六十养心惯"，这样，已经即位的嘉庆皇帝只好仍然住在毓庆宫。

其二，嘉庆改元，例应将嘉庆时宪书通颁包括宫廷在内的全国各地。但是，在臣下以"一体循用新朔，于心实有所未安"为由而呈请宫中仍行使用乾隆纪年时，他却欣然同意，并将臣下恭进之乾隆六十一年新历"颁赏内廷皇子、皇孙及曾、元辈并亲近王大臣等，俾得遂其爱戴之忱"。[84]因而，一直到他去世时，宫中仍用乾隆年号。

其三，嘉庆改元，京中宝泉、宝源二局以及各省铸钱机构自应改铸嘉庆通宝，但是，为了表示对乾隆皇帝的尊重，在乾隆皇帝归政以后，却是"乾隆、嘉庆年号各半分铸"。[85]

其四，最主要的是，在国家事务的处理中，乾隆皇帝也没有遵守归政时做出的一些决定。归政之际，乾隆皇帝曾经给予嗣皇帝以处理各部院衙门及各省题奏本章及任免官员的权力。然而，归政之后，除了一些不关紧要的题本批答之外，乾隆皇帝一直牢牢地将批答奏折、任免官员的权力置于己手。为了对臣民有所交待，嘉庆元年时，他说："自揣精神强固，又曷敢自耽逸豫，遂即自谓闲人，是以至今每日披览章奏，于察吏勤民之事，随时训示子皇帝，俾得勤加练习，予庶不致有负昊苍鸿佑之恩。"[86]一直到嘉庆三年时，乾隆皇帝的眼力虽然已经大不如前，"然披阅章奏及一切文字未尝稍懈"。[87]虽然其中不少谕旨和奏折批答如镇压湘黔苗民起义、川楚陕白莲教起义的谕旨和奏折批答皆是以嘉庆皇帝的名义发出，但是由于军机处这一重要机构牢牢地控制在乾隆皇帝的手中，而嘉庆皇帝又须事事聆听太上皇帝教训，因而其中之内容，也大多体现了乾隆皇帝的意旨。总之，在三年太上皇期间，举凡官员任免、军务布置、政治举措、河工建设、蠲赈事宜等主要事务，乾隆皇帝无不躬亲其事，是一个名副其实的太上皇。

当然，因为不少礼仪活动已由嘉庆皇帝分担，乾隆皇帝在牢牢地把握着主要权力的同时，和归政以前相比较，肩上的担子还是大有减轻。因而，处理要务之外，空余时间相对增多。利用这些闲暇时间，乾隆皇帝有时长时间地静坐沉思，陷入对于自己童年生活深深的回忆之中：自己如何在父亲面前一字不遗地背诵经书，祖父如何开枪打死正在向自己疯狂扑来的大熊，又是如何夸奖自己和自己的母亲，一切的一切，都是那样的宛然如昨，历历在目，令人难以忘怀。试录二首，以见乾隆皇帝当时之情怀：

乘凉每爱倚长松，无碍翻来天籁重。

坐久不知时与刻，梵楼遥报午初钟。[88]

寅岁随来侍宴辰，分明一瞬七旬竣。

命皇妣领圣母觐，恩谕曾称有福人。[89]

回忆旧事之外，有时，乾隆皇帝也想到了将来。嘉庆三年春，乾隆皇帝的玄孙载锡成婚。因而，乾隆皇帝极盼其来年生子，好使自己于玄孙之外再见来孙。再者，当时乾隆皇帝已经八十八岁高龄，很希望能再活上十二年，凑成一个整数，开创一个帝王年龄史上的新纪录。嘉庆三年八月，他在一首诗中道出了这种心情：

仰望如霄上，俯临欣目前。

一身亲七代，百岁待旬年。

愿谓元者勉，喜瞻来者连。

自知不知足，又愿庶应然。[90]

乾隆皇帝虽然祈求长寿，但是，对于自己的后事，他也做了一些安排。其中，着手最早的是陵寝的选择和修建。乾隆皇帝即位之初，本想建陵于易州。后来，虑及雍正皇帝和自己相继于此建陵，后世子孙势必群趋而西，"则与东路孝陵、景陵日远日疏，不足以展孝思而申爱慕"，[91]因而改令于遵化一带选择建陵地址。乾隆七年三月，大学士回奏，胜水峪一带"地仿祖陵，土色细润，自属吉壤"。[92]于是乾隆皇帝决定在此建陵，并于此后不久正式破土动工。孝贤皇后去世后，为了早日将其梓宫下陵安葬，在乾隆皇帝的严旨督催下，工程速度加快进行。乾隆十七年，地宫建成。是年十月，乾隆皇帝亲送孝贤皇后梓宫奉移地宫，并对工程修建之"坚固宏整"甚表满意。[93]乾隆三十八年，陵寝修建工程最后完成，此后转入岁修阶段。[94]归政以后，在考虑后事安排时，乾隆皇帝又虑及因自己建陵遵化而使西陵遭到冷落，决定自嗣皇帝以下的后世子孙为帝者建造陵寝时，应"各依昭穆次序叠分东西，一脉相联，不致递推递远"。[95]嘉庆二年时，又派遣户部尚书范宜恒、礼部尚书德明、总管内务府大臣缊布等再次对陵寝进行修葺。[96]修建陵寝之外，对于自己身后的丧礼、谥法，乾隆皇帝也都各有布置。关于丧礼，他规定按历代帝王先例，以日易月，二十七日除服；不得仿效古礼，行三年之丧。他说："将来嗣皇帝如亦欲仿行古礼，当思天子之孝，与士庶异；我皇清之制，与汉姓殊。嗣皇帝仔肩重器，惟当效法祖宗及朕敬天爱民，法祖勤政，勉承付托，此即孝之大者。"[97]关于身后谥典，他也指示，只能谥之为"宗"，而不得谥之为"祖"。

进入嘉庆三年以后，乾隆皇帝的健康状况愈来愈差，失眠健忘症状也更加严重。据当时朝鲜使臣的观察："太上皇容貌气力，不甚衰耄，而但善忘比剧。昨日之事，今日辄忘；早间所行，晚或不省，故侍御左右，眩于举行。"[98]身体既已如此虚弱，自然易于感染疾病。当年十一月，就在臣下计划为他筹办九旬庆典之际，乾隆皇帝却因筹办平定白莲教起义事务过于焦劳感染风寒。虽经御医尽力调护，不久就愈，但留下了头目昏眩的后遗症。"饮食渐减，视听不能如常，老态顿增"，[99]精力也大不如前。嘉庆四年正月新正，乾隆皇帝尚出御乾清宫，接受嘉庆皇帝以下王公百官的朝贺。次日，病情突然恶化。闻知此讯，嘉庆皇帝急率御医前至养心殿救护。这时，已经进入弥留之际的乾隆皇帝握住自己指定的这个嗣皇帝的双手，"眷爱拳拳弗忍释"。[100] 尔后，即进入昏迷之中。延至次日凌晨，这个临御天下六十三年的老皇帝满怀着在位周甲、眼通七代的满足和未至百龄、不见来孙的遗憾离开了人世，终年八十九岁。

由于乾隆皇帝去世时已达八十九岁高龄，几乎超过了自古以来的所有的帝王，兼之以三年以前已经举行了传位大典，因而上自朝廷百官，下至黎民百姓，对于乾隆皇帝的去世都不觉得意外和突然。"皇城之内，晏如平日，少无惊动之意。皆曰：此近百岁老人常事，且今新皇帝至孝且仁，太上皇真稀古有福之太平天子云。"[101] 与此同时，朝廷之上关于丧事的操办也有条不紊地循例进行。当天，乾隆皇帝遗体移殡乾清宫，嘉庆皇帝以下所有妃嫔、亲王、公主、福晋以及文武百官皆剪发成服，并成立了由睿亲王淳颖、成亲王永瑆、仪郡王永璇和大学士和珅、王杰等共同组成的治丧机构。几天之后，虽然和珅被捕拿治罪，但是各种治丧活动仍然照常举行。正月间，上其尊谥为"高宗纯皇帝"，并将梓宫移殡观德殿；二月间，决定开馆纂修《高宗纯皇帝实录》；三月，将乾隆皇帝陵寝定名裕陵。当年九月初二日，嘉庆皇帝奉乾隆皇帝梓宫自京发引。十五日，安葬裕陵地宫。从此，乾隆皇帝便在自己生前最崇敬的祖父康熙皇帝景陵的西面，伴随着一年一度的春雨桃李和秋风松涛，永远地安眠在裕陵之下的地宫之中。

第三节　嘉庆亲政

嘉庆四年正月乾隆皇帝去世之时，由他开始的不少政治活动都还没有结束。其主要者，如乾隆皇帝一直极为宠任的和珅，嘉庆亲政以后，此人权位如何？再者，乾隆后期，朝廷政务废弛，吏治全面败坏，政治危机和财政危机都空前严重，那么乾隆皇帝死后，其子嘉庆皇帝对此又是作何处理？还有轰动全国的白莲教大起义，直到乾隆皇帝去世之时还如火如荼、方兴未艾，后来这场起义的结局怎样？于此特设嘉庆亲政一节，略作叙述，以作本章之末篇。

一、诛除和珅

嘉庆皇帝亲政之初采取的第一个重要行动，是以迅雷不及掩耳之势一举诛除了权臣和珅。

乾隆皇帝归政之后，和珅在政治上弄权和在经济上贪黩都发展到了肆无忌惮的地步。首先是利用乾隆皇帝年老昏愦之际极力揽取权势。嘉庆二年，首席军机大臣阿桂病死，和珅升任首席军机大臣。这时，和珅一方面在中央各部院衙门以及地方各直省安插大批私人；另一方面又擅改成章，下令各部院衙门和各直省督抚将专门上给皇帝的奏折抄录两份，一份上奏皇帝，一份送给他所控制的军机处。这一新规定的推行使得和珅能够极为迅速地掌握全国各地的实际情况和广大官员的思想动向，并能较为准确地提出处理意见，因而乾隆皇帝对其愈加信任，委派给他的职务也越来越多。嘉庆二

嘉庆皇帝朝服像

年时，受乾隆皇帝之命，和珅于管理吏部事务之外又兼管刑
部；不久，又以军费报销需要熟手管理，又令其兼管户部。
至此，除首席军机大臣之外，和珅兼任之职务几乎遍及行
政、文化、军事、财政和京师治安等许多方面。嘉庆三年时，
白莲教起义领袖王三槐被捕，乾隆皇帝论功行赏，晋和珅公
爵。在政治权势不断扩张的同时，和珅在经济上的贪黩也更
加不择手段。举凡官吏任命、朝廷蠲赈、河工奏销、盐政税
务甚至各地进贡和军费开支都成了他榨取财富的方式。这样，

三年训政时期，和珅财富直线上升，过着穷奢极欲的豪华生活。"家中所建多宝阁及隔段式样，皆仿宁寿宫制度。其园寓点缀，竟与圆明园蓬岛瑶台无异"，"蓟州坟茔，居然设置享殿，开置隧道，附近居民有和陵之称"。[102]因为和珅声势显赫，许多官员竞相趋奉，唯恐落后。嘉庆三年，和珅妻病死，单是两淮盐政征瑞一人所送银两即达二十万两。一直到嘉庆四年正月和珅革职下狱时，京师步军统领衙门及巡捕五营尚有一千多名官兵为其营建宅第，与此同时，一些外地官员因为消息不灵，还在继续向他致送银两。其中山东巡抚伊江阿，举止更为荒唐。乾隆皇帝去世后，他竟写信给和珅，"劝和珅节哀办事"，[103]简直是把和珅当作乾隆皇帝的接班人了，和珅当时的权势如何，由此也可见其一斑了。

三年训政时期，在和珅的各种弄权活动中，最为严重的是他对嘉庆皇帝的控制。乾隆末年，和珅感到，乾隆皇帝年事已高，余日无多，如要继续保持政治特权，必须在嗣皇帝身上下些工夫。乾隆六十年九月乾隆皇帝公布皇太子名字前夕，和珅首先向嘉庆皇帝跪进如意，透露消息，大搞政治投机。传位大典举行之后，他又考虑到，嘉庆皇帝有自己的师傅谙达，此外，军机处、内阁和各部院衙门中不附于己的官员还所在多有。为了防止嘉庆皇帝和他们结合起来另成一股势力，和珅又先后采取各种措施，加强了对嘉庆皇帝的控制。嘉庆皇帝即位之初，其师朱珪正担任两广总督。这时，乾隆皇帝有意将其召进京城授以大学士之职。闻知此信，嘉庆皇帝寄诗以贺。事为和珅侦知后，立即向乾隆皇帝报告。乾隆皇帝当即大怒，将朱珪左迁安徽巡抚。在军机处和内阁之中，和珅也不断寻找打击对象。几年之中，凡是与嘉庆皇帝接近或是不附于己的高级官员，一概伺机陷害。因而，与之同列的嵇璜、刘墉、王杰、董诰等，无不受到乾隆皇帝的严厉指责。与此同时，他还将自己的亲信吴省兰安插在嘉庆皇帝身边，名义上是为其抄录诗草，实则是对其进行监视，并试图培养和增进嘉庆皇帝与自己的感情。对此，嘉庆皇帝虽然怀恨在心，但是为了保住自己的皇帝宝座，也不得不逆来顺受，甚至还利用一切机会对和珅百般巴结，"遇有奏纯庙者，托其代言"。与此同时，他还对众扬言，自己是倚和珅治理天下。[104]在和珅看来，嘉庆皇帝才不过中平，对自己又是如此尊重，而自己无论就势力或是就资格而言，充当"定策国老"绰绰有余，即使乾隆皇帝去世，自己的地位也一定会稳如泰山。因此，嘉庆四年正月乾隆皇帝病危之际，和珅面无忧容，"每进见后，出向外廷人员叙说、谈笑如常"。[105]然而，就在和珅梦想由乾隆皇帝的鹰犬变成嘉庆皇帝的国老之时，一场奇祸正在暗暗地向他逼近，以致乾隆皇帝去世不过半个月，这个一度声势极为显赫的权臣突然变成了乾隆皇帝的殉葬品。

嘉庆四年正月初三日，乾隆皇帝刚刚去世，为了剪除这股政治上的异己势力，嘉庆皇帝即刻开始了诛除和珅的准备工作。当日即以经理丧事为由，"褫和珅军机大臣、九门提督等衔，仍命与福长安等昼夜守直殡殿，不得任自出入"，[106]实际上将之置于半囚禁状态。次日，嘉庆皇帝颁发上谕，借整顿剿捕白莲教军务为由，对和珅以"上皇近臣"身份侵吞军糈、上下包庇、掩败为胜、共同欺蔽乾隆皇帝的罪行进行了不点名的批判。初五日，下诏求言。在嘉庆皇帝的策动下，御史广兴、郑葆鸿，给事中广泰、王念孙等立即上疏，对和珅进行弹劾。正月初八日，嘉庆皇帝下令将和珅及其同党户部尚书福长安一起革职下狱，并派员查抄其全部家产。与此同时，则以成亲王永瑆、前任大学士署刑部尚书董诰、兵部尚书庆桂等为军机大臣，对军机处进行了一次大改组。对于和珅原先做出的奏折副本关会军机处的规定也明令取缔。初九日以后，连续颁布多道谕旨，对和珅罪状加以揭露。十八日，勒令和珅自尽，福长安斩监候。树倒猢狲散，和珅倒台，其同党苏凌阿、李光云、吴省兰、吴省钦、李潢等，或者勒令休致，驱逐回籍；或者降革职务。这样，乾隆皇帝死后，不过半月时间，专擅朝政达二十余年之久的和珅一派势力便被消除殆尽。通过此举，嘉庆皇帝掌握了全部大权。

二、革除乾隆败政，加强政治统治

和珅虽被处死，但是由于乾隆后期以来的政务极度废弛和吏治普遍腐败，政治危机和财政危机都极为严重。为了建立和加强自己的统治，嘉庆皇帝亲政之初，在革除乾隆败政的同时，分别从政治、经济两个方面入手，开始了他亲政以后的各种政治活动。

革除乾隆败政是嘉庆亲政之初各种政治活动的一个重要的方面。首先是严禁进呈贡物。乾隆后期，为了迎合乾隆皇帝铺张奢丽、贪财好货的心理，各地官员进贡成风。尤其是乾隆晚年祈求事事如意，因而各地官员进贡物品中，如意成了必贡之物。结果，乾隆皇帝如意，广大人民遭殃，嘉庆皇帝也跟着倒霉。对于臣下进贡特别是进贡如意，嘉庆皇帝极为反感。他说："大抵进奉一节，最为吏治之害。"[107] 各地督抚贡品，势必取之于下级州县官员，"而州县又必取之百姓。稍不足数，敲扑随之，以闾阎有限之脂膏，供官吏无穷之朘剥，民何以堪"。他还不无所指地说："年节王公大臣、督抚等所进如意，取兆吉祥，殊觉无谓。诸臣以为如意，而朕观之，转不如意也。"[108] 为此，亲政之初，他立即下令，"所有如意玉、铜瓷、书画、挂屏、插屏等物，嗣后概不许呈进"，"此次严谕之后，诸臣等有将所禁之物呈进者，即以违制论，决不稍贷"。[109] 至此，持续了几十年之久的这股进贡歪风方才大致煞了下去。

其次是开放言路。乾隆时期，为了加强自己的专制统治，乾隆皇帝曾长期厉行钳制言论、禁锢思想的反动政策。在朝廷中，言官地位极低，动辄以建言得咎；在社会上，乾隆皇帝以清查悖逆著作和言论为名，先后制造了一起又一起的文字狱冤案。和珅专权时期，为了防止言官批评，"往往令各部将年老平庸之司员保送御史，俾其缄默不言"。[110] 这样，相当长的一个历史时期中，言路甚为闭塞，国家政治生活也极不正常。为了建立自己的统治，乾隆皇帝甫一去世，嘉庆皇帝即下诏求言。他说："以九州之大，臣民之众，几务至繁，兼听则明，偏听则蔽。若仅一二人之言，即使出于至公，亦不能周知天下之务，况未必尽公也。"因而下令："凡九卿、科道有奏事之责者，于用人行政一切事宜，皆得封章密奏，俾民隐得以上闻，庶事不致失理。"[111] 在诛除和珅后，又将具折言事的权利下放到了一般道员。与此同时，对于乾隆间因建言获咎的官员如曹锡宝、尹壮图等人，或者平反昭雪，追赠官职；或者调取来京，委以新任。对于前朝发生的多起文字狱冤案，嘉庆皇帝也进行了一番总的清理。嘉庆四年二月，他在一道上谕中指出："文字诗句，原可意为轩轾，况此等人犯，生长本朝，自其祖父、高、曾，仰沐深仁厚泽，已百数十年，岂复系怀胜国；而挟仇抵隙者，遂不免借词挟制，指摘疵瑕，是偶以笔墨之不检，至与叛逆同科，既开告讦之端，复失情法之当。"[112] 为此，他下令有关部门对前朝文字狱案件通行复查。一个多月后，他就此做出决定，除金从善、刘时达等个别案犯亲属之外，其他案件涉及人员概行宽免。[113] 在嘉庆皇帝的带动下，一时之间，"内外臣工条奏时事者甚众"。这样，在经过半个多世纪的空前专制时期之后，政治界和思想界都开始出现了略为松动的迹象。

再次，对于整顿吏治，嘉庆皇帝也下了一定的工夫。乾隆皇帝去世之第二天，他即在有关平定白莲教农民起义的一道谕旨中对当时吏治普遍腐败的现象进行了尖锐的揭露。他指出："此等教匪滋事，皆由地方官激成。即屡次奏报所擒戮者，皆朕之赤子出于无奈为贼所胁者。若再加之朘削，势必去而从贼；是原有之贼未平，转驱民以益其党，无怪乎贼匪日多，辗转追捕，迄无藏事之期也。"[114] 为了平息广大人民的不满和反抗情绪，继处死大贪官和珅之后，他又先后处理了一批贪官污吏。如湖南布政使郑源璹，凡是新到下属，必待多事需索之后"方准到任"，以致这些官员为了完纳借项，只好纵令书役"吓诈浮收，苦累百姓"。[115] 利用这种方式，郑源璹积年所得，不下八万余两，"自蓄优伶，服官奢侈"。[116] 嘉庆四年三月，嘉庆皇帝下令将其革职拿问，查抄家产，处以死刑。因为这种情况不只湖南一省，不只郑源璹一人，因而，在对其进行处理的同时，嘉庆皇帝还通谕各直省藩司"务当洗心涤虑，悛改积习，勉为廉吏"。[117]当年十一月间，嘉庆皇帝又以漕运总督富纲在任期间勒索属员银两数万两，而将其处以斩监候。[118]对于贪名昭著、民怨沸腾甚至因而激变的官员如湖北武昌同知常丹葵、四川达州知州戴如煌等，则分别予以严惩。对于一些循吏如四川南充知县刘清、山东菏泽知县程良傅等，则加以表彰。对于"捐廉罚银"等变相鼓励贪污的做法也下令禁止。[119]嘉庆五年八月，嘉庆皇帝又通令全国督抚对知府等亲民之官普加考核，如有不称职者，或勒令休致，或者降补丞倅等官。[120]经过嘉庆皇帝的一番整顿治理，长期以来甚为炽烈的贪风方才稍稍有些收敛。

最后，对于民生疾苦，嘉庆皇帝亲政之初也颇为关心。嘉庆四年三月，文安、大城两县遭灾。嘉庆皇帝得知后，特以查抄和珅家人粮食一万余石进行赈济。[121]尔后，他又借乾隆皇帝升祔太庙之际将乾隆六十年以前全国各地积欠、缓征地丁耗羡及民欠籽种口粮等全数豁免。[122]对于乾隆中存在的各种病民措施，他也注意加以厘正。如当时有漕各省承办采买和征收漕粮弊端都相当严重，"多有每石加至数斗及倍收者"。[123]为此，当年三月，嘉庆皇帝传谕有漕各省督抚"务须督饬所属，留心查察，毋使州县借端勒掯，朘剥累民。倘有前项情弊，即行据实严参办理"。[124]对于一些额外摊派，他也下令禁止。如当年六月，他严令河南地方官员停止增加河工摊派。[125]次年七月，又下令禁止山西军需捐饷。[126]除此之外，

534

对于其他一些病农措施如狱讼、差派、书役为奸和常平仓收支中的一些弊端，以及各地官员"自设非刑，任情妄逞，借严峻之法，济贪酷之私"，像苏州新造的小夹棍、湖北自制的数十斤重的大锁等，嘉庆皇帝或者传令各地督抚"留心查察，徐加化导，以期崇俭去奢，俾小民务本力农"，[127]或者严令取缔，"嗣后一切刑具，皆用官定尺寸，颁发印烙，如有私自创设刑具并非法滥用者，即行严参治罪，决不宽贷"。[128]另外，对于乾隆后期地方官为粉饰太平而讳灾不报的问题，他也进行了极其严厉的批评，并下令各地"倘遇收成歉薄、旱潦成灾，必须飞章入告，纤悉无隐，以便发帑赈济。若有讳饰，必当严办示惩"。[129]

革除乾隆败政之外，对于加强政治统治，嘉庆皇帝的态度更为积极。其中，在政治上，嘉庆皇帝主要做了两件事情。一是对军机处这一重要机构大力进行整顿。乾隆五十年代以后以至嘉庆初年，军机处几乎成了和珅一人的天下，一度出现了太阿倒持、尾大不掉的现象。因此，在将和珅治罪的同时，嘉庆皇帝下令将和珅掌权期间做出的奏折副本关会军机处的规定也一概取缔，并以军机处为重点，对各部院衙门及各直省督抚普遍进行更动。随着自己统治的建立，他又以成亲王永瑆担任首席军机大臣"与国家定制未符"而对军机处再次进行改组，从而将军机处完全置于自己的严密控制之下。[130]嘉庆五年十一月，他颁布特谕，通谕中外各衙门，严格规定："军机大臣止准在军机处承写所奉上谕；其部院稿件，不准在军机处办理，本管司员，不准至军机处回事。军机章京办事之处，不准闲人窥视。王公大臣，俱不准至军机处同军机大臣谈说事体，违者重处不赦。自今日起，每日着都察院、科道一人轮流进内，在隆宗门内北首内务府官员直房监视，军机大臣散后，方准退值。如有前项情弊，即令直班科道参奏，候旨严惩。""此后有通谕王公大臣之事，俱在乾清门外阶下传述，不准在军机处传旨。"[131]经过此番整顿，进一步加强了嘉庆皇帝对军机处的控制。

二是对宗藩权力严加限制。嘉庆皇帝亲政之初，出于诛除和珅的政治需要，曾以成亲王永瑆为首席军机大臣，总理户部三库；将仪郡王永璇进封亲王，总理吏部兼镶黄旗领侍卫内大臣。这一决定虽在当时收到了团结宗室、共同对敌的效果，但从长远看来，对于嘉庆皇帝加强自己的专制统治却颇为不利。如成亲王永瑆刚刚就任首席军机大臣不久，嘉庆四年春，国子监祭酒法式善即向嘉庆皇帝建议"饬遣亲王重臣威望素著者一员，授为大将军，节制诸军"，总办剿捕白莲教起义事宜。[132]当年八月，翰林院编修洪亮吉又径直上书首席军机大臣成亲王永瑆，对嘉庆皇帝视朝过晚等现象进行了批评。[133]宗藩权势的增长使嘉庆皇帝极为警惕。为此，他一方面对法式善、洪亮吉二人严加指斥，指责法式善"揣摩迎合，全不顾国家政体"，[134]指责洪亮吉不是将奏章直达御前而是呈递成亲王，并分别将之革职、遣戍；另一方面，又当即采取措施，削弱宗藩权力。当年二月，罢仪亲王永璇总理吏部之任；七月间，又将成亲王永瑆总管户部三库之职亦行革去。十月间，嘉庆皇帝又以亲王入值军机处办事"与国家定制未符"而解除了永瑆的首席军机大臣之职。当年底，又将仪亲王永璇的镶黄旗领侍卫内大臣的职务也一并革去。对于自己的同母弟庆郡王永璘，虽然其没有担任行政职务，但嘉庆皇帝也不放过。嘉庆五年正月，他以永璘不经奏闻私向颖贵太妃送礼祝寿而指斥其"交结近侍之习复萌"，"不知大体"，并将其交宗人府议处，[135]致令颖贵太妃也忧惧成疾，不久死去。就是通过这样的方式，嘉庆皇帝建立和加强了自己的政治统治。

在通过整顿军机处和禁抑宗藩以加强政治统治的同时，为了克服当时极为严重的财政危机，嘉庆皇帝也花了极大的气力。由于多年以来乾隆皇帝的任情挥霍和三四年来镇压苗民起义以及白莲教起义的军费开销，乾隆皇帝留给他的并不是什么美好的胜利果实，而是一个千疮百孔的破烂摊子。其中，最为严重的是财政上的入不敷出。这一问题，早在乾隆皇帝还在世时即已相当严重，因此，乾隆五十八年时，乾隆皇帝虽曾做出了永停捐纳的决定，[136]但至嘉庆三年三月，也不得不自食前言，重开捐纳。[137]不久之后，乾隆皇帝去世，由于军兴四年，财政危机更加严重。为了渡过这场财政危机，在继续开捐的同时，嘉庆皇帝不得不别作他图。一是设法压缩其他开支。即以各种蠲赈活动而言，嘉庆亲政以后，无论就范围还是就次数来说，都较之乾隆时期大大缩小或减少。二是采取一切方式保证国家正常赋税收入。乾隆时期，因为国家富庶，财源充足，对于清查民间积欠颇不重视，而且还时于节庆之际将之加以蠲免。而至嘉庆时期，嘉庆皇帝再也不敢采取类似行动了，反而千方百计地督令民间按数完纳。嘉庆五年正月，据户部奏报，"各省积欠，自嘉庆三、四年以来，不下二千余万"。[138]这使嘉庆皇帝异常焦虑，通谕各省督抚"认真查办，分别在民在官，核实清厘，妥为经理，务使年清年款……不得仍前悬宕"。[139]至当年底，他又再颁谕旨，指责"近年以来，经征各员，概事因循，积欠至数千万之多"，并要求各地督抚"务须严饬地方官尽收尽解，以期国课早完，闾阎无扰"。[140]

与此同时，由于财政极度困难，乾隆时期政府向不注意的一些财政收入也引起了嘉庆皇帝的重视。如嘉庆四年十一月，嘉庆皇帝准户部奏请，允许各省报捐监生"普收折色，径赴藩库交纳"。[141]嘉庆五年三月，又指示各省不得擅自动用耗羡银两，并对零星收入的一些闲散银两进行清查，准备调用。[142]同年八月，以当时办理军务，需用浩繁，而各地现任、前任及原任各员应赔银两积至五百八十余万两之多，下令户部行文应赔各员所在旗及其任所，勒限一年完缴。"如仍前迟逾不交，即着指名严参办理，并将承追之员一并议处。"[143]

三、扑灭白莲教起义烈火

嘉庆皇帝亲政之初，川楚陕地区的白莲教起义虽已遭到重创，但是声势仍然相当浩大。为了建立自己在全国的统治，诛除和珅之后，在革除乾隆败政的同时，嘉庆皇帝又以全力镇压白莲教起义。

首先是整顿军营积弊，撤换不力将领。乾隆皇帝去世之第二天，他即在一道上谕中对各路将领"玩兵养寇，藉以冒功升赏"的积弊予以揭露。[144]诛除和珅之后，又对各种军营积弊痛加指斥。他说："从前军营带兵各大员，皆以和珅为可恃，只图迎合钻营，并不以军事为重。虚报功级，坐冒空粮，其弊不一而足。"[145]"又闻各路剿贼，名为绕截，其实畏贼远避。民间有'贼至兵无影，兵来贼没踪，可怜兵与贼，何日得相逢'之谣，又闻'贼来不见官兵面，贼去官兵才出现'二语。此等积弊已非一日，朕所深知。嗣后各路带兵大员，务当痛加悛改，实心实力，奋勇立功，迅速蒇事，不得仍蹈故辙，致干重谴。"[146]与此同时，他还先后将剿匪不力的陕甘总督宜绵、陕西巡抚秦承恩、湖广总督景安、四川总督惠龄等撤去职务，解京治罪，改以勒保为经略大臣，明亮、额勒登保为参赞大臣，全面负责剿捕事宜。

其次是利用诛除和珅之机对起义群众大行政治招降之计。亲政之初，他多次颁布谕旨，宣称"百姓幸际昌期，安土乐业，若非迫于万不得已，焉肯不顾身家，铤而走险，总缘亲民之吏，不能奉宣朝廷德意，多方娄索，竭其脂膏，因而激变至此。然州县之所以剥削小民者，不尽自肥己橐，大半趋奉上司；而督抚大吏之所以勒索属员者，不尽安心贪黩，无非交结和珅。是层层朘削，皆为和珅一人；而无穷之苦累，则我百姓当之"，"现在大憝已去，纲纪肃清，下情无不上达……从来命将出师，只有征讨不庭，断无用兵诛戮良民之理"。因此，他规定："各路贼队中之良民"，凡能"缚献贼首"，可以"格外邀恩"；"潜行散去"以及"临阵投降"者"亦必释回乡里，俾安生业"。[147]

再次，为了对付起义军流动作战，嘉庆皇帝下令在各战区招募团练、乡勇，推行"坚壁清野"政策。"令川、陕、楚、豫各督抚谕令各村民守堡结寨，刨挖沟濠，悉力保护。"[148]与此同时，还多次增兵增饷。至嘉庆五年三月，征调兵力遍及全国大部分省份。连同军兴以来开销，所拨饷银高达一亿两以上。

尽管嘉庆皇帝竭力整顿并为军务部署而费尽心机，但是，在半年多的时间里，成效并不明显。在军事上，各路带兵大员，"亦皆惟事尾追，未曾歼净一股贼匪"。[149]在政治上，招降政策也没有起到什么作用，"数月于兹，投出之人甚觉寥寥"，[150]"川省贼势……较之上年，实属有增无减"。[151]嘉庆皇帝不得不再行换马，七月间，以贻误军机之罪将经略大臣勒保革职拿问，代之以明亮。不久，又以明亮无全局之才而改任额勒登保为经略大臣。额勒登保就职之后，加强了对各路起义军的军事进剿。数月之间，不少起义军首领先后作战牺牲。为了对付清军的军事围剿，四川起义军仿效襄阳起义军，在四川、陕西、甘肃一带开始了大范围的流动作战，一度曾使进剿清军相当被动。为此，嘉庆五年二月，嘉庆皇帝下令："各路领兵大员，自奉到谕旨之日为始，各将专办贼匪，即于本境剿尽。如甘省贼匪，专交额勒登保、那彦成剿办；陕省贼匪，专交台布剿办；四川贼匪，专交德楞泰、魁伦、勒保剿办；湖北贼匪，专交松筠、明亮、倭什布剿办。务将本境专办之贼，设法兜截，歼灭无遗。倘因剿捕紧急，窜逸出境，遂为了事，不但不能邀功，必当治以纵贼之罪。若各该省边界堵御不严，致贼窜入，亦必当重治疏防之咎。"[152]与此同时，又再次下令各地修筑堡寨、团练乡勇。[153]岂知刚刚安排就绪，当年三月，川东一带起义军即乘额勒登保出省作战之机偷渡潼河，挥戈西向，并在川西一带重创清军。嘉庆皇帝气急败坏，将四川总督魁伦拿解京师处以死刑，并对各路将领再行申斥："各路带兵大员等，惟事东追西逐；带兵者既不认真剿杀，守土者又不实力防御，一任贼匪辗转奔窜。似此因循玩误，即再有六七千万饷银发给伊等，亦不过坐食虚糜，日久稽诛，贼匪何日得平？"[154]在他的严旨督催下，各路清军将领进一步加紧了对起义军的剿捕。

至嘉庆五年秋天时，起义军处境逐渐困难，大部分集中在陕西、四川两省交界地区。这时，为防起义军东进河南、湖北，嘉庆皇帝命令两省官员严密设防，又下令德楞泰、勒保等"将陕省之贼，全数逼入四川，以便并力围攻"。[155]然而由于各路将领之间的钩心斗角、矛盾重重，各存此疆彼界之见，"只将贼匪驱逼出境即为尽职，并不协力合剿"，至当年底，"据各路奏报，贼匪仍复东奔西窜，官兵虽随处追击，总不能遏其去路，归并一处，聚而歼洗"。[156]嘉庆皇帝企图年内藏事的愿望成了泡影。为此，他又作了重新部署："东面有倭什布、长龄，西面有长麟、庆成，南面有德楞泰、勒保，北面有额勒登保、杨遇春等"，"只许将陕楚之贼逼归四川，剿办易于得手，断不许令四川之贼窜往陕楚。"[157]

在各路清军的共同堵截围攻下，嘉庆六年以后，起义军处境愈加困难，兼之以清朝政府大力推行坚壁清野政策和寨堡团练政策，起义军给养困难，人员也得不到补充，作战回旋余地越来越小，不少起义军领袖如高二、王廷诏、马五等相继作战牺牲。除了少数部队游弋各省流动作战之外，其他各路起义军大多集中到了川、楚、陕交界的万山老林之中。嘉庆六年夏，额勒登保和德楞泰分别从东北和西南两路进军，对三省交界之处进行围剿。至嘉庆七年底，方才将该地区白莲教起义军主力消灭。为此，嘉庆皇帝下诏全国，"三省荡平，上终先帝耄期未竟之志，祭告裕陵，宣示中外"。[158]这样，在广大人民的血泊之中，嘉庆皇帝又恢复了他对川、陕、楚、豫地区的统治。

嘉庆皇帝虽然拼尽全力将白莲教起义镇压下去，但是，由于这场起义跨越两朝，历时九年，蔓延七省；为了镇压这场起义，清朝政府征调兵力遍及十六省，耗费饷银高达二亿两，使清朝政府大伤元气，不可逆转地步入了它的衰落时期。

1 《清高宗实录》卷二二，乾隆元年七月甲午。

2 《清高宗实录》卷二二，乾隆元年七月甲午。

3 《清高宗实录》卷三〇五，乾隆十二年十二月乙酉。

4 《清高宗实录》卷三一七，乾隆十三年六月甲戌。

5 《清高宗实录》卷三一七，乾隆十三年六月甲戌。

6 《清高宗实录》卷三一七，乾隆十三年六月甲戌。

7 《清高宗实录》卷三一一，乾隆十三年三月丙午。

8 《清高宗实录》卷三一七，乾隆十三年六月甲戌。

9 《清高宗实录》卷三一七，乾隆十三年六月甲戌。

10 《清高宗实录》卷三一七，乾隆十三年六月甲戌。

11 《清高宗实录》卷四五〇，乾隆十八年十一月壬子。

12 赵翼：《檐曝杂记》卷一《皇子读书》。

13 《清高宗实录》卷四八一，乾隆二十年正月庚子。

14 《清高宗实录》卷九二一，乾隆三十七年十一月庚戌。

15 《清高宗实录》卷四八一，乾隆二十年正月庚子。《清高宗实录》卷五三六，乾隆二十二年四月甲戌。

16 《清高宗实录》卷一〇六六，乾隆四十三年九月乙未。

17 《清高宗实录》卷七六〇，乾隆三十一年五月辛巳。

18 《朝鲜李朝实录中的中国史料》第11册，正宗十六年（乾隆五十七年）三月壬辰。

19 《朝鲜李朝实录中的中国史料》第11册，正宗十八年（乾隆五十九年）三月丁酉。

20 《清高宗实录》卷八五八，乾隆三十五年五月癸未。

21 《朝鲜李朝实录中的中国史料》第11册，正宗十一年（乾隆五十二年）二月己酉。

22 《朝鲜李朝实录中的中国史料》第11册，正宗五年（乾隆四十六年）二月壬申。

23 《朝鲜李朝实录中的中国史料》第11册，正宗十一年（乾隆五十二年）二月己酉。

24 《朝鲜李朝实录中的中国史料》第11册，正宗十六年（乾隆五十七年）三月壬辰。

25 《朝鲜李朝实录中的中国史料》第11册，正宗十八年（乾隆五十九年）三月辛亥。

26 《朝鲜李朝实录中的中国史料》第11册，正宗十八年（乾隆五十九年）三月丁酉。

27 《朝鲜李朝实录中的中国史料》第11册，正宗十九年（乾隆六十年）闰二月己亥。

28 《清高宗实录》卷一〇六六，乾隆四十三年九月乙未。

29 《清高宗实录》卷一〇〇〇，乾隆四十一年正月甲戌。

30 《清高宗实录》卷一〇一三，乾隆四十一年七月甲午。

31 《清高宗实录》卷一一一九，乾隆四十五年十一月辛丑。

32 昭梿：《啸亭续录》卷五《庆僖王》。

33 《清高宗实录》卷一〇六六，乾隆四十三年九月乙未。

34 《清高宗实录》卷一〇六七，乾隆四十三年九月丁未。

35 《清高宗实录》卷一一八九，乾隆四十八年九月戊午。

36 《清高宗实录》卷一〇六七，乾隆四十三年九月丁未。

37 《清高宗实录》卷一一八九，乾隆四十八年九月戊午。

38 《清高宗实录》卷一〇六六，乾隆四十三年九月乙未。

39 《清高宗实录》卷一〇六七，乾隆四十三年九月丁未。

40 《清高宗实录》卷一二二〇，乾隆四十九年十二月丁亥。

41 《清高宗实录》卷一〇六七，乾隆四十三年九月丁未。

42 《清高宗实录》卷一〇六七，乾隆四十三年九月丁未。

43 《清高宗实录》卷一一九六，乾隆四十九年正月庚子。

44 《清高宗实录》卷一〇六七，乾隆四十三年九月丁未。

45 《清高宗实录》卷一四八六，乾隆六十年九月己未。

46 《清高宗实录》卷一〇六七，乾隆四十三年九月丁未。

47 《清高宗实录》卷一四八六，乾隆六十年九月己未。

48 《清高宗实录》卷一一八九，乾隆四十八年九月戊午。

49 《清高宗实录》卷一一八九，乾隆四十八年九月戊午。

50 《清高宗实录》卷一一九一，乾隆四十八年十月丁丑。

51 《清高宗实录》卷一〇六六，乾隆四十三年九月乙未。

52 《清高宗实录》卷一〇六七，乾隆四十三年九月丁未。

53 《清高宗实录》卷一四八六，乾隆六十年九月己未。

54 《清高宗实录》卷一〇六六，乾隆四十三年九月乙未。

55 《清高宗实录》卷一四八六，乾隆六十年九月辛亥。

56 《清高宗实录》卷一〇六六，乾隆四十三年九月乙未。

57 《清高宗实录》卷一四八六,乾隆六十年九月辛亥。

58 《清高宗实录》卷一〇六七,乾隆四十三年九月丁未。

59 《清高宗实录》卷一〇六七,乾隆四十三年九月丁未。

60 《清高宗实录》卷一一八九,乾隆四十八年九月戊午。

61 《清高宗实录》卷一〇六七,乾隆四十三年九月丁未。

62 《清高宗实录》卷一一八九,乾隆四十八年九月戊午。

63 《清高宗实录》卷一二二〇,乾隆四十九年十二月丁亥。

64 《清高宗实录》卷一〇六七,乾隆四十三年九月丁未。

65 《清高宗实录》卷一〇六七,乾隆四十三年九月丁未。

66 《清高宗实录》卷九二一,乾隆三十七年十一月庚戌。

67 《清高宗实录》卷一〇六七,乾隆四十三年九月丁未。

68 《清高宗实录》卷一〇六七,乾隆四十三年九月丁未。

69 《清高宗实录》卷一〇六七,乾隆四十三年九月丁未。

70 《清高宗实录》卷一四二七,乾隆五十八年四月戊子。

71 《清高宗实录》卷一四六六,乾隆五十九年十二月丙辰。

72 《清高宗实录》卷一四六六,乾隆五十九年十二月丁巳。

73 《清高宗实录》卷一四六八,乾隆六十年正月戊子。

74 《清高宗实录》卷一四七〇,乾隆六十年二月丁巳。

75 《清高宗实录》卷一四七〇,乾隆六十年二月辛酉。

76 《清高宗实录》卷一四八八,乾隆六十年十月乙酉。

77 《清高宗实录》卷一四九四,嘉庆元年正月辛亥。

78 《清高宗实录》卷一四八六,乾隆六十年九月己未。

79 《清高宗实录》卷一四八六,乾隆六十年九月辛亥。

80 《清高宗实录》卷一四八九,乾隆六十年十月乙未。

81 《朝鲜李朝实录中的中国史料》第12册,正宗二十年(嘉庆元年)二月乙未。

82 《清高宗御制诗余集》卷一《乐寿堂用丙申旧作韵》。

83 《清高宗御制诗余集》卷九《新正乐寿堂》。

84 《清高宗实录》卷一四八七,乾隆六十年九月丙子。

85 《清高宗实录》卷一四八九,乾隆六十年十月癸卯。

86 《清高宗御制诗余集》卷六《林下一首》。

87 《清高宗御制诗余集》卷一八《戏题眼镜》。

88 《清高宗御制诗余集》卷一九《即事》。

89 《清高宗御制诗余集》卷一九《芳兰斋忆旧》。

90 《清高宗御制诗余集》卷二〇《八月初九日作》。

91 《清高宗实录》卷一四九五,嘉庆元年七月癸巳。

92 《清高宗实录》卷一六三,乾隆七年三月丙子。

93 《清高宗实录》卷四二五,乾隆十七年十月甲寅。

94 《清高宗实录》卷九四二,乾隆三十八年九月己未。

95 《清高宗实录》卷一四九五，嘉庆元年七月癸巳。

96 《清仁宗实录》卷一七，嘉庆二年五月庚申。

97 《清高宗实录》卷一四八九，乾隆六十年十月己亥。

98 《朝鲜李朝实录中的中国史料》第12册，正宗二十二年（嘉庆三年）三月壬午。

99 《清高宗实录》卷一五〇〇，嘉庆四年正月壬戌。

100 《清高宗实录》卷一五〇〇，嘉庆四年正月辛酉。

101 《朝鲜李朝实录中的中国史料》第12册，正宗二十三年（嘉庆四年）三月戊子。

102 《清仁宗实录》卷三七，嘉庆四年正月甲戌。

103 《清仁宗实录》卷三七，嘉庆四年正月壬寅。）则

104 昭梿：《啸亭杂录》卷一《今上待和珅》。

105 《清仁宗实录》卷三七，嘉庆四年正月甲戌。

106 《朝鲜李朝实录中的中国史料》第12册，正宗二十三年（嘉庆四年）三月戊子。

107 《清仁宗实录》卷五〇，嘉庆四年八月丙申。

108 《清仁宗实录》卷三七，嘉庆四年正月甲戌。

109 《清仁宗实录》卷三七，嘉庆四年正月甲戌。

110 《清仁宗实录》卷五六，嘉庆四年十二月丙戌。

111 《清仁宗实录》卷三七，嘉庆四年正月甲子。

112 《清仁宗实录》卷三九，嘉庆四年二月壬子。

113 《清仁宗实录》卷四一，嘉庆四年三月丁亥。

114 《清仁宗实录》卷三七，嘉庆四年正月癸亥。

115 《清仁宗实录》卷四十，嘉庆四年三月癸亥。

116 《清史稿》卷三三九《郑源璹传》。

117 《清仁宗实录》卷四五，嘉庆四年五月丁丑。

118 《清仁宗实录》卷五五，嘉庆四年十一月己卯。

119 《清仁宗实录》卷四一，嘉庆四年三月。

120 《清仁宗实录》卷七二，嘉庆五年八月壬戌。

121 《清仁宗实录》卷三九，嘉庆四年二月戊午。

122 《清仁宗实录》卷五五，嘉庆四年十一月庚辰。

123 《清仁宗实录》卷四〇，嘉庆四年三月丁卯。

124 《清仁宗实录》卷四〇，嘉庆四年三月丁卯。

125 《清仁宗实录》卷四六，嘉庆四年六月庚寅。

126 《清仁宗实录》卷七一，嘉庆五年七月甲辰。

127 《清仁宗实录》卷四八，嘉庆四年七月戊午。

128 《清仁宗实录》卷五〇，嘉庆四年八月丙午。

129 《清仁宗实录》卷五九，嘉庆五年二月癸巳。

130 《清仁宗实录》卷五三，嘉庆四年十月丁未。

131 《清仁宗实录》卷七六，嘉庆五年十一月丙申。

132 《清仁宗实录》卷五六，嘉庆四年十二月甲申。

133 《清仁宗实录》卷五〇，嘉庆四年八月癸丑。

134 《清仁宗实录》卷五六，嘉庆四年十二月甲申。

135 《清仁宗实录》卷五八，嘉庆五年正月庚辰。

136 《清高宗实录》卷一四四一，乾隆五十八年十一月己酉。

137 《清高宗实录》卷一四九八，嘉庆三年正月壬辰。

138 《清仁宗实录》卷五七，嘉庆五年正月丙寅。

139 《清仁宗实录》卷五七，嘉庆五年正月丙寅。

140 《清仁宗实录》卷七七，嘉庆五年十二月己巳。

141 《清仁宗实录》卷五四，嘉庆四年十一月庚申。

142 《清仁宗实录》卷六二，嘉庆五年三月丁丑。

143 《清仁宗实录》卷七三，嘉庆五年八月甲戌。

144 《清仁宗实录》卷三七，嘉庆四年正月癸亥。

145 《清仁宗实录》卷三七，嘉庆四年正月丁卯。

146 《清仁宗实录》卷三七，嘉庆四年正月壬申。

147 《清仁宗实录》卷三八，嘉庆四年正月己卯。

148 《清仁宗实录》卷四九，嘉庆四年七月辛巳。

149 《清仁宗实录》卷四九，嘉庆四年七月辛巳。

150 《清仁宗实录》卷四九，嘉庆四年七月辛巳。

151 《清仁宗实录》卷四七，嘉庆四年六月癸丑。

152 《清仁宗实录》卷六〇，嘉庆五年二月丁未。

153 《清仁宗实录》卷六〇，嘉庆五年二月戊申。

154 《清仁宗实录》卷六二，熹庆五年三月壬午。

155 《清仁宗实录》卷七五，嘉庆五年十月戊午。

156 《清仁宗实录》卷七七，嘉庆五年十二月庚戌。

157 《清仁宗实录》卷七七，嘉庆五年十二月庚戌。

158 魏源：《圣武记》卷一〇《嘉庆川湖陕靖寇记七》。

第十二章　乾隆一家

乾隆皇帝一生身历四朝，眼通七代，家族繁衍，人口众多。于此仅摘其和乾隆皇帝关系密切或血缘关系较近者作些介绍，以观其帝王家庭的大致情况。

第一节　母亲、兄弟

乾隆皇帝的生母姓钮祜禄氏，生于康熙三十一年，是清朝开国功臣额亦都家族的后裔。康熙四十三年时，她被选为乾隆皇帝父亲胤禛的侧室，当时刚刚十三岁。二十岁时，生下乾隆皇帝。雍正皇帝胤禛即位后，秘密建储，她所生的儿子被立为储君。母以子贵，钮祜禄氏因以晋封为熹妃、熹贵妃。乾隆皇帝即位后，又被尊为崇庆皇太后。为了表示对她的尊崇和孝养之情，乾隆皇帝多次借国家庆典、战争胜利之机为其上徽号；外出巡幸，也无不奉其出行，几十年中，她和乾隆皇帝一起游遍塞外、江南、泰山、五台山和盛京各地。乾隆六年以后，乾隆皇帝又累次为她举办万寿庆典，备极奢

孝圣宪皇后朝服像

丽盛大。乾隆四十二年正月，她在当了四十多年皇太后之后生病去世，享年八十六岁。当年，乾隆皇帝特于易州泰陵之东另建泰东陵，将其安葬，谥为孝圣宪皇后。

乾隆皇帝对自己的母亲虽然极为尊崇孝养，但是却不让她干预朝廷政务。有一次，崇庆皇太后向乾隆皇帝提到应将顺天府以东的一所废寺重加修葺。对此，乾隆皇帝当面不便驳回，事后却穷究宫女、太监，查询是谁将这一消息告诉了皇太后，并对之严加训斥。为了防微杜渐，乾隆二十八年时，他还下令礼部将按照惯例恭进皇太后、皇后的会试登科录概行停止。[1]不过也有过两次例外。一是雍正皇帝去世后，为了表示自己的哀慕之忱，乾隆皇帝一度坚持循照古礼行三年之丧。臣下劝来劝去，无人能劝得动。最后还是由皇太后亲自出面，对乾隆皇帝进行批评、劝告，方才使他放弃了自己的意见。二是乾隆十三年对金川用兵，因为乾隆皇帝用人不当，屡遭挫折。乾隆皇帝盛怒之下，将讷亲、张广泗二人处死，改派军机大臣傅恒率军前往征讨。傅恒出师之后，乾隆皇帝发现国库存银无多，不足以资缓急，因而改变主意，谕令傅恒撤兵。但傅恒却以前有讷、张二人被杀先例，坚持不撤，使得乾隆皇帝欲罢不能。乾隆皇帝无计可施，不得不把皇太后搬了出来，以她的名义谕令傅恒撤兵回京。这样，傅恒的脑袋有了保证，方才遵旨撤兵。像这样皇太后预政的例子，终乾隆时期，仅仅只有这两起。

　　乾隆皇帝兄弟总共十人，为数不能算少。但是其中六人已在康、雍间夭折，而在成年的几个弟兄中，弘时又在雍正四年时被雍正皇帝革除宗籍，囚死禁所。这样，和乾隆皇帝一起进入乾隆朝的便只剩下了弘昼、弘曕两人。其中弘昼为雍正皇帝的另一个侧妃耿氏所生，和乾隆皇帝同岁，后来又同年入学，同时封王，雍正十三年春，他们又受雍正皇帝之命，一起参加了平定苗疆叛乱的领导工作。另一个弟弟弘曕，生母刘氏，出生于雍正十一年，和乾隆皇帝年龄相差二十多岁。乾隆三年时，出继康熙皇帝第十七子允礼之后，袭封果亲王。乾隆皇帝即位后，对于这两个骨肉同胞虽然外示优宠，"每陪膳侍宴，赋诗饮酒，殆无虚日"，[2]但却从不信用，不许他们干预政事。对于弘昼，因为年龄较大，乾隆皇帝曾派给他不少差事，如管理皇子教育和参与议政等，但大多都是一些闲差事。对于弘曕，虽然尚在襁褓，也令照料其生活起居的太监人等时加教育以尊君亲上之道。后来，随着乾隆皇帝专制统治的进一步加强，对他们的限制也更加严厉。为了免于引起乾隆皇帝的疑忌，弘昼、弘曕分别以留恋声色、追求财货自娱。如和亲王弘昼，"最嗜弋腔曲文，将《琵琶》《荆钗》诸旧曲皆翻为弋调演之。客皆掩耳厌闻，而王乐此不疲"。[3]果亲王弘曕则把全部精力用之以追求财货，"开设煤窑，占夺民产"，向各处织造官差人等"派办绣缎什器，不一而足"，私托官员售卖人参等无所不为。[4]

尽管如此，乾隆皇帝仍然寻找机会，对他们进行打击。乾隆二十八年五月初五日圆明园九州清晏失火。王公大臣闻知后，群趋往救。果亲王弘瞻因为来迟一步，而且到园后与诸皇子谈话时"嬉笑如常"，[5]使乾隆皇帝极为不满，当即以其"素不安分，往往向人请托，习气最陋"而将其交军机大臣审讯。[6]审讯结果，除上述非法追求财货各条之外，还给他罗织了干预朝政和在向皇太后请安时坐乾隆皇帝所坐之处，以及称雍正皇帝为"皇考"等许多莫须有的罪状，还牵连到了和亲王弘昼。这样，乾隆皇帝师出有名，当即将弘瞻革去王爵，降为贝勒，永远停俸，以观后效，所有职务也概行解退。和亲王弘昼也因"于皇太后前跪坐无状"而受到罚王俸三年的处分。[7]经过这次打击，弘瞻"闭门谢客，抑郁生疾"。[8]一年多以后，便因病死去，年仅三十三岁。和亲王弘昼则愈加颓废，每在自己府中聚集护卫人等演习丧礼。届时，自己坐于上方象征所放灵柩，而令府下人等披麻戴孝，在堂下大声哭嚎，借以抒发自己胸中的抑郁不平之气。[9]乾隆三十五年因病去世，终年六十岁。

第二节　后宫悲欢

乾隆皇帝后妃众多，即位之前，所纳福晋已不下十来人。即位之后，数量又不断增加，至乾隆二十年前后，一度增加到近三十人。总计乾隆一朝，后宫之中具有后、妃、嫔、贵人、常在等各种名号者不下四十人。这一数字，虽然稍逊于康熙皇帝，但是却大大超过了其他清代帝王。这些后妃，就其所属民族而言，遍布满、蒙、汉、回；就其出身而言，有的是名门淑秀，有的娶自内府三旗包衣，甚至还有没入宫禁的犯官女儿。对此，一些臣下啧有烦言，乾隆皇帝理亏心虚，不惜采取高压手段。如乾隆二十年胡中藻《坚磨生诗抄》案中，所列一条重要罪状即是他写有"武皇为失倾城色"的诗句，意含讥讽。因为后妃人数过多，不必逐一叙述，这里只择其事迹较著者略作介绍。

孝贤皇后富察氏，是乾隆皇帝的原配福晋，比乾隆皇帝小一岁，是察哈尔总管李荣保之女。雍正五年，十六岁上，与当时还是皇子的乾隆皇帝成婚，为其嫡妃。富察氏是满洲大族之一，清初以来，其家族成员累仕显宦。雍正皇帝选择该族之女作配自己的内定储君，心中当有一番深意。婚后，她先后生有二男二女。其中之皇二子生于雍正八年，出生后，雍正皇帝特为赐名永琏，"隐然示以承宗器之意"。[10]乾隆皇帝即位后不久，依照雍正成例秘密建储，即将永琏内定为储

孝贤纯皇后朝服像

君。乾隆二年十二月，三年制满，又将富察氏封为皇后。不幸的是，永琏和皇后所生的另一个儿子永琮先后于乾隆三年十月和乾隆十二年十二月相继殇逝。这使乾隆皇帝夫妇极为悲痛。尤其是皇后本人，更是每日以泪洗面。为了替她排除忧愁，乾隆十三年春，乾隆皇帝携其东巡曲阜，望祭泰山。但终因悲伤过度，兼之以旅途感受风寒，当年三月，病死于德州舟次，时年三十七岁。

对于孝贤皇后的去世，乾隆皇帝极为悲痛。为了表达自己的悲伤心情，他亲制《述悲赋》，格调哀婉。此外，还写了不少怀旧诗，如其中一诗云：

> 深情赢得梦魂牵，依旧横陈玉枕边。
>
> 似矣疑迟非想象，来兮恍惚去迁延。
>
> 生前欢乐题将遍，别后凄愁话未全。
>
> 无奈彻人频唱晓，空余清泪醒犹涟。[11]

表达了他对这个结缡妻子深切的怀念。他还为孝贤皇后举行了盛大的丧礼，并因一些官员在丧期中违制剃发而兴起大狱。江南河道总督周学健、湖广总督塞楞额都为此而丢掉了性命。乾隆十七年，胜水峪陵初步告竣。当年十月，乾隆皇帝亲送其灵榇安葬地宫。

乾隆皇帝的第二个皇后是乌拉纳喇氏。她在雍正中被选为乾隆皇帝的侧室福晋。乾隆二年时，乾隆皇帝将其册封为娴妃。尔后，在宫中地位不断上升。乾隆十年，晋封娴贵妃。孝贤皇后死后，又晋皇贵妃，摄六宫事。乾隆十五年，乾隆皇帝将其册立为皇后。历次巡幸，皆随乾隆皇帝出行。乾隆三十年，乾隆皇帝四巡江南，抵达杭州时，她因忤旨剪发而被乾隆皇帝遣人送回京师。一年多以后，在乾隆皇帝秋狝木兰期间，她因失宠忧愤而死，年约五十岁。得知这一消息，乾隆皇帝命令将其"所有丧仪止可照皇贵妃例行"。[12]这样，她被安葬到了裕妃园寝，而未能像孝贤皇后一样被葬入胜水峪地宫。

从乾隆皇帝为其取号"娴妃"以及乾隆初年她在宫中地位不断上升等现象来看，乌拉纳喇氏皇后并非过于骄横越分之人。即使在其失宠以后，乾隆皇帝也认为她"自册立以来，尚无失德"。[13]何至于在南巡途中竟然愤不欲生而自行剪发？显然，南巡途中她和乾隆皇帝之间曾经发生过激烈的争吵。对此，乾隆皇帝本人讳莫如深，各种官修史书也未加记载。不过据一些野史笔记所载，乾隆皇帝中岁以后，因为武功显赫、天下太平而耽于声色，并不时有冶游之举。为此，乌拉纳喇氏皇后多次进谏不从，遂有愤而剪发之事发生，因而遭到乾隆皇帝的遗弃。如果考虑到乾隆皇帝中岁以后后宫妃嫔大量增加，并且在个人生活上也极为铺张奢丽的现象，这些记载应大体属实，乾隆皇帝在私生活方面是极不检点的。

由于乾隆皇帝办理乌拉纳喇氏皇后丧仪过于简单，御史李玉鸣上书乾隆皇帝，对此提出批评。这使乾隆皇帝极为愠怒，下令将其"革职锁拿，发往伊犁"。[14]一直到嘉庆皇帝亲政之后，为了替父补过，始将乌拉纳喇氏改从后礼下葬。不过，这已是三十多年以后的事情了。

赠孝仪皇后魏氏，出身汉军。生于雍正五年，比乾隆皇帝小十六岁。乾隆十年时选进宫中当贵人；当年，册为令嫔；十四年，晋令妃；二十四年，晋令贵妃；三十年，又晋令皇

令妃像

贵妃。生有四男二女，为乾隆皇帝所有后妃中生育子女最多者。乾隆四十年正月病逝，时年四十九岁。当年，将其谥为令懿皇贵妃并安葬于胜水峪地宫。乾隆六十年十月，在决定次年归政之后，因为她是皇太子永琰的生母，乾隆皇帝特令将她追赠为孝仪皇后。

除孝贤皇后和孝仪皇后死后被葬入胜水峪地宫之外，得到这种待遇的还有哲悯皇贵妃富察氏、慧贤皇贵妃高氏和淑嘉皇贵妃金佳氏。这三个皇贵妃都是在雍正中被选到乾隆皇帝身边，其中，哲悯皇贵妃和淑嘉皇贵妃还分别诞育了皇长子和皇四子、皇八子、皇九子、皇十一子。大约是考虑到她们曾侍自己于藩邸或者是生有子息，乾隆皇帝才破格给予她们以葬入地宫的殊荣的。

乾隆皇帝晚年，由于老境来临以及妃嫔自然死亡后不行补充，妃嫔人数有所减少，但也绝不像乾隆五十九年八月乾隆皇帝所说的"只有二妃、二嫔"。[15]据唐邦治依据《实录》和档案而辑成的《清皇室四谱》一书统计，当时，乾隆皇帝之妃嫔尚有颖贵妃巴林氏（死于嘉庆五年）、婉贵妃陈氏（死于嘉庆十二年）、循妃伊尔根觉罗氏（死于嘉庆二年）、惇妃汪氏（死于嘉庆十一年）、苏妃陈氏（死于嘉庆六年）、晋妃富察氏（死于道光二年）、恭嫔林氏（死于嘉庆十年）、贵人鄂氏（死于嘉庆十三年）、寿贵人柏氏（死于嘉庆十四年）等。可见，直至乾隆皇帝去世以前，在他身边的妃嫔仍有近十人之多。

第三节　金枝玉叶

多妻的必然结果是多子、多女。乾隆皇帝一生，共生有十七个儿子、十个女儿，总共有二十七人之多。但是其中的十二个子女未及成人便已夭折，而在成人的十五个子女中，又有十人死于乾隆皇帝去世之前。这样，乾隆皇帝临终时所能见到的只有四个儿子和一个女儿，和当时的一般百姓家庭相比较，已经所差无几了。

在乾隆皇帝的十七个儿子中，幼年殇逝者七人。他们是孝贤皇后所生的皇二子永琏和皇七子永琮、淑嘉皇贵妃所生的皇九子（未命名）、舒妃叶赫纳喇氏所生的皇十子（未命名）、皇后乌拉纳喇氏所生的皇十三子永璟、追赠孝仪皇后所生的皇十四子永璐和皇十六子（未命名）。其中，较有影响的是皇二子永琏和皇七子永琮。永琏生于雍正八年，乾隆皇帝以其为皇后所生，而且其本人也聪明伶俐，首次秘密建储，即将其内定为皇太子。但是，这个孩子只活了九岁便因病死去，乾隆皇帝极为伤心，特将其追谥为端慧皇太子。乾隆三年十二月，葬于蓟州城东朱华山园寝，派员守护，按时祭扫。皇七子永琮生于乾隆十一年，在乾隆皇帝看来，这个孩子也很聪明，"甫及两周，歧嶷表异"。[16]因此，乾隆皇帝有意将其立为储君。但是乾隆十二年底，这个孩子也出痘殇逝。乾隆皇帝将其谥为悼敏，指令"皇七子丧仪应视皇子从优"。[17]因而，他也被安葬在朱华山端慧太子园寝。此后不久，孝贤皇后即因悲伤过度死于东巡途中，乾隆皇帝也因家中变故迭出，脾气暴躁，对于臣下的态度愈益严厉。家庭悲剧对于朝廷政治产生了重大的影响。

端慧皇太子永琏和皇七子永琮相继殇逝使得乾隆皇帝在建储问题上出现了波折。这时，有的年龄较长的皇子对于空缺的储位不无觊觎之念。发现这些情况后，乾隆皇帝即予严惩。这样，又有皇长子和皇三子成了乾隆皇帝坚持秘密建储的牺牲品。其中之皇长子永璜，生于雍正六年，庶妃富察氏即哲悯皇贵妃所生。皇三子永璋，生于雍正十三年，纯惠皇贵妃苏佳氏所生。乾隆十三年孝贤皇后死后，他们因觊觎储位和临丧不敬，受到乾隆皇帝的严厉指责并断言："此二人断不可入继大统。"受此打击，乾隆十五年三月，皇长子永璜首先生病去世，时年二十三岁；乾隆二十五年，皇三子永璋也因病去世，时年二十六岁。念及多年父子之情，乾隆皇帝将皇长子追封为定亲王，谥曰"安"；将皇三子追封为循郡王。

和皇长子、皇三子情况类似的还有一个乌拉纳喇氏皇后所生的皇十二子永璂。他生于乾隆十七年，在他十四岁时，他的母亲因忤旨剪发而失宠，十五岁上，母亲去世。这样，他的地位一落千丈，成为地位最低的一个皇子。乾隆四十一年正月，他因病去世，年方二十五岁。其他成年皇子去世，乾隆皇帝大都追封一个亲王、郡王，如果无子，还为其择嗣过继，以使香火不绝。而永璜死后，这些饰终之典一概没有。直到嘉庆四年三月嘉庆皇帝亲政之后，在对其母以后礼改葬的同时，才将他追封为贝勒。

上述各子之外，先于乾隆皇帝死去的还有皇四子永珹、皇五子永琪和皇六子永瑢。皇四子永珹生于乾隆四年，为淑嘉皇贵妃金佳氏所生。乾隆二十八年时，乾隆皇帝以其出继履亲王允裪之后为郡王。乾隆四十二年，因病去世，时年三十九岁。皇五子永琪生于乾隆六年，愉贵妃柯里叶氏所生。对于这个儿子，乾隆皇帝印象颇好并一度有意将其内定为储君。但是他的身体状况实在太差了，经常闹病。乾隆三十年时，病情还相当严重。为了使其心情愉快，早日恢复健康，

永瑢像　（清）华冠绘

当年十一月，乾隆皇帝破例将他封为荣亲王。但是这也未使他的病情有所好转，次年三月，这个皇子还是离开了人世，时年二十六岁。皇六子永瑢生于乾隆八年，和皇三子同母。乾隆

二十四年时，乾隆皇帝以其出继为慎郡王允禧之孙，降袭贝勒。三十七年，晋封质郡王。这个儿子文化素养很高，善绘画，通天算，并且还有一定的行政才干，曾经参与《四库全书》纂修中的领导工作，并且还当过一个时期的总管内务府大臣。乾隆皇帝七旬、八旬两次万寿庆典，他都是一个主要组织者。乾隆五十四年十一月，乾隆皇帝将其晋封为质亲王。但是，未待乾隆皇帝八旬万寿庆典届期，乾隆五十五年五月初一日，他即因病去世，时年四十七岁。

由于多数皇子已在乾隆皇帝生前去世，这样，为乾隆皇帝送终的只剩下了嘉庆皇帝、皇八子永璇、皇十一子永瑆和皇十七子永璘。其中，皇八子永璇生于乾隆十一年，和皇四子永城、皇十一子永瑆同为一母所生。在乾隆皇帝诸子中，这个儿子名誉最糟。少年时期逃学，长大之后贪恋酒色，多次受到乾隆皇帝的斥责。乾隆四十四年，因为较他年长的皇子皆有封爵，乾隆皇帝不得不将他封为仪郡王。但是到了乾隆五十四年十一月再次封王时，皇六子、皇十一子、皇十五子皆封亲王，而永璇却原地不动，仍为郡王。嘉庆四年正月，乾隆皇帝去世后，嘉庆皇帝始将其晋封为仪亲王，并令其总管吏部事务。但是为时不过一个来月，便又撤其总理吏部之职。从此，他坐拥厚禄，长期在家享受清福。一直到道光十二年时，他才去世，活了八十七岁。在他的十几个同胞弟兄中，他是最为长寿的一个。皇十一子永瑆，生于乾隆十七年。在乾隆皇帝的熏陶下，少年时期，即酷爱诗文书法。"诗文精洁，书法遒劲，为海内所共推"，[18]因而乾隆皇帝对其颇为喜爱，多次幸其府邸。《四库全书》纂修期间，他也是一个正总裁。乾隆五十四年，乾隆皇帝将其封为成亲王。嘉庆皇帝诛除和珅之初，又以他为首席军机大臣，总理户部三库事务。但是几个月后，因为他的声望日益增长，引起了嘉庆皇帝的疑忌。当年十月，罢其军机大臣之职，以藩王身份在内廷行走。道光三年去世，时年七十二岁。皇十七子永璘，生于乾隆三十一年，是嘉庆皇帝的同母弟。乾隆四十年赠孝仪皇后去世时，他仅有十岁，由颖贵妃巴林氏将其抚育成人。他不爱读书，"喜音乐，好游嬉"，[19]因而为乾隆皇帝所不喜。乾隆五十四年，其他各子皆封为王，只有他一人被封为贝勒。他自己也明白争储无望，因此，在一次兄弟聚会时，他开玩笑说："使皇帝多如雨点，亦不能滴吾顶上。惟求诸兄见怜，将和珅邸第赐居，则吾愿足矣。"[20]嘉庆亲政，将他晋封为惠郡王，不久，又改封庆郡王。与此同时，还将和珅宅第相赐，满足了他的要求。因为他是嘉庆皇帝的同母弟，嘉庆皇帝对他尤为疑忌，多次搜罗过失，对他进行打击。嘉庆二十五年三月，他因病去世，终年五十五岁。

总的看来，乾隆皇帝诸子虽然都有较高的文化素养，但其政治、军事才能却明显地低于前朝皇族子弟。其所以如此，一是受汉族文化熏陶所致，二是（主要的）由于乾隆皇帝对皇子控制的极端加强。这些，对于嘉庆以后清朝统治的衰落，应该说不无影响。

十七个皇子之外，乾隆皇帝还生有十个皇女。其中皇长女、皇二女、皇五女、皇六女、皇八女等五个公主皆于幼年殇逝。其他五个公主，两个嫁给了蒙古王公，三个嫁给了满洲大臣子弟。除皇十女固伦和孝公主之外，也都先于乾隆皇帝而去世。其中皇三女固伦和敬公主生于雍正九年，为孝贤皇后所生。十七岁时，乾隆皇帝将其嫁给了科尔沁王公色布腾巴勒珠尔。乾隆四十年时，这个固伦额驸死于金川之役。乾隆五十七年，和敬公主也在京病故，终年六十二岁。皇四女和硕和嘉公主生于乾隆十年，为纯惠皇贵妃苏氏所生。乾隆二十五年，下嫁大学士傅恒次子福隆安。乾隆三十二年去世，只活了二十三岁。皇七女固伦和静公主生于乾隆二十一年，为嘉庆皇帝的同母姐姐。乾隆三十五年，乾隆皇帝以其下嫁喀尔喀超勇亲王策凌之孙拉旺多尔济。乾隆四十年正月因病去世，年仅二十岁。从她去世到她的母亲赠孝仪皇后去世，其间仅有二十天。赠孝仪皇后应该是得到她去世的消息而突然发病去世的。皇九女和硕和洛公主生于乾隆二十三年，也是由赠孝仪皇后所生。乾隆三十七年时，她嫁给了在平定准噶尔和回疆叛乱中立下了卓著功勋的将军兆惠的儿子扎兰泰。乾隆四十五年十一月因病去世，只活了二十三岁。

在乾隆皇帝的十个公主中，唯一能活到乾隆皇帝去世之后的女儿是他的最小的女儿和孝公主。她出生于乾隆四十年，生母是惇妃汪氏。在她出生的时候，乾隆皇帝已经六十五岁。老年得女，对之异常宠爱，特将其待遇规格视同皇后所生之女，称为固伦公主。乾隆四十五年时，他将这个爱女指配给他的心腹、军机大臣和珅所生的儿子丰绅殷德。乾隆五十四年十一月，和孝公主下嫁，乾隆皇帝又大加赏赉，数量之多远远超过了其他公主。然而，乾隆皇帝死后，和孝公主的境遇却发生了巨大的变化。首先是和珅被处死，所有家产统被抄没。这样，昔日门庭若市的和孝公主宅第即刻冷冷清清，车马绝迹；尔后，嘉庆十五年，在和孝公主三十六岁时，其夫丰绅殷德又因病身亡。十几年后，这个历尽世道沧桑的和孝公主也因病去世，终年四十九岁。

---

1 《清高宗实录》卷六九七，乾隆二十八年十月丁未。

2 昭梿:《啸亭杂录》卷一《友爱昆仲》。

3 昭梿:《啸亭杂录》卷六《和王预凶》。

4 《清高宗实录》卷六八六，乾隆二十八年五月己巳。

5 《清高宗实录》卷六八六，乾隆二十八年五月己巳。

6 《清高宗实录》卷六八六，乾隆二十八年五月乙丑。

7 《清高宗实录》卷六八六，乾隆二十八年五月己巳。

8 昭梿:《啸亭杂录》卷六《果恭王之俭》。

9 昭梿:《啸亭杂录》卷六《和王预凶》。

10 《清高宗实录》卷七八，乾隆三年十月辛卯。

11 《清高宗御制诗二集》卷五《梦》。

12 《清高宗实录》卷七六四，乾隆三十一年七月癸未。

13 《清高宗实录》卷七六四，乾隆三十一年七月癸未。

14 《清高宗实录》卷七六五，乾隆三十一年七月壬辰。

15 《清高宗实录》卷一四五八，乾隆五十九年八月丁巳。

16 《清高宗实录》卷三〇五，乾隆十二年十二月乙酉。

17 《清高宗实录》卷三〇五，乾隆十二年十二月乙酉。

18 昭梿:《啸亭续录》卷五《成哲王》。

19 昭梿:《啸亭续录》卷五《庆僖王》。

20 昭梿:《啸亭续录》卷五《庆僖王》。

第十三章　历史地位

　　通观乾隆皇帝在位期间的全部政治活动，可以看出，这个临御天下六十多年的封建君主，对于中国社会的发展发挥过重要的作用，在二百多年的清朝发展史上占有突出的地位。

　　就积极作用而言，乾隆皇帝的贡献，大致有以下几点：

　　一是通过即位之初的调整统治政策，保证清朝政治继续向上发展。雍正皇帝在位期间，先后对统治机构、八旗制度和赋税制度等方面进行了大刀阔斧的改革，在统治集团内部，也先后制造了几次大规模的政治斗争。这些活动，进一步加强了自己的统治；从长远来看，对于清朝统治的巩固和发展也有其积极意义。但是，因为这些活动是以加强个人统治为目的，对各阶级、阶层的利益都不同程度地有所伤害，而且又是在极短的时间内全面进行，因而在社会上引起了普遍的不满。为了扭转这种局面，乾隆皇帝即位之初，立即转变统治思想，调整统治政策，对社会各阶级、阶层的控制都有所放松，对雍正时期的各种败政也多所纠正，从而大大缓和了原来比较尖锐的社会矛盾。这些政治活动，不但对雍正朝的改革起了修正的重要作用，巩固了雍正皇帝改革的主要成就，而且也对清朝政治继续向上发展起了重要的作用。

二是促进生产发展，关心人民生计。乾隆皇帝在位期间，针对全国人口急剧增长、耕地相对不足、生计颇为困难的现实问题，对于劝垦田地、兴修水利、讲求积贮等有关国计民生的问题都表示了高度的重视，对于前代统治者一直严厉禁止的开矿事业，他也采取了比较开明的政策。与此同时，他还继续坚持清初以来即已执行的蠲免钱粮、赈恤灾民的重要政策，而且，在蠲赈数字上也大大超越以往历朝。除此之外，在解决八旗生计过程中，他也迈出了新的步子，改变清初以来消极赈济的方法，大力推行京旗移垦、出旗为民等积极的政策，从发展生产、帮助旗人自谋生路入手，解决旗人生计。所有这些政策的坚持和执行，不但大大缓解了因人口急剧增长而出现的各种社会矛盾，也保护和发展了生产力，直接促进了社会经济的迅速发展。

三是认真整顿内政，维持社会安定。对乾隆皇帝来说，保持一个长期安定的政治局面是巩固统治的基础，对社会进步而言，安定的政治局面也是一个重要的前提。为此，乾隆前期，乾隆皇帝大力整顿内政。在政治上，坚持秘密奏折制度，重设军机处，大大加强了中央政权对地方官员的控制。在经济上，厉行严惩贪污、清理积欠等重要政策。乾隆后期，在老境来临之际，对于日益迫切的建储问题，乾隆皇帝表示了高度的重视并进行了缜密的处理。在处理建储问题时，他既不惑于世俗偏见，敢于对传统的建储制度进行尖锐的批判，又能根据实践需要，对雍正皇帝创立的秘密建储制度从理论上进行阐释，在实践上加以发展。乾隆皇帝的这些活动，使政局长期处于相对安定的局面，对于社会经济的迅速发展，对于清朝统治全盛局面的形成，都起了重要的作用。

四是平定各地叛乱，抗击外敌入侵，维护国家统一。乾隆皇帝即位之初，即通过平定苗疆叛乱巩固了雍正间改土归流的成果；尔后，又进行了平定上、下瞻对，大、小金川和西藏地区少数民族上层分子的叛乱，加强了中央政府对这些地区的控制。乾隆二十年到二十四年进行的平定准噶尔叛乱和平定回疆叛乱的战争，则更使中央政府直接控制的地区大大扩展，超越了历史上以疆域辽阔而著称的汉、唐两朝，并为此后中国疆域的最后确定奠定了基础。与此同时，为了维护国家的领土完整，乾隆皇帝还对沙俄的侵华活动保持了高度的警惕，并且胜利地进行了抗击廓尔喀入侵西藏的战争。乾隆皇帝的这些活动，为维护国家的统一事业做出了重要的贡献。

五是重视文化事业，推进学术发展。乾隆皇帝在位期间，由于屡开特科、恩科和多次增广入学名额，较之前代，文化教育事业进一步普及。与此同时，他还适应大量古典文献亟需整理的客观形势，以编修《四库全书》为中心，进行了大规模的征求民间遗书、搜辑佚书和纂修书籍的文化活动。对于学术研究事业，他也不遗余力地予以鼓励和支持。在他的扶持下，整个文化界出现了整理古典文献的热潮，学术研究事业呈现了异常活跃的局面，并且在这些活动中形成了著名的乾嘉学派。所有这些，对于古典文献的保存和流传，对于学术事业的发展和繁荣都起到了极大的推动作用。

在我们肯定乾隆皇帝对中国社会的发展做出重要贡献的同时，也必须指出，作为没落而又反动的封建地主阶级的代表，乾隆皇帝的不少活动都严重地破坏了社会生产力的发展，阻碍了中国社会的进步。大致说来，也有以下数点：

一是无限制地加强封建专制统治和滥兴文字狱。清初以来，由于历代皇帝的共同努力，皇权一直处于不断强化的过程之中。到了乾隆时期，皇权进一步发展到了无以复加的地步，严重地阻碍着社会的进步和发展。尽管如此，乾隆后期，乾隆皇帝仍然以加强皇权为事。在这一思想的指导下，在政治上，他极力揽取权势，对于臣权、相权乃至储权，则极力加以压抑和限制。与此同时，他还多次在统治集团内部和社会上掀起波澜，以清查悖逆著作为名，滥兴文字狱。这样，专制统治的极端强化造成了极其严重的后果。广大官商民众缄口不言，重足而立，整个社会也因此而是非颠倒，动荡不安。这不但严重地影响了社会生产的正常进行，也严重地禁锢了广大人民的思想，对于当时和此后中国社会的发展和进步都产生了极为恶劣的影响。

二是残暴镇压人民反抗斗争。作为封建地主阶级利益的最高代表者，对于广大人民反抗封建压迫和封建剥削的斗争，乾隆皇帝极为仇视。为了防止发生各种形式的人民反抗斗争，几十年中，他一直致力于全国各地镇压机构的健全和整顿。对于各地人民的反抗斗争，则更是凶相毕露，极其残暴地进行镇压。这些，都彻底暴露了他的反动本性，也对社会发展和进步起了严重的阻碍作用。

三是推行闭关政策，使广大中国人民闭目塞听。十八世纪，海上贸易日益频繁。对有利于中国社会发展和人民生计的正常贸易来往，乾隆皇帝不是采取积极的态度加以支持，而是从巩固自己专制统治的政治需要出发，千方百计地加以限制，从而严重地限制了中国人民的进取精神，妨碍了中国人民学习世界先进的思想文化和科学技术，导致了近代以后被动挨打局面的出现。对此，乾隆皇帝负有不可推卸的责任。

四是穷兵黩武，连续发动不义战争。其中，影响最为恶劣的是征缅之役和安南之役。不只虚掷了大量的金钱，加重了本国人民的负担，也严重地破坏了中国人民和近邻国家人民之间的传统友谊，并造成了彼此的巨大灾难。

五是骄奢淫逸，任情挥霍。经过清初以来广大人民的辛勤劳动，乾隆时期国家富庶。为了满足自己的享乐欲望，乾隆皇帝大肆挥霍。其中，最为突出的是备办皇太后和他自己的历届万寿庆典和六巡江南，从而使广大劳动人民辛苦积攒起来的大量财富付之东流，不但大大加重了广大人民的痛苦，导致了国内阶级矛盾的空前激化，也直接导致了吏治腐败和清朝统治全盛局面的中止。

乾隆皇帝生活的十八世纪是曹雪芹在其著名小说《红楼梦》一书中揭示的封建统治的大厦"呼啦啦将倾"的时期，而乾隆皇帝所代表的又是一个日益没落、反动的阶级。时代提供给乾隆皇帝发挥积极作用的空间已经非常狭隘。因而，和乃祖、乃父相比较，乾隆皇帝对于历史发展的进步作用大相逊色，而在消极作用方面却更加突出，而且，愈是到乾隆后期，这种消极作用便愈是明显。尽管如此，乾隆皇帝仍以自己的努力在缓和社会矛盾、促进生产发展、维持国家安定、维护祖国统一、发展民族文化等许多方面都做出了突出的贡献，其中一些活动如抗击廓尔喀入侵以维护祖国统一和坚持秘密建储以保持社会安定都是发生在乾隆后期。这便说明，一直到乾隆皇帝在位末年，对于社会的发展和进步，乾隆皇帝仍然发挥着一些积极作用。在乾隆皇帝以前的中国历代帝王中，能就上述一两个方面做出贡献者已经为数不多，兼有以上数项而且坚持始终者则更是凤毛麟角。因此，虽然由于时代的局限，由于阶级的限制，乾隆皇帝的不少活动都严重地破坏了生产力的发展和社会的进步，但是，他在位期间取得的上述成就，无疑地应使他居于中国历史上的最优秀的帝王之列。因而，这个统治天下六十余载，几达入关以后清朝全部年代四分之一的封建君主，无论在清朝历史上，或是在两千多年的中国封建社会中，都应占据重要的一席之地。

附　录

一、乾隆皇帝年表[1]

康熙五十年（1711年）　一岁

◎八月十三日（1711年9月25日）生于雍亲王府邸。[2]为雍亲王胤禛第四子。母钮祜禄氏，时为雍亲王胤禛侍妾。雍正帝即位，晋熹妃、熹贵妃。乾隆帝即位后，被尊为崇庆皇太后。死谥孝圣宪皇后。[3]

◎高宗法天隆运至诚先觉体立力极敷文奋武钦明孝慈神圣纯皇帝，讳弘历。雍正十年世宗赐号长春居士，后尝自号信天主人。七十后自称古稀天子，又自称十全老人。为世宗第四子，其初次序实为第五。康熙五十年辛卯八月十三日子时生于雍亲王藩邸。母王府格格钮祜禄氏，即孝圣宪皇后。六十一年三月，圣祖命养之宫中。雍正元年八月，世宗密建皇储，缄其名于乾清宫正大光明匾额后。十一年二月，封和硕宝亲王。十三年乙卯五月，命入值办理苗疆事务。八月，遗诏立为皇太子，嗣大统。[4]

◎自六龄就学，受书于庶吉士福敏。过目成诵，课必兼治，进业日勤，动契夕悟。洎康熙壬寅，年十二，祗谒圣祖于圆明园之镂月开云，见即惊爱，命宫中养育，抚视周至，备荷饴顾恩慈。亲授书课，教牖有加。偶举《爱莲说》以试，诵解融彻，奖悦弥至。命学射于贝勒允禧，学火器于庄亲王允禄。肆轫擅能，精传家法。每呈彀宫门，习围南苑，闳体审机，叠发奇中。观者莫不钦为天授。其年秋，随侍圣祖巡避暑山庄，赐居万壑松风，读书其中。一日望见御舟泊晴碧亭畔，闻圣祖呼名，即趋岩壁而下。顾谓勿疾行，恐至蹉跌，爱护殊常。狮子岭之北，为世宗藩邸扈跸时赐园。圣祖幸园中进膳，特命孝敬宪皇后率孝圣宪皇后问安拜觐，天颜喜溢，连称有福之人，以上豫信也。木兰从狝，入永安莽喀围场，命侍卫引射熊，取初围获熊兆。甫上马，熊突起，控辔自若，圣祖御枪殪之。事毕入武帐，顾语温惠皇贵太妃曰，是命贵重，福将过予。恩鉴之神，灼然知圣母圣子允能膺受多福，引睨方来，深信不爽者如此。雍正元年癸卯春正月次辛祈谷礼成，是为世宗登极后初次大祀之典。召上入养心殿，赐食一胾，意已为他日付托之本，志早先定，仰告昊苍，故俾承福受胙也。秋八月，御乾清宫，密书上名缄固，召谕诸王大臣，俾敬藏世祖章皇帝所书正大光明匾额上，使咸喻慎简元良之本怀。冬至月届圣祖仁皇帝周忌大祭，命代谒景陵，隐然以主鬯钦承眷命所钟，勿忘自始。五年丁未，年十七，赐成大婚礼于西二所，践祚后赐名重华宫者是也。八年庚戌，汇书闱所制诗文为《乐善堂集》告成。十一年正月，封和硕宝亲王。每岁命代祀北郊。准噶尔之役，两朝未竟，陈师西北两路，上实亲聆运筹。黔苗不靖，继有兵事。世宗命综理军机，诹决大计。

康熙五十一年（1712年） 二岁

◎二月，定滋生人丁，永不加赋。

康熙五十八年（1719年） 九岁

◎始随翰林院庶吉士福敏读书。[5]

◎乾隆四十四年，乾隆帝诗注称三先生为福敏、朱轼、蔡世远。其于福敏则称："余幼时，日所授书，每易成诵，课常早毕。先生即谓余曰，今日之课虽毕，曷不兼治明日之课？比及明日，复然。吾弟和亲王资性稍钝，日课恒落后。先生则曰，弟在书斋，兄岂可不留以待之？复令予加课。俟其既毕，同散。彼时孩气，未尝不以为怨。今思之，则实有益于己。故余所读之书倍多，实善诱之力也。"诗称"呜呼于先生，吾得学之基"。[6]

◎"皇考选朝臣授业我兄弟四人，胥宿儒。徐元梦、朱轼及张廷玉、嵇曾筠，设席懋勤殿，命行拜师礼。"[7]

康熙六十一年（1722年） 十二岁

◎正月，康熙帝举行千叟宴，弘历奉命与诸皇孙向老臣执爵献酒。

◎三月，康熙帝两幸圆明园，召见弘历，养育宫中。

◎四月，弘历随康熙帝巡幸热河避暑山庄，秋狝木兰。

◎九月，返京。

◎十一月，康熙帝去世。弘历之父胤禛即位，是为雍正帝。

雍正元年（1723年） 十三岁

◎正月，雍正帝命徐元梦、朱轼等教皇子读书。

◎八月甲子（十七日），秘密建储，以弘历为内定储君，将建储密旨藏于锦匣之内，收藏于乾清宫正大光明匾额之后。[8]

雍正二年（1724年） 十四岁

◎正月，添置八旗养育兵。

◎三月，取消儒户、宦户名称，规定士民一律当差。命地方官劝农，给老农顶戴以资鼓励。

◎六月，命在京设立八旗井田。

◎七月，在全国推行耗羡归公及养廉银制度。颁布《御制朋党论》。

雍正三年（1725年） 十五岁

◎是年，诛年羹尧、汪景祺等。

雍正四年（1726年） 十六岁

◎正月，削除允禩、允禟宗籍，改其名为阿其那、塞思黑，旋皆卒于囚所。

◎九月，查嗣庭科场试题案发，停浙江乡、会试，特设浙江观风整俗使。始行改土归流。

◎是年，弘时案发，削除宗籍圈禁，次年死于囚所。

雍正五年（1727年） 十七岁

◎七月十八日，弘历成婚，嫡妃富察氏（康熙五十一年二月二十二日生），察哈尔总管李荣保之女。[9]

◎八月，中俄签订《恰克图条约》。

◎十月，隆科多被圈禁，旋死于囚所。

◎是年，正式设立驻藏大臣。

雍正六年（1728年） 十八岁

◎九月，曾静、吕留良文字狱案发。

◎十二月，始行清理江南积欠。

雍正七年（1729年） 十九岁

◎二月，以曾静案，设湖南观风整俗使。

◎六月，出师征准噶尔。设军机房，弘历参与机务。

雍正八年（1730年） 二十岁

◎是年，弘历《乐善堂文钞》三十卷、弘昼《稽古斋文钞》定稿。[10]

雍正十一年（1733年） 二十三岁

◎二月己未，封皇四子弘历为和硕宝亲王，皇五子弘昼为和硕和亲王。

雍正十三年（1735年） 二十五岁

◎五月，因贵州苗乱，以弘历、弘昼、鄂尔泰等人为办理苗疆事务王大臣。

◎八月己丑（二十三日），雍正帝去世，终年五十八岁，弘历嗣位。以庄亲王允禄、果亲王允礼、大学士鄂尔泰、张廷玉为辅政大臣，旋改总理事务王大臣。以遗命尊奉妃母为皇太后，复奉皇太后懿旨以元妃为后。遵大行皇帝遗诏，鄂尔泰、张廷玉配享太庙。谕外省文武大臣等差员赍折到京者，照常启奏，毋得沉滞。颁布遗诏。谕总理事务王大臣，朕以冲龄，继登大位，正当广为咨诹，以补见闻所不及，其从前何等官员准其奏事，或有特旨令其奏事者，俱着照前折奏。

◎九月己亥（初三日），弘历即皇帝位于太和殿，是为乾隆皇帝。以明年为乾隆元年，颁乾隆元年时宪书，铸乾隆通宝。申禁各省贡献，禁陈祥瑞。赐庄亲王允禄、果亲王允礼永远食双俸，鄂尔泰、张廷玉世袭一等轻车都尉，朱轼

世袭骑都尉。乾隆帝移居养心殿。命廷臣轮班奏事。免雍
正十二年以前各省民欠。其江南积欠内官侵吏蚀二项，亦
照民欠例宽免。命僧众仍给度牒，禁擅造寺观神祠。命清
查丛林古刹斋田，编入册籍。

◎十月，严禁地方官匿灾讳盗。谕治天下当宽严得中。以
张广泗经理苗疆事务，禁虚报开垦。命宗室觉罗因罪革退
者，子孙分赐红带、紫带，附载玉牒。严饬内务府总管、
太监等凛遵制度。释圈禁宗室。命厘正文体，毋得避忌。
始行裁革各省杂税。停止丈量首报民田。饬督抚毋得滥请
改隶州县，增设官职。谕各部院奏事仍兼清汉文。

◎十一月，命纂修大行皇帝实录。命甄别僧道。恭上雍正
帝谥号、庙号。禁各省督抚溢收耗羡。赏已革宗室阿其那、
塞思黑红带，收入玉牒。

◎十二月，命纂《八旗满洲氏族通谱》。加教官品级。严饬
臣工，满洲、汉人毋得歧视。禁州县征粮积弊。准噶尔遣
使乞和，命喀尔喀扎萨克等详议定界防守事宜。以恩诏免
粮，命地方官劝业户酌减佃租。禁河运工程捐派累民。严
禁各省工程摊派。处死曾静、张熙。谕凡上司抑勒属员，
准直揭部科。

乾隆元年（1736年） 二十六岁

◎正月，经略张广泗奏报，官兵三路进逼贼巢，各逆求请
招安者数百寨。御史冯起元奏："但以现今养廉而论，六
部尚书、侍郎反不及外省府县，正副都统不如外省之参
游。在京各官虽勉强洁己奉公，终非持久之道。况今文武
大员房地俱无者，不止三分之一，司属章京衣食不足者十
有八九。若非加意培补，何以致于丰裕？培元气、固根本，
此其时也。"[11] 撤西北两路大军。御史谢济世进呈自著《学

庸注疏》，得旨严饬。停止捐纳。惟留户部捐监一项，作为各省歉岁赈济之用。命教职各照品级给与全俸，著为令。

◎二月，免绅衿杂派差徭。诏直省生员、监生年七十以上者优免一丁，八十以上者给与八品顶戴。命各旗闲散幼丁年逾十岁者，该管参佐领保送养育兵。始给各省佐杂官养廉。准满洲、蒙古举人补内阁中书。严禁以文字罪人。

◎三月，赦汪景祺、查嗣庭兄弟族属回籍。给予告满汉大学士及部院尚书全俸，著为令。设盛京宗学、觉罗学。命续修国史。赏八旗汉军生息本银二十万两，以备兵丁红白之用。开复抗粮褫革之生员监生。赏给原贝勒延信、苏努、原公乌尔占子孙红带，附载玉牒。加满汉助教、学正等官品级。命征集史料，续修雍正十三年间国史。

◎四月，谕汉军熟悉清语，嗣后引见如不能以清语奏对，不准列入保举。停止汉人发遣罪犯安置黑龙江、宁古塔、吉林、乌拉等处，改发各省烟瘴地方。定自山海关至杀虎口提督、总兵以下兼用满员绿旗例，所有副参游都守一百三十三缺，以三分留于绿旗，以七分分给满员。严出家之禁。谕八旗敦崇俭仆。内大臣海望遵旨议复，内务府及八旗满、汉、蒙共支生息银一百一十万两。

◎五月，以本年四月，黄河自砀山毛城铺决口，命南河总督富德会同江南总督，总河共议疏浚支策。命直隶岁修永定河堤岸，严查胥吏扰累。郎世宁在御前请缓禁教。命改山东益都县更名地亩归民粮征收。命修建州县六房公宇，一应案牍慎密收藏，倘书吏换班有私带文卷出署者，从重治罪。免曾静、张熙亲属缘坐。命各省驻防官兵送柩来京安葬。

◎六月，以书院实即古代侯国之学，谕慎选师儒、生徒。加礼部堂官双俸。谕八旗六部大臣，奏事引见不得因炎暑减少。始给各省学政养廉。定八旗条例。命各省提督、总兵进京照督抚例，不必赴部投文。禁私造鸟枪。定江南水利岁修。命大学士等议明建文帝谥，寻奏准追谥恭悯惠皇帝。革提督衙门白役。命查八旗应入官房地，分别情罪，给还本人执业。命纂《三礼义疏》。弛坊间刻文之禁。严禁衙蠹。给京官养廉。

◎七月甲午，以皇二子永琏为储君，秘密建储。并谕此乃酌权剂经之道，将来皇子年齿渐长，识见扩充，志气坚定，朕仍当布告天下，明正储贰之位。是月，谕州县查勘水旱杂费，俱动用公帑，毋许派累。免贵州通省本年额赋及耗羡。申禁科场舞弊。除古州等处苗赋。定五等世职汉文。给佐杂官回籍路费。以王士俊陈奏悖妄，逮问。准贡生酌补佐贰。

◎八月，傅鼐以狡诈夺职。加京官恩俸，增旗员随甲钱粮。增满洲官卷中额。玉牒告成。

◎九月，定凌虐遣犯罪，并免有职人员及举贡生监出身者为奴。命内阁、翰林院精选本朝臣工奏疏入选，诸臣内有素行端纯者，准入贤良祠。《明史》告成，御试博学鸿词一百七十六员于保和殿，取中十五人，各授官。

◎十月，送世宗梓宫于泰陵。"国史馆进《太祖高皇帝本纪》，谕现在编纂四朝本纪、表、志、列传，一并排纂。命纂修《世宗宪皇帝本纪》。"[12]以西师已撤，谕将乾隆二年甘肃钱粮全行豁免，西安等属蠲免额之半。经略张广泗奏报苗疆军务全竣。

◎十一月甲午，乾隆帝始御乾清门听政。是月，重定侵盗钱粮例。改直隶井田为屯庄。

◎十二月，禁督抚收受土宜。定幕宾六年期满保送之例，以革除奔竞钻营、买名顶替等弊。定鄂尔昆驻兵轮年更代之法。命开浚毛城铺引河。总理事务王大臣遵旨奏议八旗养赡事宜，查八旗入官地亩，未经动用者九千零五十余顷，入官房屋八千三百余间。而八旗贫乏者不止一二万，若均给田亩房屋，势不能均沾。请将现存官地立为公产，以每年所得租息分给贫乏旗人；官房仍请照前，准人认买。奉旨依议。

◎是年冬，俄国第三批商队至京，次年春归国。[13]

乾隆二年（1737年） 二十七岁

◎正月，给江南佐杂官养廉，后陆续推及各省。

◎二月，令各省督抚安排藩臬入京引见。

◎三月，葬雍正帝于泰陵。更定旗人命案例。准洋船到广仍免于起炮。

◎四月，申命求言。准包衣佐领、管领与八旗联姻。礼部侍郎吴金奏请台湾设省，并专设巡抚弹压，遭王大臣议驳，未行。以畿辅缺雨，免直隶今年额赋。定世管佐领缺出时袭管之例。给贫乏旗人房屋。赦发遣人犯妻子回籍。

◎五月，命重农务本，并以此课督抚之优劣。命河北五省严禁晒耖。准本年新进士条奏地方利弊。命武英殿敬刊五朝圣训。谕南书房、武英殿翰林编纂农书。停满洲庶吉士分习清书。命各关遇歉岁免收米税。

◎六月，命直隶试行区田法。[14]命歉收之岁，贫民借领仓谷，秋后还仓时不许收息。

◎七月，谕部院会议事件，声明主稿衙门。御试续到博学鸿词于体仁阁。谕各省督抚筹备水旱事宜。改定遣犯改发之例。凡民人犯法应发遣为奴者，仍照旧例发往宁古塔、黑龙江给披甲人为奴。

◎八月，命大学士鄂尔泰详勘直隶河道水利。

◎九月，因御史舒赫德奏请各省税务归并旗员管理，特宣谕此事徒长旗员贪渎之风，侵蚀之弊，断不可行。命圣庙易用黄瓦。颁《圣祖御制文集》、《世宗朱批上谕》、御制《乐善堂集》于官学。命借给在京八旗兵丁例饷半年。申饬言官毋挟私言事。定八旗承袭世管佐领、年幼拣员署理之例。定满洲郎中保送道员例。命州县以下官养廉就近坐支。以满洲、蒙古郎中仕途狭隘，谕以后可与汉司员一起保送道员。

◎闰九月，禁各省耗羡外收余平。禁州县官出境迎送上司。命借给齐齐哈尔、黑龙江、墨尔根、呼兰等处屯兵牛具银两。定八旗武职酌给全俸半俸例。马兰峪陵寝工程告竣。命修永定河堤坝。

◎十一月，赏借八旗甲米一月。庄亲王允禄等辞免总理事务。命仍设军机处，以大学士鄂尔泰、张廷玉、尚书讷亲、海望、侍郎纳延泰、班第为军机大臣。命翰林官挂朝珠。采纳云南巡抚张允随建议，以致力农耕等十项者为上农，即于其中选老成谨厚之人，专司教导。又每年秋收后，州县查所管乡村，如果地辟民勤，谷丰物阜，觞以酒醴，给以花红，导以鼓乐，以示奖励。又播种时，如果缺乏籽种，工本艰难，准于常平仓谷存七数内借支。

◎十二月，册立嫡妃富察氏为皇后。特准八旗另户兵丁考试翻译一次。给八旗内务府兵丁嫁娶赏银。准兵部侍郎孙国玺奏请，将山西捐监事例移归本省，交纳本色，以实仓储，他省不得援以为例。

乾隆三年（1738年） 二十八岁

◎正月，定宗室嫁娶例。停各省平余银解部。初幸圆明园，奉皇太后居畅春园，凡庆节恭迎皇太后御长春仙馆，以为例。

◎二月，定各省常平仓纳粟捐监例。释奠先师孔子。命公产旗地准民人置买。谕各省常平、社仓歉收借领免息，著为令。始御经筵，自是每季仲月一次，岁以为常。

◎三月，始诣太学释奠。谕满洲现任三品以下及武职官通晓国书者候考。谕各衙门轮班无事，仍递到班衔名。谕督抚升调非特奉谕旨，均俟交待后起程。命例应考选科道之部院等官概行引见，乾隆帝亲加简拔。

◎四月，以旱申命求言。申禁督抚贡献。禁州县馈送土宜。命各直省题奏本章按季咨内阁、通政司查核。

◎五月，定各省水旱灾五分即准蠲免例。谕副将、参将引见，督抚核实加考核。

◎六月，命八旗平粜局钱易银平价。禁州县官征收暗加火耗。令各部院引例不得删减，亦不得例外两请。定八旗家奴开户例。命内阁中书能缮清书者用满本房，能翻译者用汉本房。命内外纠参六法官愿引见者听。谕禁京师传播之伪孙嘉淦奏疏稿。

◎七月，派八旗满洲蒙古兵丁分往张家口、古北口等处驻防。免八旗护军校以下借扣未完饷银。定满洲科道内升外转例。"申禁驻防八旗官弁子弟于附近府院参加岁科两试。"[15]复设稽查内务府御史。谕八旗都统等训兵丁节俭。吏部议复，嗣后凡密折奏事，请发交内外大臣查审，倘有挟私妄奏，即照例议处，得旨允行。各省陆续奏报纳粟捐监事宜。

◎八月，谕录用入贤良祠诸臣子孙。"御史稽鲁请每旗各设银库，每库用银五十万两，借与本旗官员以及包衣兵丁。并请广开八旗登进之途，凡近京省城府道州县副参游守等官俱宜参用满洲。京营游守千把俱以满洲补用。命交部严加议处。"[16]命酌定各省缓征钱粮分别带征。设各部院督催所。

◎九月，命副都统纪山驻藏。定武职官赴任凭限。训八旗勤习弓马。采买口外米豆交八旗平粜。

◎十月，增八旗护军领催马甲四千三百三十余名，养育兵一万七千七百余名。皇次子永琏死，命丧仪照皇太子仪注，谥端慧皇太子。

◎十一月，定原品休致大臣食俸例。给各省考官路费，著为令。定八旗佐领选子孙承袭例。命八旗包衣归汉军考试。禁八旗兵丁衣服奢僭越。定直省例案限期。立算学。

◎十二月，《八旗通志》成。发帑银一百万两修浚江南水利，命大理寺卿汪漋专往督办。命剔除漕弊。

乾隆四年（1739年） 二十九岁

◎正月，命通政使德尔敏往江南同大理寺卿汪漋督办水利。

◎二月，定官吏侵帑罪。庚子，准噶尔台吉噶尔丹策零奏以阿尔泰山为界，许之。准举人会试后拣选知县。

◎三月，命八旗及步军统领修则例。命尚书、都御史、侍郎保举如陆陇其、彭鹏者。谕各部院约束司员、书吏。谕直省整饬武备。谕直省大吏，遇部院书吏需索，即据实奏闻。定养育兵红白事赏银。特免直隶、江苏、安徽三省额赋二百五十万两。赐浙江敷文书院生童饩廪。戒言官缄默。

◎四月，改各省卫所归知府管辖。严水旱匿灾处分，免直隶本年地丁耗羡。以旱申命求言。以直隶江南缺雨，谕九卿科道会议预筹民食。

◎五月，停部属参领、翰林等官奏事。免江苏、安徽二省耗羡。命浙江海宁改筑石塘。

◎六月，以礼部颁发度牒已三十余万，令各省裁减僧道。添派查旗御史。禁增设牙行。

◎七月，命八旗照部院例轮带三品职任人员引见。禁督抚擅调属员进省。谕直省督抚预筹积贮。

◎八月，命纂《明纪纲目》。江南金坛县贡生蒋振生进手抄十三经，赐国子监学正衔。命本科翻译进士俱赐进士出身。定道府之任请训例。禁各省运弁需索。禁各省"刁民"敛钱告赈。

◎九月，免八旗官员应扣俸银。弘昇以无耻夺职。

◎十月，饬各省训练驻防兵丁。定缴还朱批奏折之例。凡官员身故，令其子孙将所有朱批奏折亲呈督抚，查明封固，代为奏缴，不必再经吏部转交。庄亲王允禄、理亲王弘皙等结党事觉，命革允禄亲王双俸及理藩院事务，亲王弘皙、贝勒弘昌、贝子弘普俱削爵，弘昇永远圈禁，弘晈仍留王号，永远住俸。给事中倪国琏奏进浙江钱塘县监生陆曾禹《救饥谱》四卷，命交武英殿刊刻。

◎十一月，命直隶总督孙嘉淦妥议民典旗地一案，务令于旗人有益，于民人不扰。于南苑大阅，并定嗣后三年一次大阅。

◎十二月，封额驸策凌长子成衮扎布为世子。谕各省安辑流民。平郡王福彭等审讯弘皙悖逆有据，命永远圈禁并罚庄亲王俸五年，随命照阿其那、塞思黑例，子孙革去宗室，给与红带。封西藏贝勒颇罗鼐为郡王。颁《圣祖御制文集》、御纂诸经于宗学。

乾隆五年（1740年） 三十岁

◎正月，纂八旗佐领世职则例。准准噶尔夷使四年至京师及肃州贸易一次，进藏熬茶允带三百人并遣官护送。谕清查各省耗羡存公银两。

◎二月，准哲布尊丹巴呼图克图还居库伦。命直隶、山东、山西、湖南、广东等省招商采煤，自此之后，各种矿业陆续弛禁。命贵州设社学。命台湾调补人员毋限年份，并准随时拣发。设唐古忒助教。命旗员罚俸缓缴扣项。

◎三月，命吏兵二部纂铨选处分则例。挑南运河。命各省修关隘。定国子监南学学规。始设旗仓、河标营仓。

◎四月，命各直省封印后用预印空白。以旱求言。

◎五月，额驸策凌奏喀尔喀、准噶尔以鄂尔海分界，从之。禁捐监收折色。命蒙古王等源流档册、家谱五年进呈一次。令八旗休致回京人员在旗当差。

◎六月，酌改八旗恩赏例。

◎闰六月，饬地方官化导游民。谕准噶尔毋越定界。

◎七月，命停万寿节贡献。禁私售旗地。命八旗三年一次赴卢沟桥演炮。禁将弁乘轿。谕沿边省份交涉蒙古事件毋许歧视。命国子监官挂朝珠。颁《日讲四书解义》。给候补员弁薪水。命各省垦旷土。嗣后边省内地零星地土概听垦种，免其生科。

◎八月，饬沿海督抚整饬海防，严查战船。裁减州县民壮。

◎九月，谕嗣后有愿将旱田改作水田者，钱粮仍照原定科则征收，免其加赋。严禁盗案诬扳。禁胥役冒充牙行。户部请定秋灾加赈例。谕奉天居民不愿入籍者限十年回籍。

◎十月，训翰詹科道究心理学。

◎十一月，命各省岁奏民数谷数。申禁造言。饬有司教民孝悌。谕直省官役俸银工食遇缓征年份准支司库银两。重辑《大清律例》成。命大学士、九卿公举清廉官员。纂修《大清一统志》成。

◎十二月，禁京官滥交富户。赏八旗年老官兵银。

乾隆六年（1741年） 三十一岁

◎正月，谕采访遗书，以广石渠、天禄之储。定各省驻防官兵随围班次。

◎二月，命捐监在内在外，悉听士民之便。"谕满洲进士准选用知县。"[17]

◎三月，诏以冬春之间，亲试满洲骑射、清语，饬宗室章京侍卫等悉心学习。定京察滥举处分。鄂善以赃夺职下狱。以御史仲永檀劾鄂善得实，特擢佥都御史。

◎四月，续刊雍正八年以后上谕，颁赐臣工。考试八旗记名人员。赐鄂善自裁。谕本年皇太后五旬圣寿，奉懿旨停止进献。谕禁督抚任用家丁，扰累属员。

◎五月，禁州县征粮滚单。以吉林为满洲根本，命严行查禁流民。严诬告越诉罪。申谕各省预筹积谷。饬科道察访本籍吏治。再谕八旗满洲勤习骑射。

◎六月，饬官员防闲内幕。六世班禅于扎什伦布寺坐床。

◎七月，命北省劝民试开沟洫。禁各省现任官员建立生祠。增定八旗则例。初举秋狝，奉皇太后幸避暑山庄启銮。自此年为始以至去世，乾隆帝对全国进行了频繁的巡幸活动。据笔者统计，巡幸活动包括拜谒京畿东西两陵，出关东巡并拜谒关外三陵，巡幸避暑山庄及秋狝木兰，东巡泰山、曲阜，西巡五台，六巡江南等等，总计次数152次，离京时间6751日。于此略作总述，此后巡幸，除重要者外，不再一一详述。

◎八月，以蒙古王贝勒等扈从行围行列整齐，普赏银币。

◎九月，禁吉林、伯都纳、宁古塔等处游民杂处。还京师。召办理江南水利之大理寺卿汪漋、德尔敏回京。命毁谢济世书籍。命查元年以来贪墨各员情罪较重者发军台效力。召纪山回京，命副都统索拜驻藏。

◎十月，命汉军御史归汉缺。

◎十一月，命续纂《律吕正义》后编。命疏通举人选法。贷吉林乌拉兵丁银米。

◎十二月，定考核关税盈余例。左都御史刘统勋请停张廷玉近属升转，减讷亲所管事务，乾隆帝嘉之。大学士张廷玉请解部务，不许。《世宗实录》《圣训》告成。《蒙古律例》成。禁武职干预民事。

◎是年，首次普查全国人口，计一亿四千三百四十一万余，各省存仓米谷三千一百七十二万余石。

乾隆七年（1742年） 三十二岁

◎正月，准旗员子弟随任。命续修玉牒。

◎二月，命定汉军考职就铨例。命各省选拔贡生，十二年举行一次。《兵部则例》《蒙古律书》成。

◎三月，乾隆帝忧旱，命求言。《八旗则例》成。命大学士、九卿、督抚举如马周、阳城者为言官。"十二日辛未，谕沿边副参等缺，以三分补用绿旗，以七分补用满员。今内地副参等缺，应酌以七分补用绿旗，以三分补用满员。"[18]以旱命刑部清理庶狱，各直省如之。定胜水峪为万年吉地。谕直省岁歉平粜，毋拘成例。宽学政携家之禁。申谕弭盗毋分疆界。

◎四月，命九卿翰詹科道督抚就耗羡各书所见以闻。停乡、会试文武互试例。命修造万年吉地。准汉军出旗为民。定陕甘宁及四川松潘等出绿营副将、参将、游击各体缺以五分之一补用满缺，以资弹压。

◎五月，命拨满洲单户一千名移驻拉林、阿勒楚喀屯田。

◎六月，谕庄亲王允禄、履亲王允祹约束闲散宗室。训饬地方官实心经理平粜。谕督抚董率州县经画地利。

◎七月，命《明史纲目》馆增修明太祖前纪。增定翻译会试殿试科场例。禁江南贩米出洋。

◎八月，江南淮黄交涨，命疆吏拯救灾黎，毋拘常例。拨江苏、安徽赈银二百五十万两有奇。准各省官生赴江南河工投效。命八旗军政照外省驻防例自陈。免直隶、江苏、安徽、福建、甘肃、广东等省雍正十三年积欠钱粮，及江南、浙江未完雍正十三年漕项。谕河南、山东、江南、湖广等省抚恤江南流民。命拣选候补府州县等官往江南办赈。

◎九月，增直隶、天津、沧州、满洲驻防兵额。命河臣速堵江南黄河决口。赈恤江苏、安徽灾银二百九十万两，米谷二百二十万石。命再拨临省银一百万两备明春接济。

◎十月，命江南截留癸亥年漕粮八十万石，仍拨山东漕粮二十万石、河南仓米二十万石运江南备赈。命拨河南、浙江帑银四十万两解江南河工。江南高邮邵伯各坝工竣。命拨山东沿河仓谷十万石运江南备赈。定满员外用先行考试例。

◎十一月，谕疆吏遇邻省水旱毋遏粜。大学士等议奏，耗羡归公，法制尽善，不可更张。乾隆帝是之，并传谕中外官民知之。命考试满洲外用道府人员。命大学士陈世倌会同高斌查勘江南水利。命下五旗包衣孤寡人等月给银米。命拨江西仓谷八万石于江南备赈。

◎十二月，命左副都御史仲永檀会同周学健查赈。仲永檀、鄂容安以漏泄机密，逮交内务府慎刑司。命拨四川仓谷二十万石运江南、湖北备赈。命宽鄂尔泰党庇仲永檀罪。以江南水灾地亩涸出，耕种刻不容缓，谕疆吏劝民爱护牛只。

◎是年，全国人口一亿五千九百八十万余，存仓米谷二千九百六十二万余石。

乾隆八年（1743年） 三十三岁

◎正月，免鄂容安发军台，命仍在上书房行走。仲永檀死于狱。陈世倌等奏修江苏淮、徐、扬、海，安徽凤、颍、泗各属河道水利，下大学士鄂尔泰等大臣议行之。

◎二月，考选御史。杭世骏策言内满外汉，忤旨褫职。命侍讲邓时敏、给事中倪国琏为凤颍泗宣谕化导使，编修涂逢震、御史徐以升为徐淮扬海宣谕化导使。

◎三月，命王贝勒贝子公等庶福晋侧室所生子俱降二等予封。定武员养廉名额。申禁贩米出洋。命沿江驻防大员两年出巡一次。

◎四月，命各督抚陈奏属员贤否。命直省嗣后遇旱笞杖以下均减等发落。命于奉宸苑试行区田法。命暂停邻省采买及捐监收米之例，以平抑米价。命拣选编修、检讨堪胜知府人员。饬沿海各省严缉"洋匪"。以汉军出旗者达一千三百九十六人，谕汉军同知、守备以上毋庸改归民籍。《医宗金鉴》书成。

◎闰四月，申命各省宣讲《圣谕广训》。命歉收地方重惩抢夺刁民。

◎五月，命恭缮历朝实录送盛京尊藏。谕满洲将军等如有密奏事件，应缮清文。

◎六月，禁民种烟草。以旱求言。以御史胡定劾湖南巡抚许容一案，究出督抚诬陷扶同，予叙。谕督抚率属重农。戒地方官毋扰驿站。定武职回避本省例。准流民出口就食。禁衿监充牙行。

◎七月，训八旗敦睦宗族。命各直省抚恤流民。乾隆帝奉皇太后启銮诣盛京展谒祖陵。严督抚等漏泄密奏之禁。

◎九月，以哲布尊丹巴呼图克图未经奏请，即前往额尔德尼昭礼拜，降旨申斥。定满洲科目出身知县改补京职例。

命停顾琮议限田。裁盛京五部汉员。谕盛京府尹、将军等和衷办事，旗民毋得歧视。浙江海塘工竣。

◎十月，再申奏折保密制度。命嗣后各省督抚，除以奏代题事件，奉旨之后，始许通行，其余奏报大概情形并密请训示以及褒嘉申饬之奏折，一概不许轻泄一字。奉皇太后还京师。

◎十一月，戒州县吏治玩愒。谕各省试饲野蚕。严禁兵丁顶冒名粮。命月选官考试律文，著为例。定苏杭江宁三织造养廉每人万两。

◎十二月，加赏八旗银八万两。

◎是年，全国人口一亿六千四百四十五万余，存仓米谷同于上年。

乾隆九年（1744年） 三十四岁

◎正月，准督抚保题调简人员。命尚书、公讷亲查阅河南、山东、江南营伍并勘验河工、海塘。

◎二月，命直隶、天津、河间等处栽柳开井，以广地利。准各省纳粟捐监。

◎三月，禁台湾武职任所置产。

◎四月，设热河兵丁子弟官学。首任广州海防同知印光任制定《管理番舶及澳夷章程》七条。[19]

◎五月，御史柴潮生奏请兴修直隶水利，命协办大学士刘于义往保定会同高斌筹划。

◎六月，以副都统傅清代索拜驻藏。

◎八月，定会试后拣选举人例。以顺天乡试士子怀挟多人，科场蒙混，命乾隆元年以后监试御史悉交部议处，并减各省中额示警。舒赫德奏科举之制，无裨实用，请别求遴选真才之道。寻由大学士议驳，未行。复考官子弟回避例。

命各省乡试榜后复试。

◎九月，申禁台湾开垦荒地。命各省督抚切实执行年终汇报制度。增订科场严查怀挟科条。赐徽州紫阳书院御书匾额。

◎十月，重修翰林院工竣，乾隆帝幸翰林院赐宴。

◎十一月，停月选官考试律文。

◎十二月，命各省钱谷刑名年终汇册报部。命直隶拨银五十万两兴修水利。玉牒告成，尊藏皇史宬。

◎是年，全国人口一亿六千六百八十万余，存仓米谷三千二百余万石。

乾隆十年（1745年） 三十五岁

◎正月，改会试于三月，著为令。命江南疆吏分年轮阅海防，著为令。饬各督抚提镇亲验马步兵丁，充补粮缺。停会试榜后拣选分用知县教职例。

◎二月，添设广东驻防水师营。定八旗满洲、蒙古翻译会试合文会试为一场。

◎三月，改殿试于四月，著为令。命选会试落卷，以教职录用。

◎四月，命江南发帑银五十六万两挑浚河道。申谕各省学臣厘正文体。甲寅（十二日），大学士鄂尔泰卒，[20]命遵雍正帝遗诏配享太庙并入祀贤良祠。饬沿海省份训练水师。禁地方官征粮积弊。谕用兵瞻对。策试天下贡士于太和殿。从是年始，殿试试题由理气性命之理学改以经史典章制度等为主要内容，士子学风亦开始转变。

◎五月，颁《御制太学训饬士子文》于天下学宫，同世祖《卧碑文》、圣祖《圣谕广训》、世宗《朋党论》朔望宣讲。以协办大学士讷亲为大学士，班次在张廷玉之前。以秋狝巡幸口外，赏察哈尔八旗等总管恩俸半年。停江南河工捐例。

◎六月，命拨黑龙江等处闲丁移屯佛忒喜苏苏垦地。谕免来年全国地丁钱粮二千八百二十四万余两。命江南厘剔收漕积弊。从大学士议，普免天下钱粮照康熙五十一年例，各省分三年轮免。又谕应免之年，或遇水旱，将特旨应免之数登记，于次年开征时豁除。命户部侍郎傅恒在军机处行走。署湖广总督鄂弥达奏请准各省捐监一概准收折色，不准。

◎七月，复翰林官教习庶吉士。奉皇太后自京启銮巡幸多伦诺尔、避暑山庄。

◎九月，禁用非法刑具。命山西丁银摊入地粮。还京师。以普免钱粮，命查各省历年存余银，以抵岁需。命修明愍帝陵。

◎十月，裁通政使汉缺一。给江南灾民葺屋银两。命各省捐监改收折色。

◎十一月，"初八日乙亥，命各地驻防八旗照京师之例，遇有丧事，准借四个月俸银"。[21]增给旗员领侍卫内大臣以下养廉。定驻藏官员三年换班例。以准噶尔噶尔丹策零死，命西北两路关卡慎固防守。禁吏员僭用章服。赏八旗及内务府骑射优等人员银两。谕禁太监交接外廷官员。

◎十二月，更定奉天水师营巡查训练章程。饬官员冒籍大兴、宛平者改归原籍，嗣后严禁冒考。赏移驻拉林满洲贫户补助银两。命增培江南黄河南北两大堤、月堤。

◎是年，粤海关实行保商制度。全国人口一亿六千九百九十二万余，存仓米谷三千五百五十八万余石。户部银库存银三千三百余万两。

乾隆十一年（1746年） 三十六岁

◎正月，命缓征蠲赋年份耗羡。定各省副都统分年陛见。川陕总督庆复奏进剿瞻对。江苏布政使安宁请清查积欠。恭缮尊藏盛京实录告成。

◎二月，命嗣后凡军机处廷寄上谕，各督抚应速行回奏。以三月朔日食，申命求言。复设西藏台站官兵。更定养赡宗室章程。

◎三月，命省释军流年久人犯。定直隶旗民回赎地亩章程。准噶尔台吉多尔济那木扎勒以新嗣立，遣使贡方物。定直隶水利章程。饬各省清厘积案。改督抚每年年底陈奏成效事件为三年举行一次，且改折奏为具题。尹继善奏疏浚江南河道事宜，如其请。饬法司两议并陈之案不得另加夹片。命凡交议政处事件一概不得发抄。谕科道诸臣，凡交部议复事件，未经部复，不得率先敷陈。申禁民人出山海关。

◎闰三月，《律吕正义后编》、重修《明通鉴纲目》书成。钦天监监正戴进贤病故，监副刘松龄升补监副。前此任监正之西洋人计有汤若望、南怀仁、安多、徐日升、闵明我、庞嘉宾、纪理安、戴进贤。贵州总督张广泗密奏查获大乘邪教案。

◎四月，皇七子永琮生。戒军机处宣泄机务。贵州巡抚张广泗奏，拿获邪教头目魏斋婆，并查拿同党。

◎五月，闽浙总督马尔泰条奏台湾民番事宜，下部议行。定廷寄凭匦之制。京师拿获宏阳教人犯。

◎六月，庆复、班第奏进攻瞻对，并谎报班滚自焚死，报闻。饬四川、云南严拿邪教，务绝根株。京师地震。申命求言。传谕各省督抚严禁天主教。

◎七月，四川大乘教首刘奇以造作逆书被诛。周学健奏，拿获天主教徒二千余人，请绳以法，乾隆帝以失绥远之义，不许。定刑部每五年修纂则例。命各省督抚留心积贮。

◎八月，命广东垦荒地永免升科。福建上杭县民罗日光等纠众请均佃租，捕治之。

◎九月，饬宗室命名不得僭用内廷拟定字。禁喀尔喀越界游牧。设绥远城满汉官学。定钦差大臣巡阅各省营伍例。奉皇太后启銮巡幸五台。以江南水灾，命开捐例济赈。

◎十月，阅滹沱河堤工。回銮途中驻跸保定，赐莲池书院御书匾额。谕道府以下因公降调人员送部引见，著为令。复考选御史旧例。拨赈江苏淮扬徐海各属灾民银粮二百二十万石有奇。

◎十一月，寝甄别科道之命。庆复奏大金川土司莎罗奔扰小金川，请以番力攻剿，得允。

◎十二月，命十年一修玉牒。赏喀尔喀被灾人户银一万两。

◎是年，全国人口一亿七千一百八十九万余，存仓米谷三千五百余万石。

乾隆十二年（1747年） 三十七岁

◎正月，命续修《大清会典》。准福建商民赴台湾贩运米谷。定蒙古扎萨克王公罚俸例。

◎二月，命嗣后凡应交部密议事件，俱交军机处存记档案，转发部议。其奏事处所奉密议事件，亦交军机处记档转发。禁丧葬演戏。饬修永定河堤坝。准福建商民赴暹罗贩运米谷。定武员回避本省例。

◎三月，授蒙古科尔沁辅国公色布腾巴勒珠尔为固伦额驸。命大学士庆复留四川同川陕总督张广泗会商进剿大金川事宜。严禁奸商典质米谷。西藏郡王颇罗鼐卒，以珠尔墨特那木扎勒袭封郡王。命索拜驻藏协同副都统傅清办事。命张广泗进剿大金川。严禁海口需索陋规。命保送堪胜道府人员。命各省试差于考试外兼行保举。

◎四月，命大学士高斌往江南会同江南总河周学健查勘河工。命清理江苏钱粮侵蚀积弊。定守令久任例。山西安邑等二县民"滋事"，命大学士讷亲往山西会同巡抚爱必达查办。饬直省严查州县亏空。直隶水利工竣。

◎五月，重定各省督抚养廉。命刑部清理庶狱，减徒杖以下罪。定京察之年大臣举贤自代例。谕臣工奏折凡请发交部议者，不得将廷寄谕旨引入奏折。以福建、山东、广东、山西迭出聚众抗官殴差罢市之案，谕各督抚倡率州县谆切化导。

◎六月，封辅国公允禵为贝勒。停新科举人复试。命校刊《通典》《通志》《文献通考》。命纂《续文献通考》。庆复、张广泗奏，小金川土司泽旺率众投诚，官兵进剿大金川。谕嗣后侵贪之案，如该员身故，即将其子监追。

◎七月，皇长孙绵德生。谕八旗汉军愿外省居住者，年终汇奏。命纂《满洲祭神祭天典礼》。定八旗闲散人户屯种事宜。命校正《金史国语解》音义。奉皇太后自京启銮秋狝木兰。改造福建水师战船。

◎八月，饬禁绅士专利把持乡曲。命给喀尔喀内扎萨克六盟长印信。庆复等奏，进攻刮耳崖贼巢，连战克捷。

◎九月，《皇清文颖》告成。还京师。谕江苏清查积欠，彭维新以规避夺职。定侵贪官犯分别情实缓决例。谕各省米价核实奏报。

◎十月，命侵贪官犯已入情实者再予宽限一年。命江苏复截明岁漕粮四十万石备赈。命副将丁忧回旗准原任京职行走。饬各直省未完钱粮每年清查已未征完实数奏闻。

◎十一月，命各部院满洲司员照汉官例分司定额。定因公降革人员分别保奏引见例。申禁民间聚众赛神。

◎十二月，命理藩院尚书纳延泰、贝勒罗卜藏往口外查勘民垦地亩。禁奸民屯粮。饬各省清厘驿站。以大学士庆复进剿瞻对奏报逆酋班滚烧毙不实，命夺职待罪。禁年少宗室及满洲武职大臣乘轿。皇七子永琮殇，命丧仪视皇子从优。

◎是年，全国人口一亿七千一百八十九万余，存仓米谷三千二百七十三万余石。

乾隆十三年（1748年） 三十八岁

◎正月，命议世职承袭。晋封贝勒允禵为郡王。丁未，准张广泗奏调各省司道总兵等官赴大金川军营听用。准山东捐纳贡监备赈。大学士伯张廷玉乞休，温谕慰留之。

◎二月，乾隆帝东巡，奉皇太后、率皇后启銮。福建提督武进升奏瓯宁县老官斋会"匪"滋事，署总兵刘启宗率兵讨平之。饬山东劝业户有力者轻减佃租。

◎三月，自济南回銮。驾至德州，皇后死。命庄亲王允禄、和亲王弘昼奉皇太后御舟缓程回京。乾隆帝还京师。安放大行皇后梓宫于长春宫，定妃嫔以下及皇子、王大臣文武官成服，直省官民一体成服。谥大行皇后为孝贤皇后。谕各直省督抚遇歉岁安插流民，毋拘资送回籍旧例。谕严禁邪教。

◎四月，召傅清来京，以拉布敦为驻藏大臣。命大学士、公讷亲总理大金川军务。裁减仓场书役陋规。铸钦命总理一切军务储糈经略大臣之印。申定齐集官员例。起原任领侍卫内大臣傅尔丹赴大金川军营。裁都察院佥都御史、通政司右通政各一缺，大理寺裁汉少卿一缺，詹事府裁汉少詹事一缺，太仆寺裁满少卿一缺，国子监裁满司业一缺。[22]

◎五月，定刁民同谋聚众殴官首从皆斩律。定翻译生员、举人取中额。申禁各省遏籴。禁福建商民从吕宋国天主教。

◎六月，申禁臣民遇国恤百日内剃发。谕禁廷臣请立皇太子，并责皇长子于皇后大事无哀慕之诚。

◎七月，册立娴贵妃乌拉纳喇氏为皇贵妃，摄六宫事。饬八旗前锋护军训练云梯兵。谕迩年捐监谷石，增入常平，虽益仓储，实碍民食，直省常平当悉准旧额，其加储者，依次出粜，至原额而止。命恒郡王允禵为正黄旗汉军都统。

◎闰七月，江南河道总督周学健违制剃发，命逮下刑部。以讷亲奏金川进剿持两议，谕斥之，并申饬傅尔丹、岳钟琪、班第等。湖广总督塞楞额以违制剃发，逮下刑部。

◎八月，追议进剿瞻对诳奏罪，下庆复于狱。

◎九月，命直省布按两司照旧奏事。漕运总督蕴著奏周学健在总河任内赃私狼藉，款迹甚多，命策楞即速赴淮，会同高斌鞫之。赐塞楞额自裁。以大金川之役老师糜饷，日久无功，召讷亲、张广泗回京，命傅尔丹护理川陕总督事，同提督岳钟琪相机进讨。诏四译馆纂集西洋各国书体。饬讷亲缴还经略印。命协办大学士傅恒暂管川陕总督事，赴大金川军营。讷亲、张广泗以贻误军机夺职，逮张广泗来京，发讷亲于北路军营效力。以协办大学士傅恒为经略，统领大金川军务。

◎十月，调满洲京兵云梯兵及东三省兵五千名赴大金川军营听用。拨内帑银十万两备傅恒军前赏赉。命调陕西、甘肃、云南、贵州、湖广汉兵二万七千，陕西、四川满兵三千赴大金川军营。削讷亲、庆复公爵。阅八旗演习云梯兵。命大金川军营奏报，着经略大学士傅恒沿途开看后固封进呈。命绘国朝章服图式。定稽查军机处承办交发事件例。拨部库银一百万两，山西、广西库银各五十万两于军营备用。调索伦兵一千名赴军营。御太和殿，赐经略大学士傅恒敕书。复设驻藏大臣二员。以澳门夷人殴毙内地二民人，广东巡抚岳浚仅问拟杖流，且按葡国法律永戍帝汶，乾隆帝严加斥责。

◎十一月，命各直省巡抚皆兼都察院右副都御史衔。以周学健纳贿徇私讯实，赐自裁。复征各关米豆税。谕废止奏本，各直省本章概用题本。岳钟琪奏调杂谷土司兵二千名赴军营。

◎十二月，定内阁大学士满汉各二员，协办大学士满汉或一员、或二员，因人酌派。所兼四殿二阁为三殿三阁，并分别出缺，开列日期，永著为例。御瀛台，亲鞫张广泗罪。遣户部尚书舒赫德逮讷亲至大金川军营，会同傅恒等讯明后，用伊祖遏必隆刀于营门正法。诛张广泗。密谕傅恒，明年三月不能奏功，应受降撤兵。命川陕督抚皆听傅恒节制。定满汉御史分理十五省及稽查在京各部院衙门例。饬各直省稽查驿站。拨湖广、江西留备银二百万两于大金川军营备用。

◎是年，全国人口一亿七千七百四十九万余，存仓米谷三千一百余万石。

乾隆十四年（1749年） 三十九岁

◎正月，以和亲王弘昼府第火，赏银一万两修造。经略大学士傅恒奏小金川奸党土舍良尔吉、土妇阿扣伏诛。裁左春坊满汉左谕德二缺。大金川番酋莎罗奔、郎卡乞降，命撤回各省满汉官兵，停运粮饷。命经略大学士傅恒班师，特封忠勇公。谕讷亲于所到之地正法。

◎二月，经略大学士傅恒奏，大金川土司莎罗奔等于二月初五日设坛除道，宣诏受降。命纂修《平定金川方略》、御制《平定金川碑文》，勒石太学。召拉布敦、众佛保来京，

595

命纪山以副都统衔驻藏，班第以副都统衔驻青海。定闲散世爵赠恤谥葬临时请旨例。

◎三月，申命湖南严禁派累苗民。经略大学士忠勇公傅恒凯旋，命皇长子及裕亲王等郊迎。四川总督策楞奏各土司善后事宜，如所请。停川运捐例。

◎四月，禁各海口铜器出洋。

◎五月，增定八旗领扣俸饷事宜。定失查邪教处分例。

◎六月，重铸经略印一，大将军、将军印各七，储皇史宬。定满洲相杀例。命八旗承袭公侯伯人员均带领引见，不必在骁骑、护军等营行走。《御制诗初集》成。广西学政胡中藻以裁缺怨望，命来京候补，仍下部严议。

◎七月，奉皇太后启銮秋狝木兰。谕荆州、青州、乍浦、河南等处训练驻防兵丁。重定旌表事例。

◎八月，命各省督抚保举堪胜总兵人员。

◎九月，禁蒙古私典游牧地。定各部院议复限期。定各省情实人犯刑科复奏一次，至朝审仍照例三复奏。瞻对逆番班滚投诚，赐庆复自裁。还京师。谕秋审勾到本章，令十五道御史分省承办，朝审令河南道专办，监视行刑着刑科给事中及刑部侍郎一员，著为令。命拣选翰林院编修、检讨堪胜道府人员。谕惩治侵贪官员须严，并命将本年侵贪人犯勾决。

◎十月，命秋审、朝审官犯另册进呈。命定《中枢政考》。命各省藩臬两司三年奏请陛见。赏固原提督傅清都统衔，同纪山驻藏。命颁发予勾侵贪官犯及军营失律武弁谕旨，永远刊刻传示。

◎十一月，命保举淹通经学人员。谕直省州县要缺，准督抚专折奏请。定告养官员坐补原缺例。定关税盈余额。谕满洲、蒙古官员外任丁忧回京，百日后着在该旗及各衙门行走。大学士、勤宣伯张廷玉乞休，允之。甲戌，给吏、礼二部堂司各官养廉银各一万两。[23]

◎十二月，定月选官借支养廉例。命降革降调人员分别带领引见。十六日庚寅，陕西道监察御史冯元钦奏军机房请改名枢密院，蒙简用者，即以原衔掌理院事。乾隆帝以其未识体要。[24]削致仕大学士张廷玉勤宣伯爵，以大学士原衔休致，仍准配享太庙。禁各省督抚馈送钦差。五朝本纪告成。命工部侍郎拉布敦代纪山驻藏。

◎是年，全国人口总计一亿七千七百四十九万余，存仓米谷三千二百十九万石。《澳门善后事宜》颁布执行。[25]

乾隆十五年（1750年） 四十岁

◎正月，免直隶、山西、河南、浙江未完耗羡银两。免江苏、安徽、山东耗羡十分之六。谕独子犯罪，应监候者，准减等发落，著为例。定领侍卫内大臣班次在协办大学士前。命王公等年节列仪仗乘轿上朝，常朝俱着乘马，满洲文职大臣非年及六旬，不准乘轿。谕八旗另记档案人员曾经效力者遇升缺声明请旨。准宁古塔流民入籍。

◎二月，奉皇太后启銮二次巡幸五台。定边左副将军喀尔喀超勇亲王策凌卒，命贝勒罗布藏署定边左副将军。谕各省钱粮偏灾缓带不得列入民欠。采访经学遗书。阅永定河堤工。

◎三月，还京师。致仕大学士张廷玉回籍，御制诗篇宠行，优赉有加。皇长子永璜死，追封和硕定亲王，命皇长孙绵德承袭。定四五品京堂京察例。

◎四月，二十二日甲午，江宁将军保德请驻防满洲、蒙古官员请照京城例，一体补用绿营。乾隆帝命交部严查议奏。[26]罢致仕大学士张廷玉配享。谕八旗公中佐领缺出，拣选各旗事简大臣引见。召拉布敦来京，命副都统衔班第驻西藏，纪山驻青海。

◎五月，谕贝勒、贝子俱准紫禁城骑马。命刑部清理刑狱，减徒杖以下罪。命各督抚参劾属员改用题本，即饬令离任，著为令。以天旱求言。改定驿站迟延处分。命重定国书十二字头音训。谕宗人府每十年纂修玉牒。

◎六月，阅健锐营兵。命驱逐多伦诺尔携眷流民，禁民人与蒙古为婚。以蒙古喀尔喀亲王成衮扎布为定边左副将军。停八旗人员支借滋生银两。命宗室王公旁支承袭准追封三代，不必予谥，曾经革退者不准追封。申谕领侍卫内大臣等训练兵丁。

◎七月，命南河总督高斌堵筑宿迁等处漫口。命尚书刘统勋赴广东查办折收仓粮积弊。饬八旗官员习射。清河漫口合龙。

◎八月，册立皇贵妃乌拉纳喇氏为皇后。奉皇太后、率皇后启銮谒陵并巡幸中州。准奉天流民展限十年回籍，已置产业者准入籍。

◎九月，吏部议奏，原任大学士张廷玉党援门生，及与朱荃联姻，应革职治罪。乾隆帝特免之。拟定题本格式。赏河南年老驻防官兵。准噶尔台吉策旺多尔济那木扎勒为部人所弑，立其兄喇嘛达尔扎。准噶尔宰桑萨喇尔率属来降，授散秩大臣，命安插于察哈尔。

◎十月，幸嵩阳书院。饬索伦兵勤习弓箭，毋改学鸟枪。

◎十一月，停内阁侍读并吏、礼二部司员子弟编入官卷。还京师。四川总督策楞、提督岳钟琪奏，珠尔默特那木扎勒潜谋不轨，驻藏都统傅清、左都御史拉布敦诱诛之。逆党卓呢罗卜藏扎什等率众叛，傅清、拉布敦遇害。达赖喇嘛令公班第达暂理藏事。命策楞、岳钟琪率兵赴藏。逮纪山来京。宣谕珠尔默特那木扎尔悖逆罪状，追赠傅清、拉布敦为一等伯，入祀昭忠祠、贤良祠。命侍郎兆惠赴藏，同策楞办善后事宜。各赏傅清、拉布敦家属银一万两。命拉布敦之子及一族人众均入正黄旗满洲。命四川总督策楞择西藏头目与公班第达协办噶布伦事务。饬直省督抚不得因巡幸派累绅民。以捕获卓尼罗布藏扎什等，止岳钟琪进藏。

◎十二月，命梁诗正、孙嘉淦、汪由敦之子加恩分部学习。谕承袭王公座次仍照原封，特恩赏封者具奏请旨，著为令。卓尼罗布藏扎什等伏诛。

◎是年，全国人口总计一亿七千九百五十三万余，存仓米谷三千三百一十九万余石。

乾隆十六年（1751年） 四十一岁

◎正月，以初次南巡，免江苏、安徽元年至十三年逋赋，浙江本年额赋三十万两。减直省缓决三次以上人犯罪。以上年巡幸中州，免河南十四年以前逋赋。以江苏逋赋积至二百二十余万，谕厘革催征积弊。命满、蒙、汉八旗各将另记档案人员查出，咨送吏、户、兵三部，现任者各留原任，停其升转，其子孙不准考试为官。奉皇太后启銮南巡。

◎二月，广江苏、安徽、浙江本年岁试学额。奉皇太后渡河，阅天妃闸。阅高家堰。赏加淮商引额。赐吴泰伯、先贤言子、吴越王钱镠、唐臣陆贽、宋臣范仲淹、韩世忠、岳飞、明臣于谦各祠及紫阳书院御书匾额。临幸苏州。

◎三月，临幸杭州。颁江宁、苏州、杭州各书院内板经史。幸敷文书院。幸观潮楼阅兵。裁杭州汉军副都统一。祭禹陵。谕各省督抚，本年恭逢皇太后六旬圣寿，命各省督抚派人进京分段布置经坛戏台之类。祝嘏外，毋许进献。赏赉经过各州县耆民。赐浙江召试诸生谢墉等三人举人，授内阁中书。自杭州回銮，谕浙江士庶崇实敦让，子弟力田。命班第掌驻藏钦差大臣关防。驻跸苏州。赐晋臣卞壸祠，宋臣曹彬庙，明臣徐达、常遇春墓，方孝孺祠御书匾额。命致仕侍郎沈德潜在籍食俸。临幸江宁。祭明太祖陵，御书匾额，禁止樵采。临视织造机房，阅兵。赐纪山自裁。四川总督策楞奏定西藏善后章程，从之。奉皇太后渡江。赐江南召试诸生蒋雍植等五人举人，并进士孙梦逵同授内阁中书。

◎四月，停本年会试五经中额。阅蒋家坝。渡黄河。定洪泽湖五坝水志。敕建双忠祠，合祀傅清、拉布敦。驻跸泰安府，祀东岳。定各省驻防城守尉等轮班引见例。命建傅清、拉布敦祠于西藏。定拣选人员特派大臣例。

◎五月，还京师。加赏八旗兵丁甲米一季。临奠驻藏大臣傅清、拉布敦。命总管内务府大臣轮年修理紫禁城内地方，著为令。停州县官行取例。命科道官内升外转，三年举行一次。

◎闰五月，命近边各省绘进苗瑶黎僮及外夷番众图式。准各省驻防将军、副都统子弟随任。命壬申年皇太后六旬圣寿特开乡会恩科。命保举经学之陈祖范、吴鼎、梁锡玙、顾栋高进呈著述，愿赴部引见者听。

◎六月，疏浚京城内外水道。命缮吴鼎、梁锡玙书籍。授吴鼎、梁锡玙国子监司业。缅甸国遣使来贡。江西巡抚舒辂请地方偶遇偏灾，仍照旧例，有贷无赈，乾隆帝严斥之。命暂弛浙江海禁，仍免各关米税。河南阳武十三堡河决。

◎七月，定题留人员五年题升例。奉皇太后启銮秋狝木兰。免八旗病故人员红事借俸银两，著为例。

◎八月，赐保举经学之陈祖范、顾栋高国子监司业衔。以硕色举发伪孙嘉淦奏稿，假造朱批，谕方观承等密缉之。还京师。

◎九月，命尚书舒赫德赴江南查办伪造奏稿。申禁中俄边境私相贸易。

◎十月，复各省提镇冬季行围例。定圆明园水操事宜。

◎十一月，赏西直门彩棚巡兵棉衣。赏八旗及各省之祝嘏老民银币。增给各省停运漕丁月粮。阳武决口合龙。以皇太后六旬圣寿，上徽号，颁诏天下。

◎十二月，定八旗大臣轮派值年例。申命整肃朝仪。命挑永定河下口引河。命修浚南北两运、减河。命副都统多尔济代班第驻藏。定拔贡朝考选用例。禁苗人充补苗疆额兵。更定亲王、郡王及贝勒以下袭封例。

◎是年，全国人口一亿八千一百八十一万余，存仓米谷二千七百三十四万余石。

乾隆十七年（1752年） 四十二岁

◎正月，谕各省每年完欠钱粮，俱着奏销时核奏。准噶尔台吉喇嘛达尔扎请进藏熬茶等事，不允。设盛京总管内务府大臣。以准噶尔达瓦齐、阿睦尔撒纳内讧，增兵阿尔泰边隘，命舒赫德、玉保查阅北路军营。谕河南、山东修筑黄河太行堤。

◎二月，以定边左副将军成衮扎布之弟车布登扎布为扎萨克，另编佐领。谕专驻巡抚省份乡试委藩臬一员入闱监临。谕八旗甲米按月轮放。命修房山金太祖、世宗陵寝享殿。

◎三月，增健锐营养育兵额一百名。立训守冠服骑射碑。

◎四月，定官兵盗卖漕粮分别多寡处分例。命宗室王公年至七十免常朝。湖北罗田县马朝柱"滋事"，总督永常率兵剿之，马朝柱脱逃，命各省通缉。

◎五月，以罗田县知县冯孙龙玩纵"匪"犯，置之法。

◎六月，停大员京察自陈例。命巡察台湾御史三年一次，事竣即回，著为例。谕满洲大臣勤习骑射。试满洲由部院改入翰詹等官。

◎七月，谕"匪"徒重利盘剥旗人，发拉林、阿勒楚喀种地。命八旗前锋、护军习学骑射，准每年拣选引见。奉皇太后启銮秋狝木兰。命江苏、浙江禁用东洋宽永钱文。两广总督阿里衮奏，葡萄牙使臣带来西洋人三名，知天文及外科，乾隆帝即命迎来北京。

◎八月，顺天乡试，内帘御史蔡时田、举人曹咏祖关节事露，伏法。以举行恩科，拣选下第举人分别等第录用。

◎九月，谕外任旗员，准留一子随任，余令赴京，挑补拜唐阿。西洋波尔都噶尔亚国遣使入贡。四川总督策楞、提督岳钟琪奏，杂谷土司苍旺滋事，率兵进剿，克杂谷脑，降生番一百零六寨，命从优议叙。给年老举人职衔。策楞、岳钟琪奏杂谷土司苍旺就擒，命即军前正法。还京。

◎十月，命四川杂谷脑增设理番同知一员、副将一员。送孝贤皇后梓宫安奉地宫。江西上犹县何亚四纠众起义，不久起义失败，处以极刑。

◎十一月，《仪象考成》书成。以近年满员保送外任者多，以致各部院谙练出色之司员渐少，谕嗣后除特旨除授外，满洲司员保送道府之例暂行停止。

◎十二月，定罪犯留养例。御史书成因请释传抄伪奏稿人犯褫职。谕陈宏谋毋究捕天主教民。福建蔡荣祖等起事反清，闽浙总督喀尔吉善派兵镇压，起义失败。

◎是年，全国人口一亿八千二百八十五万余，存仓米谷二千六百六十七万余石。

乾隆十八年（1753年） 四十三岁

◎正月，以查明捏造伪稿逆犯卢鲁生、刘时达宣谕中外。鄂昌以饰伪夺职，逮问。命庄亲王允禄、履亲王允裪、和亲王弘昼为议政大臣。谕预给明年满汉臣工春秋俸米之半。

◎二月，诣金太祖、世宗陵行礼。江西千总卢鲁生坐伪撰孙嘉淦奏稿，磔于市。命各省疆吏于州县内保举堪胜知府人员。命户部侍郎兆惠赴藏。命吏部于京察时将三品京堂事实另缮清折进呈候旨。

◎三月，定刑部驳案议叙例。定藩臬三年陛见例。改定钦部事件题奏期限。增八旗满洲、蒙古马甲一千名，再增满洲、蒙古、汉军养育兵一万八十八名，与原设养育兵均酌支月饷银一两五钱。命八旗军器三年查验一次。定各省驻防军政卓异人员额。

◎四月，钱陈群谏查办伪奏稿，乾隆帝斥以沽名，并饬毋存稿，以尔子孙将不保首领谕之。赐钦天监监正刘松龄三品衔，准食俸。西洋博尔都噶里雅遣使臣贡方物，优诏答之。颁五品官以下仪注于广西四十八属土司。命各省乡试专令巡抚监临。定盛京各部司员本处及京员分用例。以旱命刑部清理庶狱，减徒以下罪。定八旗世袭官员考验例。定湖南矿厂章程。

◎五月，裁钦天监满汉监副各一，增西洋监副一。定直省乡饮酒礼每岁正月、十月举行。减秋审、朝审各缓决三次以上人犯罪。命督抚参劾人员摘印后即讯。准法司谳狱两议具题。谕直省查验兵丁务核实，毋粉饰外观。谕嗣后各省奏留人员如遇丁忧事故，起复之日，俱着仍赴升任省份候补。成衮扎布等奏，准噶尔台吉喇嘛达尔扎与达瓦齐相攻被执，达瓦齐自为台吉。

◎六月，命州县案牍酌归简易，裨留心实政。谕禁诸王与朝臣交结，命将此谕书于各部院及八旗衙门。定各省新设地方凭限。丁文彬文字狱案发。谕督抚参劾人员，道府副将以上，于部文到日提讯。禁满洲官员居住城外。

◎七月，以江南邵伯湖减水二闸及高邮车逻坝决，命策楞、刘统勋往江南会同高斌查办水灾及南河积弊。定蒙古文武官员外用例。谕州县捕蝗，准动支公帑，不力者革职，著为令。改给事中为正五品，御史从五品，直省守巡各道正四品，停止兼衔。禁翻译清字小说《水浒》《西厢》等。

◎八月，奉皇太后启銮秋狝木兰。布政使学习河务富勒赫参奏江南河工侵亏积弊，解高斌任，以策楞署南河总督，同刘统勋查办。

◎九月，命江南亏帑河员勒限一年赔补。以行围中随从侍卫畏缩不前，革丰盛安等爵。定盛京五部司员告病开缺例。定甄别各省教职例。江南铜山张家马路堤决。谕策楞等将贻误河工之同知李淳、守备张宾即行正法，高斌、张师载绑赴铜山决口，令目睹行刑讫，宣旨释放。

◎十月，拨浙江帑银一百万两于南河备用。命河南、山东、湖南各拨米十万石，浙江拨米五万石于江苏备赈。命江苏再截留漕粮二十万石备赈。还京师。

◎十一月，停藩臬、副将庆贺表笺。定丞倅州县十年引见例。定千总六年俸满推升例。定河工效力人员额。禁武职任所置产。辛酉，命侍郎三和带通晓测量人员赴江南相度引河。停五经中额。刘震宇《治平新策》文字狱案发。准噶尔杜尔伯特台吉车凌、车凌乌巴什等率部来降，命侍郎玉保驰驿慰谕。

◎十二月，许武职赴任借支养廉。江南邵伯二闸及铜山张家马路决口合龙。以准噶尔台吉达瓦齐未遣使来京，谕永常暂停贸易。吏部尚书孙嘉淦奏请于山东境内开减河，使河道北移，乾隆帝未予采纳。

◎是年，全国人口一亿八千三百六十七万余，存仓二千九百万余石，各省土田七百零八万顷，赋银二千九百六十一万余两，粮八百四十万石。总计各省屯田二十五万九千余顷。盐课收入七百零一万两。关税收入四百三十二万两。

乾隆十九年（1754年） 四十四岁

◎正月，准安徽捐监于本省交收本色。命停止年终汇奏僧道实数。增修江南铜山县月堤。命旗员约束赏给为奴人员。

◎二月，授萨喇勒为内大臣。命军营领兵大臣专折奏事。

◎三月，舒赫德奏，准噶尔台吉阿睦尔撒纳等与达瓦齐内讧。命北路军营仍驻乌里雅苏台。命本年启銮后军报于张家口外改站驰递热河。命各省驻防汉军准出旗为民，遗缺以京城满洲兵派往顶补。

◎四月，命准噶尔台吉车凌等赴热河瞻觐，色布腾率兵招服乌梁海。命王府不得罚护卫官员俸。命厘正文体。命国子监学正、学录等官照内阁中书例考试。福建巡抚陈宏谋奏请应准久稽番地之闽人回籍团聚。

◎闰四月，拨部库银十万两交热河备赏。以准噶尔台吉车凌为正盟长，车凌乌巴什为副盟长。高堰堤成。厄鲁特台吉色布腾入觐，命大学士傅恒至张家口迎劳，加封贝勒。

◎五月，以准噶尔内乱，谕两路进兵取伊犁。奉皇太后、率皇后启銮出关展谒祖陵。封准噶尔台吉车凌为亲王，车凌乌巴什为郡王，车凌孟克为贝勒，余各封授有差。达瓦齐遣使请通贸易，以其狡饰，不许。以来年进剿准噶尔，命北路派兵三万，西路派兵二万，采买驼马羊只，听候出师。谕内扎萨克喀尔喀王、贝勒等整兵听调。并命此次进剿准噶尔，所有关系军机事件，俱用清字具奏。命侍郎兆惠往归化城办运军米。赐出师大臣官员等治装银两。命拨部库银三百万两交北路军营。命出兵之喀尔喀王公扎萨克照内地扎萨克一体赏赉。

◎六月，阿睦尔撒纳为达瓦齐所败，谕策楞等接应归附。陕甘总督永常奏，西路出兵应裹带炒面数百万斤，乾隆帝以其不知进兵机宜，切责之。

◎七月，自避暑山庄启銮。命拨山东等省银一百万两、部库银二百万两交西路军营。辉特部台吉阿睦尔撒纳率部众来降，命萨喇勒迎劳颁赏，玉保照管游牧。命阿睦尔撒纳于十一月至热河瞻觐。策楞、舒赫德以乖戾夺职，以闲散在参赞上效力赎罪。

◎八月，辉特台吉阿睦尔撒纳、杜尔伯特台吉讷默库等请率兵随征，允之。奉皇太后渡松花江。

◎九月，赏阿睦尔撒纳用镶黄旗纛。驻跸盛京。自盛京回銮。命崇祀国初诸王于怡贤亲王祠，命名曰贤王祠。

◎十月，还京师。以进剿准噶尔事宜宣谕臣工。命驻防拉林等处满洲兵丁赏给红白银再准展限五年，减半支给。幸西厂，阅出征兵，赐健锐营官员等饭。正黄旗汉军都统恂郡王允禵因病解任。申谕满洲、蒙古人等不得照依汉人取名。移京城满洲兵三千驻阿勒楚喀等处屯垦。命阿勒楚喀驻防兵丁增设副都统一、协领一，每年加赏农具银两，俟二十年后停止。

◎十一月，命铸定边右副将军印。加贝勒青滚杂卜郡王衔，公车布登扎布贝子衔。启銮幸避暑山庄。辉特台吉阿睦尔撒纳等于广仁岭迎驾。驻跸避暑山庄。封阿睦尔撒纳为亲王，杜尔伯特台吉讷默库为郡王，余各封爵有差。准陕西、甘肃出征官兵来年秋季养廉移于夏季起程前支领。准阿睦尔撒纳出兵仍用旧纛。以进剿达瓦齐事宜宣谕准部。编设乌梁海人户旗分佐领。还京师。命兆惠、富德总理台站。命出征兵丁跟役中路逃回即行正法。始行西域屯田。

◎十二月，以班第为定北将军，阿睦尔撒纳为定边左副将军，永常为定西将军，萨喇勒为定边右副将军。命出征之大臣及官员兵丁借支官银停扣俸饷。福建仙游生员李冠春文字狱案发，乾隆帝命正法。

◎是年，《儒林外史》作者吴敬梓去世，终年五十四岁。

◎是年，全国人口一亿八千四百五十万余，存仓米谷三千二百十一万余石。

乾隆二十年（1755年） 四十五岁

◎正月，命定边左副将军阿睦尔撒纳率参赞大臣额驸色布腾巴勒珠尔、郡王品级青滚杂卜等带哨探兵由北路进剿，定边右副将军萨喇勒率参赞大臣鄂容安等带哨探兵由西路进剿。庚辰（初七日），恂郡王允禵死，[27]赏银一万两治丧。命晓谕准噶尔敕旨用宝颁行。命青海郡王索诺木带兵往噶斯驻防。停止江南河工捐栽柳树。命直省建立名宦乡贤祠，不得以现任九卿之祖父入祀。张廷玉于原籍病故，终年八十四岁。乾隆帝谕仍遵世宗遗诏，配享太庙，赐谥文和。

◎二月，以兆惠为领队大臣，留驻乌里雅苏台。谕诸臣方贡外毋有所献。停东三省新满洲乌拉齐等考试汉文。分编新降乌梁海人户为七佐领。命鄂容安查勘准部、回部汉唐屯戍遗址。命班第、永常两路进兵，与哨探兵接应。

◎三月，定旗员拣发预送引见例。召大学士、九卿翰詹科道，谕胡中藻诗悖逆，张泰开刊刻、鄂昌唱和诸罪，命严鞫定拟。命直省甄别俸满教职。准噶尔台吉噶勒藏多尔济率属来降。

◎四月，封和托辉特郡王衔青滚杂卜为郡王。命广东驻防汉军照福建例妥办。原任少詹事胡中藻以所作《坚磨生诗抄》词多悖逆伏法，免家属缘坐。故大学士伯鄂尔泰撤出贤良祠。绰罗斯台吉衮布扎卜等并和卓木率属来降。

◎五月，以阿睦尔撒纳驻兵集赛不进，命班第密加防范。饬直省驿站毋滥应。准外任旗员迎养。赐鄂昌自尽。班第奏拿获罗卜藏丹津等，命解京。定边左副将军阿睦尔撒纳奏大兵克定伊犁，即渡河擒获达瓦齐献俘。加赏阿睦尔撒纳亲王双俸，封其子为世子，再授傅恒一等公爵，军机大臣等俱优叙有差。

◎六月，命四卫拉特照喀尔喀例，每部落设盟长及副将军一人。阿睦尔撒纳奏兵至格登山，遇达瓦齐，大败其众，收降四千余人并其家属，加赏在事人等有差。赐准噶尔全部宰桑、台吉敕书。命班第暂留定北将军印信，各将军印信均令缴回。召阿睦尔撒纳入觐。定北将军班第等奏报擒获达瓦齐，准部悉平。命定北将军班第等以阿睦尔撒纳图占准噶尔罪状宣谕准部，即行擒治。

◎七月，命纂《平定准噶尔方略》。赏驰递军报之蒙古台吉厄鲁特等银币有差。定北将军班第奏准部善后事宜，从之。

◎八月，定解饷官员回任违限议处例。奉皇太后启銮秋狝木兰。封准噶尔台吉伯什阿噶什为亲王。命准部王公扎萨克等照内地扎萨克一体给俸。命准部二十一昂吉分立八旗，仍准存旧日名号。赏准部贫户官茶。

◎九月，阿睦尔撒纳叛掠额尔齐斯台站，命定北将军班第率兵讨之。起永常为内大臣仍办定西将军事，以策楞、玉保、扎拉丰阿为参赞大臣。以进剿阿睦尔撒纳宣谕准部。封噶勒藏多尔济为绰罗斯汗、车凌为杜尔伯特汗、沙克都尔曼济为和硕特汗、巴雅尔为辉特汗，并封喀尔喀郡王桑斋多尔济为亲王。以怯懦夺永常内大臣将军职,以策楞为定西将军。降策楞为参赞大臣,以扎拉丰阿为定西将军。命西北两路兵丁仍减半赏给整装银两。刘统勋以贻误军机,夺职逮来京,命方观承驰往军营,办理粮务。

◎十月,命富德为参赞大臣兼理西路台站。还京师。御制平定准噶尔告成太学及勒铭伊犁格登山碑文。起策楞为参赞大臣署定西将军。策楞奏,逆党阿什木等抢台站,将军班第、尚书鄂容安于乌兰库图被围,不屈自尽,副将军萨喇勒被执。达什达瓦之妻率属投诚,赏车臣默尔根哈屯号。

◎十一月,宥达瓦齐罪,封亲王,赐第京师。辉特台吉噶勒杂特得木齐丹毕率属来降。辉特台吉达玛林率属内附。

◎十二月,命部属改补御史仍兼部行走。申禁遏籴。命考试宗室子弟。命策楞进兵伊犁。命严定命案失入处分。命侍郎刘纶往浙江查办前任巡抚鄂乐舜勒派商银案。裁定直省驿丞员缺。免伊犁本年额赋,命自明年为始,永免原纳贡赋之半。命伍弥泰以将军衔驻藏办事。定旗奴告主拟徙不准折枷例。命盛京民间典买地亩永远免税。命查八旗休致人员,分别出兵打仗酌给全俸半俸。谕保送堪胜知府记名未擢用者仍得保送。

◎是年,全国人口一亿八千五百六十一万余,存仓米谷三千二百九十六万余石,户部实存银四千二百九十九万余两。

乾隆二十一年(1756年) 四十六岁

◎正月,命各省府分僧纲道纪补给铜印。命江南疏浚各州县支河代赈。赐厄鲁特屯兵籽种银两。命鄂勒哲依照将军体制办事,鄂实为参赞大臣,与策楞分路进兵伊犁。命哈达哈由阿尔泰进兵协剿。原任副将军萨喇勒由珠勒都斯来归,命与鄂勒哲依同掌副将军印,随同策楞进兵。命兆惠办理特纳格尔台站。命协办大学士公达勒当阿由珠勒都斯进兵协剿。

◎二月，定驻防兵丁置产留葬例。定八旗记档另户准出旗为民例。命将军等补放骁骑校年终汇报该旗转奏。启銮谒孔林。定江南芒稻闸水志。命直省甄别佐杂等官。江苏常熟民人朱思藻文字狱案发，乾隆帝命发配黑龙江。

◎三月，至曲阜谒先师孔子庙。两淮盐运使卢见曾进原任检讨朱彝尊《经义考》三百卷。萨喇勒逮问。赐鄂乐舜自尽。还京师。赐保举经学之顾栋高国子监祭酒衔，用示奖励实学之意。

◎四月，定山东曲阜县为题缺，改世职知县为世袭六品官。定各省会稿具题例。命达勒当阿由西路、哈达哈由北路赴哈萨克进剿。命大学士公傅恒驰赴额林哈毕尔噶督理军务。策楞、玉保以乖谬逮问。召傅恒回京。谕左部哈萨克阿布赉擒献阿睦尔撒纳。准各省驻防官兵置产立茔。濮州刘德照文字狱案发，乾隆帝命凌迟处死，家属连坐。

◎五月，以达勒当阿为定边右副将军。命各省州县交待依限册结并缴。以达勒当阿为定西将军，兆惠为定边右副将军。命各省副将内保举堪胜总兵人员。命河南、山西城守尉听巡抚节制。准西北两路军营通商贸易。

◎六月，《会典》告成。定直省支放兵饷例。命逮问青滚杂卜。

◎七月，令哈达哈、达勒当阿均由北路撤兵。定革职无余罪人员概准捐复例。命班第、鄂容安入祀昭忠祠，灵榇至京，三品以上大臣齐集。定伊犁兵额。以青滚杂卜罪状晓谕喀尔喀。英吉利商船至宁波贸易，乾隆帝命预为留意。

◎八月，命喀尔喀亲王成衮扎布为定边左副将军，剿擒青滚杂卜。奉皇太后启銮秋狝木兰。

◎九月，定边右副将军兆惠奏遣副都统衔阿敏道带兵收服阿克苏、库车等处回人。土尔扈特台吉敦多布达什遣使臣吹扎布入贡，乾隆帝召见于行幄，赐宴。

◎闰九月，申严北省冒籍例。还京师。以准部用兵始末宣谕中外。始行回人西域屯田。以英船又至宁波，乾隆帝谕，照广省海关现行则例，再为酌量加重。

◎十月，辉特台吉巴雅尔叛，命宁夏将军和起率兵讨之。大学士管陕甘总督黄廷桂奏请于巴里坤屯田，以裕军食。

◎十一月，更定乡、会试三场篇目并会试一体磨勘例。定八旗地亩康熙年间典卖均不准回赎。定八旗兵丁衣甲式毋用铁叶绣花。宁夏将军和起至辟展，尼玛哈萨克锡拉及回人莽噶里克率众叛，和起力战死之，命照傅清、拉布敦例赠恤。

◎十二月，雅尔哈善奏，策楞、玉保被拿解入京，途遇厄鲁特贼众被害。定宗室每旗总族长二员。定边左副将军亲王成衮扎布奏，青滚杂卜就擒。定永远枷号人犯冬令不准保释例。

◎是年，全国人口一亿八千六百六十一万余，存仓米谷三千零十九万石。户部存银四千三百二十二万两。

乾隆二十二年（1757年） 四十七岁

◎正月，以南巡免江苏、安徽、浙江乾隆二十一年以前民欠。以成衮扎布为定边将军，由巴里坤进剿，车布登扎布署北路定边左副将军，舒赫德、鄂实为参赞大臣。拨部帑二百万两于甘肃备用。奉皇太后启銮南巡。谕会试第二场改表为诗。噶勒藏多尔济、达什车凌等叛。

◎二月，副将军兆惠由乌鲁木齐全师至巴里坤，封一等伯。奉皇太后渡河，至天妃闸，阅木龙。增江苏等三省岁试学额。减江苏等三省军流以下罪。定出旗为民补官应试例。定有狱官疏防参处例。奉皇太后渡江。庚辰，赐宋儒周敦颐祠御书匾额。幸宋臣范仲淹高义园。命白钟山筹办淮徐河工并修骆马湖堤代赈。幸苏州。临视织造机房。命成衮扎布、兆惠分路扑剿厄鲁特叛众。阅兵于嘉兴府。临幸杭州。阅兵。禁武臣乘舆。户部遵旨议定浙海关更定章程，获准。

◎三月，至观潮楼阅水师。自杭州回銮。噶勒藏多尔济陷伊犁，命成衮扎布讨之。驻跸苏州，赐浙江召试诸生童凤三等四人举人，授内阁中书。加顾栋高国子监祭酒衔。至江宁。至明太祖陵奠酒。临视织造机房。车布登多尔济叛，哈达哈率兵讨擒之。舒赫德以军营单衔奏事夺职。赐江苏召试进士王昶为内阁中书即用，诸生曹仁虎等六人举人，授内阁中书。渡江。命桑斋多尔济会办俄罗斯边界事。

◎四月，直隶总督方观承参奏巡检张若瀛擅责内监僧人，乾隆帝斥为不识大体，仍谕内监在外生事者听人责惩。命尚书刘统勋督修徐州石工，侍郎梦麟督修六塘河以下各工，副总河嵇璜督修昭关滚坝支河，均会同督抚总河一体筹划。大兴中州水利自此开始。至孙家集阅堤。至荆山桥韩庄闸阅工。颁孟庙御书匾额。至阙里释奠先师孔子。命乡试二场照会试例改表为诗。以夏邑生员段昌绪藏吴三桂伪檄，命方观承赴河南会同图勒炳阿严鞫之。还京师。命成衮扎布、兆惠分路进剿厄鲁特。以前布政使彭家屏藏明末野史，褫职逮问，旋处斩监候，秋后处决。命成衮扎布、兆惠合兵进剿阿睦尔撒纳，毋令窜入哈萨克、俄罗斯。

◎五月，谕左右哈萨克擒献阿逆。定俄罗斯学教习章程，归内阁理藩院管理。

◎六月，恒文以贪污夺职逮问。命满洲大学士、领侍卫内大臣、尚书、都统各保举堪胜副都统人员。卢焯以贪鄙夺职，发巴里坤效力。命各督抚防闲幕友。命成衮扎布预筹冬令撤兵事宜。副总河嵇璜奏湖河宣泄缓急事宜，如所请。定王公格格、额驸分别降革例。命江南河南沿河各州县将江淮和水势涨发情形随时报明江南河道总督查核。

◎七月，削宗室公盛昌爵。定查灾委员处分例。命钦差侍郎梦麟等会筹湖河宣泄事宜，分别要工、次工、缓工，勒限估修。哈萨克汗阿布赉奉表投诚，命宣布中外。奉皇太后启銮秋狝木兰。命各省督抚保荐堪胜知府人员。

◎八月，俄罗斯请由黑龙江挽运本国口粮，以其违约，不许。申定河员赏罚例。赐喀尔喀四部落敕书，令约束部众。命直隶总督方观承履勘九河故道。授回人额敏和卓为领队大臣。出萨喇勒于狱。定州县疏防限满革职留缉例。叛贼巴雅尔、达什车凌伏诛。

◎九月，哈萨克阿布赉遣使臣入觐，赐宴。赐恒文自裁，郭一裕发军台效力。阿睦尔撒纳窜入俄罗斯，命遵谕缚献。还京师。裁京口将军缺。

◎十月，命喀尔喀接壤俄罗斯地方严设卡座。命刘统勋往山东督修运河。蒋洲以山西布政使任内婪赃革职，寻处死。命乌鲁木齐分兵屯田。命巴里坤开渠屯田。定保甲考核法。命广东官收伪号钱文。命京师朝阳门、西直门、广宁门外修理石道。命直省守巡各道及丞倅均带兼司水利衔。命满洲、蒙古新旧营房专派章京管理。

◎十一月，命各部院甄别司员。赐吐鲁番贝子额敏和卓贝勒品级。定高邮石坝水则。谕都察院甄别科道。命各省提镇三年陛见。禁上司勒荐幕友。命刑部，吉林遣犯改发云南等省，拉林、阿勒楚喀遣犯，改发黑龙江三姓等处。

◎十二月，准吕宋番船于厦门贸易。命休致八旗部院司员曾经出师者，准在旗当差。

◎是年，全国人口一亿九千零三十四万余，存仓米谷三千一百九十五万余石，户部存银四千零十五万两。

乾隆二十三年（1758年） 四十八岁

◎正月，命兆惠、车布登扎布留剿沙喇伯勒，雅尔哈善、额敏和卓进征回部。喀尔喀哲布尊丹巴呼图克图病故，命扎木巴勒多尔济掌堪布诺门汗印。以俄罗斯呈验逆贼阿睦尔撒纳尸及哈萨克称臣纳贡宣谕中外。命于中俄边界，添设卡座防范。命八旗大臣稽查城外五仓。以布拉尼敦、霍集占兄弟罪状宣谕回部。命雅尔哈善为靖逆将军征回部，命永贵、定长以钦差大臣关防办理屯田事务。

◎二月，命满洲大臣遇公事折奏俱称臣。命八旗义学生徒归咸安宫及各官学教习。准旗地典卖不拘旗分。定各省出巡外洋员弁拔补例。听在京八旗另记档案与开户人等出旗为民。准外任告病人员回籍调理。定直省乡试官卷中额。恩赈土谢图汗部落银一万两。金华生员陈邦彦文字狱案发，乾隆帝命严惩。孝感民人朱尚柄文字狱案发，乾隆帝命凌迟处死。

◎三月，定考试直省拔贡、岁贡及优生例。申严私铸制钱例。兆惠等奏，进兵沙喇伯勒，阵擒扎哈沁哈勒拜，尽歼其众。逆贼舍楞脱逃，命和硕齐、唐喀禄往追。除缓决重犯纳赎例。永贵等奏，于乌鲁木齐、辟展、托克三、哈喇沙尔屯田近三万亩。

◎四月，封额敏和卓为贝勒。命各省岁、科试增试律诗。命乡、会试第一场仍增性理论。以旱命刑部清理庶狱。

◎五月，修江南清口东西二坝。谕江南芒稻闸永远毋许下板。

◎六月，御制中州治河碑文，勒石永城县。黄廷桂奏请始行遣犯屯田。

◎七月，毛城铺河决。霍集占援库车，雅尔哈善等击败之。奉皇太后启銮秋狝木兰。命兆惠速赴回部。雅尔哈善以疏纵霍集占夺职，以纳木扎勒为靖逆将军。

◎八月，《春秋直解》书成。黄廷桂奏准于乌鲁木齐大兴军屯。

◎九月，阿克苏城降。还京师。和田城伯克等内附。

◎十月，改定额赋征销科则。乾隆帝命拨银三百万两，以供屯田之用。命伊犁拨兵屯田。授福隆安为和硕额驸。

◎十一月，舒赫德奏，将军兆惠进军叶尔羌被围黑水营。命富德为定边右副将军，往叶尔羌策应。封兆惠为一等武毅谋勇公，加额敏和卓郡王品级。靖逆将军纳木扎勒等率兵策应兆惠，途次遇贼阵亡。

◎十二月，左副都御史孙灏奏请停止明年巡幸索约勒济，乾隆帝斥其识见舛谬，改用三品京堂，并以效法皇祖练武习劳谕中外。免扣八旗兵丁借支津贴出差银两。

◎是年，全国人口一亿九千一百六十七万余，存仓米谷二千九百九十五万石，户部存银三千六百三十八万余两。

乾隆二十四年（1759年） 四十九岁

◎正月，雅尔哈善伏法。命筹办运河宣泄事宜。

◎二月，命福建查禁竹铳。禁亲王、郡王将格格私许京师旗人。副将军富德奏，正月初六日，与霍集占战于呼尔璊，适参赞阿里衮率兵至，转战五昼夜，阵戮大伯克数十名、贼千余。将军兆惠信息已通。命旗员丁忧回旗停补外任。副将军富德奏，整兵至叶尔羌河岸，将军兆惠闻声夹击，两路大军已会合进攻。定考察内外大员例。谕科道宜摒去私心，随时献纳，以资实用。

◎三月，谕将军兆惠、富德等速援和田。定阵亡及从征病故厄鲁特世职例。准军机处章京、笔帖式用朝珠。

◎四月，议叙辟展屯田员弁。命九卿大臣极言利弊。谕八旗大臣官员等照健锐营一体训练兵丁。加赏八旗闰月甲米。总督管江苏巡抚陈宏谋奏请清理社仓事宜。

◎五月，命明安图、傅作霖绘回部舆图。恤赏吉林火灾旗民银米。准叶尔羌病故绿旗兵丁子弟充补名粮。修浚京城内外河渠代赈。诏诸臣修省仍极言得失。

◎六月，命将军兆惠、富德等由叶尔羌、喀什噶尔两路分剿。定宗室红白恩赏例。英吉利商船赴宁波贸易，庄有恭奏却之。谕李侍尧传集外商，示以禁约。英商洪任辉来津呈控粤海关监督李永标等，命给事中朝诠带同洪任辉往粤，会同福州将军新柱审理。

◎闰六月，保德以婪赃伏法。销僧道印。癸卯，禁浙丝出洋。

◎七月，兆辉奏，喀什噶尔、叶尔羌两城回众迎降，遣额敏和卓之子茂萨安抚，命加赏公品级。奉皇太后启銮秋狝木兰。谕各旗停袭都统，以散秩大臣男爵世袭。定阿克苏阿奇木伯克以下品级。定福州改驻满洲兵额。将军兆惠等奏喀什噶尔、叶尔羌驻防各事宜，从之。永定河漫口合龙。厄鲁特亲王达瓦齐卒，以其子罗布扎袭封郡王。归安武举汤御龙文字狱案发，乾隆帝命凌迟处死。

◎八月，申禁英吉利商船逗留宁波。副将军富德奏，兵至叶什勒库勒诺尔，降贼党一万有余，逆贼霍集占兄弟窜入巴达克山。

◎九月，改订蒙古偷窃牲只罪名。定道府六年引见例。还京师。谕八旗子弟勿尚虚文，勤习武略。废除回部伯克世袭制度，除回城霍集占等苛敛。命参赞大臣阿里衮留驻叶尔羌。开黄河南岸仪封十三堡引渠。

◎十月，赐哈宁阿自裁。申禁烧锅。命各省严缉改发巴里坤逃犯。以来岁八月届五旬万寿，严禁贡献。将军富德等奏，巴达克山素勒坦沙呈献霍集占首级，全部归诚，命宣谕中外。封回人额敏和卓为郡王、玉素布郡王品级。御制《开惑论》。命大计详注不谨、浮躁二款实绩，著为令。命洪泽湖以北土堤改建砖工。

◎十一月，以平定回部颁诏中外并御制平定回部告成太学碑文、御制叶尔羌碑文、御制叶什勒库勒诺尔碑文。定千总六年俸满甄别例。议叙各路台站员弁。命库车屯田。定滥用犯案长随处分。定督抚等挟嫌参劾属员惩罚例。定直隶州知州六年引见例。申命厘正文体。定驻防回部兵额。命京官预支来年俸米之半以平市价。

◎十二月，准佐杂官由本籍赴任借支养廉。谕各省学政厘正文体。封皇六子永瑢为贝勒，出嗣慎郡王。命皇子分封后仍用四团龙补服。定广东防范外夷规条。册封令妃魏佳氏为贵妃。严禁绸缎帛绢出洋。阿桂等奏军屯、回屯事宜。

◎是年，全国人口一亿九千四百七十九万余，存仓米谷三千一百七十八万余石，户部存银三千六百七十三万余两。

乾隆二十五年（1760年） 五十岁

◎正月，命乌鲁木齐屯田。巴达克山素勒坦沙遣使入觐。定边将军兆惠等函送霍集占首级并俘囚至京。命在京安插回人另编佐领。

◎二月，命水师官员回避本省。更定关帝谥曰神勇。定军流人犯着赭衣。增童生岁科试五言排律诗。改叶尔羌等处台站为步递。

◎三月，定殿试阅卷日派王公大臣及科道监视并将前十名引见例。命一家三人内二人阵亡者加赐荫恤。恤阵亡官兵奴仆。定固伦、和硕公主下嫁筵宴例。定军机处满洲大臣阅看汉字奏折事先奏明请旨例。命行宫旁隙地车驾经临前后准兵丁耕种。命回部旧和卓木等坟墓禁止樵采。定皇孙、皇曾孙冠顶。

◎四月，定皇子封王及贝勒、贝子者冠服。弛私制鸟枪禁。玉牒告成。内大臣萨喇勒卒。

◎五月，谕廷试为抡才大典，对策重于书法，阅卷时毋抑文重字。明发谕旨，宣示新疆屯田原委。饬八旗勤习骑射。定福建滨海渔船编号例。

◎六月，谕满洲、蒙古人员引见俱注明姓氏。谕满洲名字不得分写。准绥远城裁马兵四百名，改设步兵、养育兵各六百名。谕各回城阿訇不得干预公事。

◎七月，命盛京地名均照国语改正。定督抚及道员俸。申严生童冒籍例。皇三子永璋卒。以俄罗斯驻兵和宁岭、喀屯河、额尔齐斯、阿勒坦诺尔四路，声言分界，谕阿桂等来岁以兵逐之。定八旗出差兵丁病故免追路费例。

◎八月，命广州将军、副都统每年轮阅外海水师。定乌鲁木齐办事大臣职掌。奉皇太后启銮秋狝木兰。以阿桂总理伊犁事务，命授为都统。定州县起解钱粮拨兵护送例。增设江宁布政使，安徽布政使回驻安庆。

◎九月，定乡、会试磨勘官添用编修、检讨例。

◎十月，以苏州布政使苏崇阿刑求书吏，妄奏侵蚀七十余万，刘统勋等鞫治俱虚，革发伊犁。丁丑（初六日），皇十五子永琰生，母令贵妃魏佳氏。还京师。

◎十一月，定八旗巡仓兵丁按日轮派例。命阿克苏开炉铸钱。阿思哈以赃夺职。命文职自县丞以下、武职自千总以下无力者免穿蟒服。

◎十二月，西安将军松阿里以赃夺职论绞。定驻扎回部、厄鲁特办事大臣养廉。《乾隆内府皇舆图》告成。

◎是年，全国人口一亿九千六百八十三万余，存仓米谷三千一百九十三万余石，户部存银三千五百四十九万余两。

乾隆二十六年（1761年） 五十一岁

◎正月，紫光阁落成，赐画像功臣并文武大臣、蒙古王公等宴。制定京察新例，命郎中、员外郎以上官京察前一年各堂官注考密奏。

◎二月，命国子监教习期满，该堂官不必分一二等，俟引见时分别录用。己卯，[28]命汉军出旗为民，入籍州县，给照备验。奉皇太后启銮谒陵并巡幸五台。更定各省布政使养廉。

◎三月，命于会试荐卷内挑取中书。定乡、会试前十名朱卷进呈例。命会试挑取之荐卷兼用学正、学录。还京师。

◎四月，以本年皇太后七旬万寿恩科，拣选下第举人分别录用。命玛纳斯等处屯田，并设伊犁至乌鲁木齐台站。谕廷试无庸增派王公大臣御史监视，胪传事竣，另派大臣复看，如有标识悬绝者，指明进呈候旨；又策问令读卷官密拟进呈，候裁定发刻，著为令。谕西路效力赎罪大员，赏给一半养廉，著为例。定两淮盐务预提余引章程。阅健锐营兵。

◎五月，命各省秋审俱会抚署办理，著为令。颁新定阵法于各省驻防。命查平定回部得功官兵，给与世职。

◎六月，定铜运事宜。弛贵州民苗结婚禁。

◎七月，启銮秋狝木兰。谕外藩小部落入贡，必亲身及子弟前来，若托人附进，不必收受。准外省世职缺出，拣选正陪人员送京，余列名者，不必概行咨送。河南祥符县河溢。

◎八月，以河南杨桥黄河漫口，命大学士刘统勋等驰往督办。调南河员弁赴河南工次协助堵筑。命南河总督高晋赴河南协办河工。命停运河南本年漕粮。

◎九月，命回部伯克等轮班入觐，无庸官办马驼。军机大臣议奏新疆驻防、屯田兵丁事宜。杨应琚奏准招募内地贫民至新疆屯田。

◎十月，还京师。申私渡台湾禁。始行科布多绿旗屯田。

◎十一月，河南杨桥漫工合龙。定京员改补外任仍准戴军功赏翎例。

620

◎十二月，定官兵私当军器罪。定稽查八旗官员婚丧支俸例。定新疆奏销钱粮章程。定奉恩将军嫡子及岁先给五品虚衔例。定世职人员子侄请袭例。定外省卓异官照京员京察一等加级例，停给朝衣蟒袍。命外官回避内外兄弟。定承袭佐领例。

◎是年，全国人口一亿九千八百二十一万余，存仓米谷三千四百七十二万石，户部存银三千六百六十三万余两。

乾隆二十七年（1762年） 五十二岁

◎正月，增设浙江火药局。奉皇太后启銮南巡。命清查俄罗斯边界。

◎二月，叶尔羌阿奇木伯克、和田伯克等办送回人赴伊犁屯田，命赏如例。命停止灯船烟火。

◎三月，乾隆帝阅视浙江海宁海塘工程。禁设彩亭灯棚。定回部伯克等升降专奏汇奏例。

◎四月，命总督兼御前大臣、内大臣等衔者班次列将军前。谒孔林。命大学士刘统勋等会勘直隶景州疏筑事宜。定繁缺道府赃罪议处原保堂官例。停止京察前一年各堂官密陈司员贤否例。

◎五月，还京师。谕藩臬副参等官覃恩请封俱详报督抚提标镇汇奏。谕诸王兼都统尽心旗务。

◎闰五月"初六日戊辰，谕赏平定准噶尔、回部诸臣世职，凡五百余人，于旗人生计，大有裨益"。[29]谕八旗都统实心办事。谕八旗另记档案人等冒食粮饷准给限自首。安设塔尔巴哈台各卡。定王公之女予封例。

◎六月，定满洲、汉军发遣人犯不准折枷责例。定八旗官员婚丧赏项。命八旗积存地亩分设庄头，余地赏给八旗作为恒产。

◎七月，以京畿米贵，暂开海禁。启銮秋狝木兰。定新疆等处员弁病故资送回籍例。谕陕西出旗壮丁与绿旗兵间补督抚提镇各营。

◎八月，准安徽开捐贡监及职衔等项，以为修理城垣之费，并通行各省酌情仿行。谕督抚同省不得交布政司摄篆，著为例。

◎九月，还京师。建乌鲁木齐城。富德以贪婪夺职。

◎十月，定新疆绿营兵丁换班事宜。定发往回城人犯脱逃将解送之人治罪例。设伊犁将军，以明瑞为之。定各省城守尉、协领等期满引见回任六年后再行送部例。

◎十一月，设伊犁参赞、领队大臣。建喀什噶尔新城。

◎十二月，谕云贵等远省督抚提镇藩臬，遇丁忧事故着驿递四百里驰奏。谕盛京、吉林、黑龙江副都统、城守尉不得用本处人员。谕直隶驿站车辆除奉旨应给外，余俱折价咨部给领。军机大臣遵旨议准移驻伊犁驻防及汉军出旗为民事宜。

◎是年，全国人口二亿零四十七万余，存仓米谷三千四百零九万石，户部存银四千一百九十二万余两。

乾隆二十八年（1763年） 五十三岁

◎正月，谕伊犁将军明瑞等为凉州、庄浪移驻之官兵筹建城垣庐舍，并给予粮饷。浚直隶河道。裁山西北路军营台站。

◎二月，永弛奉天海禁。定庆贺皇太后、皇上表文本内及贴黄用黄纸。皇后笺文本内及贴黄纯用红纸，面页俱用黄绫，毋庸如签。江宁将军容保等奏京口出旗汉军事宜，从之。定各省灾民毋庸资送回籍例。定俸满千总甄别例。定直省同知、通判藩库支给养廉例。凉州将军巴禄等奏凉州、庄浪移驻伊犁及汉军官兵出旗事宜，从之。

◎三月，巴达克山伯克苏勒坦沙呈出布拉尼敦尸骸眷属，遣使入觐。定新疆种地满汉逃兵治罪例。

◎四月，命拨西安满洲兵二千名移驻凉州、庄浪。定各部院开送外帘官员数酌减外帘处分。定南巡动用章程，毋许浮费。定疏脱遣犯兼辖武职处分例。定亲老改近人员赴补时引见例。

◎五月，果亲王弘瞻以干预朝政削王爵，仍赏给贝勒，永远停俸。和亲王弘昼以仪节僭妄罚王俸三年。奉皇太后启銮秋狝木兰。

◎六月，分现在伊犁驻防及添驻之索伦、察哈尔、厄鲁特兵丁为四昂吉，各设总管一、佐领六。定凉州、庄浪官员兵额。禁湖南洞庭湖滨私筑民堤。命阿桂一族抬入上三旗。

◎七月，命直省改发新疆遣犯一年内有无脱逃年终汇奏。定选拔生员改判为诗例。更定道府品级及旗员武职封典。更定盛京操演兵丁日期。谕北方各疆吏广栽卧柳。命驻防将军都统提镇恭进表笺均照督抚式。

◎八月，命八旗赎回地亩仍令原业农民承佃并酌定租额。赐乌鲁木齐城名迪化。命各省督抚、学政、盐政、藩臬两司书吏不许私用顶戴。

◎九月，以俄罗斯蚕食准噶尔边界，谕暂停中俄恰克图贸易。命纂《音韵述微》。禁省会劣幕盘踞。命科布多屯田。命直省坐名敕、传敕均用新改清字官衔。还京师。御制准噶尔全部记略文。四川总督阿尔泰奏大金川土司郎卡侵占党坝，绰斯甲布等九土司会攻，报闻。

◎十月，定州县无故赴省及久留省会参处例。命侍卫部属见本管堂官俱照旧例侍立回事，亲王属下亦不得长跪请安。停止文武乡试登科录恭进皇太后及皇后例。

◎十一月，谕将军督抚等不得私役弁兵。命八旗选精兵一千名移驻健锐营。准伊犁、乌里雅苏台、喀什噶尔、叶尔羌驻防大臣携带家口。命哲布尊丹巴呼图克图呼必勒罕另给册封。定削除另户满洲蒙古逃犯名例。命皇四子永城袭封履郡王，来年就府。谕蒙古王公谒见各大臣不得屈膝。

◎十二月，诫疆吏巡历地方轻骑减从。定总督巡历各镇总兵官谒见仪注。定恩骑尉子孙犯私罪者不准承袭例。

◎是年，全国人口二亿四百二十万，存仓米谷三千四百零四万石，户部存银四千七百零六万两。

乾隆二十九年（1764年） 五十四岁

◎正月，以原任湖北宜昌镇总兵吴宗宁被参自戕申谕督抚，嗣后参劾重案如守解疏脱，督抚一并重处。

◎二月，准汉讲官缺出，带领少詹事学士以下等官及俸深编检十员引见。谕山东巡抚，明岁南巡往来顿宿，毋得添建行宫，致滋繁费。谕因公诖误人员引见未满三年者仍送部引见。署宗人府事和硕诚亲王允祕奏，宗室王公等袭职请不论嫡庶，拣选娴熟清语、骑射者数人引见候旨，从之。

◎三月，谕黑龙江佐领等官未经出痘者俱赴木兰引见，著为例。弛蚕丝出洋例。谕畅春园等处派员专管，不必令奉宸苑管理，补放官员，不必令内务府带领引见，著为例。

◎四月，禁各省将军等于兼管地方挑取跟班兵丁及八旗更换佐领年终行知驻防例。

◎五月，谕粤海关官员毋进珍珠等物。定雅尔驻兵事宜。谕热河驻防兵丁私留子弟在京，分别议惩。

◎七月，颁御纂《周易述义》《诗义折中》《春秋直解》于各省刊行。奉皇太后启銮秋狝木兰。命右卫、绥远汉军办理出旗为民、调补绿营事宜。

◎八月，命陕甘总督杨应琚招募内地贫民迁往新疆屯田。增伊犁、雅尔等处领队大臣二员。

◎九月，谕部院堂官及督抚不得请留丁忧人员，著为例。命纂《宗室王公表传》。

◎十月，还京师。命山东停进牡丹。谕各省离任人员由原隶督抚注考咨明本籍，送部引见，著为令。《平定准噶尔方略前编》告成。

◎十一月，命重修《大清一统志》。谕旗人发遣家奴，其同遣妻子一体给兵丁为奴，著为令。

◎十二月，命宗人府京察，府丞随同王公考核列衔。

◎是年，《红楼梦》作者曹雪芹去世。

◎是年，全国人口二亿零五百五十九万余，存仓米谷三千四百六十九万余石，户部存银五千四百二十七万余两。

乾隆三十年（1765年） 五十五岁

◎正月，谕八旗大臣子弟仍一体参加科举考试，无需请旨。奉皇太后启銮南巡。吏部奏请将各部满郎中与汉郎中一体截取，诠选知府，以其歧视汉人而严予申斥。[30]

◎二月，谕嗣后藩臬等宜陈奏要务并会同保举属员。封弘瞻为果郡王。

◎闰二月，阅视海塘工程。赐伊犁新建驻防城名曰惠远。

◎三月丙子，果郡王弘瞻卒。[31]定直隶天津新设守备营制及河道堤工章程。

◎四月，给河南省城守尉养廉。谕各省道员、副将及驻防协领等照旧例俸满引见，停止督抚将军保奏。还京师。改定广东营制。

◎五月，谕两广总督李侍尧等清查历任粮道浮收积弊。

◎六月，定八旗世职疏远宗派及驻防兵丁不准承袭。封令贵妃魏佳氏为皇贵妃。以丑达与俄罗斯私通贸易，命拿解来京。丁卯，开馆重修国史列传。[32]巴里坤垦地四千余亩。

◎七月，奉皇太后启銮秋狝木兰。命直省删定《赋役全书》。命考试盛京宗室觉罗等学。

◎八月，定捏报缉获盗匪处分。

◎九月，定国史列传体例。还京师。谕游击以下不得护理镇篆。二十七日庚子，颁谕疏通举人仕途，提及每科举人一千二百九十名，而十年中所铨选者不及五百人。[33]

◎十月，免八旗官员未完宗人府并借俸滋生等银。命各督抚于省会书院院长六年考察一次。派绿营兵一千往乌鲁木齐、乌什屯田。定举人铨用例。赏巴里坤屯田兵丁遣犯有差。

◎十一月，垦巴里坤地三万八千余亩。拨官帑修理各省城垣，停止劝捐。删除科场条例繁琐小节。丑达以赃私伏法。封皇五子永琪为和硕荣亲王。定承袭佐领例。

◎十二月，定巡防海洋章程。缅甸莽"匪"窜入猛棒，命刘藻进剿。车臣汗扎萨克镇国公格勒克巴木丕勒拿获私向俄罗斯贸易兵丁，赏缎奖励。谕州县不得委署本府州例。总督杨应琚奏，巴里坤以西可垦地数十万亩，现于安西、肃州等处招募无业贫民，给与盘费，令次第开垦。河南巡抚阿思哈奏令地方官公举绅士耆老同委员办理河工料物，嘉之。

◎是年，全国人口二亿六百九十九万余，存仓米谷三千三百三十八万余石，户部存银六千零三十三万余两。

乾隆三十一年（1766年） 五十六岁

◎正月，谕于本年为始，分年普免全国漕粮。改以杨应琚为云贵总督，经理征缅事宜。

◎三月，皇五子荣亲王永琪卒。

◎四月，谕新进士分省带领引见，毋庸王大臣预为拣选。命各省甄别分发人员。雅尔办事大臣阿桂奏，准遣犯携眷屯田，准入民籍。

◎五月，命正乙真人视三品秩，永为例。谕伊犁协领总管等俱赏戴花翎，著为例。谕皇子当习国书、骑射，不得附庸风雅。谕国史馆于南明诸王不得目之为伪。

◎六月，予故三品衔西洋人郎世宁侍郎衔。以九土司会攻金川不力，谕阿尔泰等亲往传集土司，详悉开导。谕各省督抚毋购珍奇入贡。

◎七月，禁各省首县代办上司衙门铺设。停陕甘省捐监例。谕云南山麓河滨听民耕种，概免升科。奉皇太后启銮秋狝木兰。谕发帑金将京城内外街道沟渠概行修整。皇后卒。谕皇后丧仪，照皇贵妃例。御史李玉鸣奏皇后丧仪未能如仪，忤旨，戍伊犁。

◎八月，颁江西龙虎山上清宫御书匾额。河溢铜山县韩家堂。

◎九月，谕驻防伊犁兵丁脱逃，获日即行正法，著为令。杨应琚奏木邦定期归附，现调拨官兵，亲赴永昌受降并筹办缅人。

◎十月，还京师。初四日庚子，停满洲人员补用千总。[34]谕问拟发遣人犯越狱即行正法。谕各省将军奏事，令副都统列名。阿尔泰等奏，金川郎卡畏罪输诚，情愿退还土司人口侵地，业经允其所恳。停直隶、安徽、山西、河南等省捐监例。韩家堂漫工合龙。准各省督抚用紫花印。禁八旗参领等大员子嗣挑取养育兵。

◎十一月，命修玉牒。

◎十二月，谕引见人员现经丁忧查明扣除，特旨不拘事故令引见者不在此例，著为令。谕平定伊犁、回部八旗阵亡人员均予恩骑尉，世袭罔替。《大清会典》告成，御制序。

◎是年，全国人口二亿八百零九万有余，存仓米谷一千六百九十六万余石，户部存银六千六百六十一万余两。

乾隆三十二年（1767年） 五十七岁

◎正月，定督抚岁终汇奏属员有无亏空例。以杨应琚经理缅事失宜，严饬之。赏西洋人艾启蒙奉宸苑卿衔。湖南巡抚李因培指使属员私下弥补亏空，赐其自尽。

◎二月，命续纂《通典》《通志》《文献通考》。谕学政升任应否留任概行请旨，著为令。定世职官员无人承袭给孀妇半俸例。改直隶州知州为正五品。启銮巡幸天津。

◎三月，阅天津驻防满洲兵，以弓马及国语生疏，命议都统富当阿等罪示惩。命疏浚北运河及子牙河。还京师。革杨应琚大学士，以明瑞为云贵总督，经理征缅事宜。发健锐营兵五百名赴云南。命修太学、文庙。

◎四月，裁天津驻防水师营官兵，移福州等处分驻。更定停发新疆遣犯例。严各省将军大臣调任擅带弁兵例。命各省大计藩臬两司均由督抚出考。以恩蠲漕粮，命业户佃租减交蠲数之半。

◎五月，设下五旗包衣人等官学生缺。发健锐营五百名赴云南。定文武官员雨衣、雨帽品级。定发遣烟瘴人犯例。

◎六月，蔡显以《闲渔闲闲录》犯忌被斩。谕绿旗世职，向无世袭罔替之条，但如海澄公黄芳度、将军张勇等当一体加恩，其袭次满时，着照八旗例，赏给恩骑尉，俾其子孙永远承恩。

◎七月，命军前奏事用清字，行军以鸣角为号。严蒙古盗卖牧场马匹罪。定试用人员因公降调送部引见例。奉皇太后启銮秋狝木兰。

◎闰七月，禁河臣内幕用属员。赐杨应琚自裁。

◎八月，谕嗣后蒙古王公子应袭者，不必计其年岁，即给与应得职衔。谕刑部定拟案件审情比律，应归划一，毋得彼此参差，致有轻重。

◎九月，设雅尔台站。还京师。以云南绿营兵丁怯弱，命罚历任督臣示惩。

◎十月，赐李因培自裁。齐周华文字狱案发。

◎十一月，颁秋审条例于各省。乙巳，[35] 命翰林院读讲学士及詹事府庶子等官京察照四五品京堂归王大臣验看，列为等次引见。明瑞出师征缅。

◎十二月，命文职一品、武职一品及七品一体分别正从，更定官阶。准河员原籍三百里外毋庸回避。定受业师生回避例。

◎是年，全国人口二亿九百八十三万余，存仓米谷三千八百六十一万余石，户部存银六千六百五十万两。

乾隆三十三年（1768年） 五十八岁

◎正月，以将军明瑞进剿缅酋亲冒矢石，授一等诚嘉毅勇公。《御批历代通鉴辑览》成，御制序。改江南武乡试归总督考试。停保举抚民同知、通判派员考试例。

◎二月辛未，参赞大臣珠鲁纳于木邦被围自尽。[36]将军明瑞于小猛育阵亡。以大学士忠勇公傅恒为经略，阿里衮、阿桂为副将军，舒赫德为参赞大臣，驰赴云南军营。饬各省道府按部录囚。

◎三月，加封关帝为忠义神武灵佑关圣大帝。销毁李绂诗文书板。湖北荆门州孙大有、何佩玉等起事反清被处死。

◎四月，原征缅参赞大臣额勒登额、提督谭五格伏诛。

◎五月，停止御史兼办部务。命兵部奏派大员拣选各省请发参将以上人员，著为令。

◎六月，两淮预提盐引案发。涉案官员高恒、普福、卢见曾皆处斩监候，秋后处决。命内阁中书于会试荐卷内酌取朱墨各卷同朝考入选未用进士试卷，派大臣总阅录取引见补用。命各省督抚密查偷割发辫案。玉牒成。

◎七月，禁哈萨克等转贩俄罗斯货物于内地贸易。停止伊犁卓异及年满人员咨部引见。奉皇太后启銮秋狝木兰。命两江总督高晋严缉偷割辫发者。严定州县官疏脱重犯处分。

◎八月，以俄罗斯表示遵从清朝所定贸易章程，准俄罗斯廓密萨尔于恰克图通商。

◎九月，还京师。停止卓异知县升任京员引见时声请改擢外任例。命宗室闲散佐领改称四品官。

◎十月，台湾民黄教纠众起事反清，谕鄂宁等严饬剿捕。命大学士刘统勋查勘黄运两河工程。

◎十一月，谕吏部、兵部，议处文武各员，因公者照例准抵，因私犯罪者概不准抵，著为令。定顺天乡试同考官阅卷回避例。重修太学、文庙落成。

◎十二月，以山东、湖北办理割辫犯刑求诳奏，有关官员各予降黜。

◎是年，全国人口二亿一千零八十三万余，存仓米谷三千九百九十六万余石，户部存银七千一百八十二万余两。

乾隆三十四年（1769年） 五十九岁

◎正月，定河南等省学政养廉。

◎二月，御制重修太学、文庙碑文。谕嗣后皇子等乘马用金黄辔，皇孙等未经赏用金黄辔者俱用紫辔，皇曾孙、玄孙一体用紫色，绵德、绵恩系长孙，仍赏用金黄辔，永为例。谕阵亡人员荫云骑尉袭次完后，仍赏给恩骑尉，世袭罔替，不准过继之子承袭，著为例。谕各督、抚、提镇督率将弁训练精严，实力澄汰，勿以虚文塞责。免八旗应追违例典地银两。弛洋船带硫磺入口禁。

◎四月，阅健锐营兵。台湾平，黄教被杀。谕嗣后东三省人不必补绿营官，著为例。经略大学士傅恒奏报，已于三月二十四日抵云南。宣城武生李超海文字狱案发。

◎五月，谕沿边及苗疆各督抚遇事振作，勿稍优容。谕各省之满洲、蒙古副将五年俸满来京引见，参将七年俸满引见，著为令。

◎六月，禁钱谦益《初学集》《有学集》。谕各省学政，举报优生会同督抚考核。谕各省城工保固，以三十年为率。定新疆哈密、巴里坤等处物料价值章程。谕各省分发举人，需次迟速不齐，各就邻省分拨，俾益流通。命各省熔化小钱。二十日庚午，以内库帑藏充裕，命自内务府广储司拨银一百万两于户部。³⁷定参处州县并议处守巡各道例。谕诸王等遇斋戒日期俱在紫禁城内住宿，著为令。

◎七月，奉皇太后启銮秋狝木兰。

◎八月，以明年六旬万寿，颁谕预止直隶生民贡献称祝，并督抚来京叩祝及进珍玩等物。谕拣选喀什噶尔、叶尔羌等处办事章京引见。定各省修治军器年限。

◎九月，命清查江宁各属钱粮积欠。致仕侍郎沈德潜卒。还京师。命刘统勋查勘山东运河。以绵恩分入镶白旗，其俸银养廉照前锋统领支给。

◎十月，谕东三省人住京两代者，仍选补绿营。谕刑部秋审各犯经三次缓决者，分别减等。谕各回城大臣奏事副都统一体列名。定直省文武各员处分分别轻重例。申禁直省官员蓄养优伶。谕同知、知州推升知府时，其不能胜任平日尚无过者，以升衔留本任。谕逆犯缘坐，其父母不知情者减流。谕轮班奏事，领侍卫内大臣一班在八旗前，前锋统领、护军统领一班在八旗后，著为令。禁福建、广东民人私赴台湾，现流寓者编设保甲，毋任藏奸。定子男予荫例。谕各旗王公属员自外任来京者，概不许诣见通问，著为令。谕直隶入官地亩，停止旗员查丈定租。

◎十一月，定御门听政日接收奏章例。副将军阿里衮于军营病故。以老官屯瘴气过甚，命屯兵野牛坝，召经略傅恒来京，留副将军阿桂筹办善后事宜。谕拣选一等、二等武进士引见，著为令。谕督抚甄别截取知县举人年老不甘废弃者，送部引见，著为令。缅方送蒲叶书至军营乞降，命班师。谕禁以汉教习教授太监读书。

◎十二月，谕督抚验看推升武弁，年老不甘废弃者送部引见，著为令。缅方请纳贡奉表称臣，允之。谕各省官兵因公出差借贷官项者，另筹款项备给，不得预扣俸项。定缅甸贸易章程。禁内地民人赴永昌边外开挖银矿。命预给云南铜铅各厂工价。命稽查各省委员采办滇铜往来程限。

◎是年，全国人口二亿一千二百万余，存仓米谷三千七百五十七万余石，户部存银七千六百二十二万余两。

乾隆三十五年（1770年） 六十岁

◎正月，以本年六十诞辰、明岁皇太后八十万寿，着将各省钱粮普行蠲免。谕彰宝等整饬绿营怯弱积习。谕各省轮蠲之年，劝谕业户照蠲数十分之四减佃户租。命彰宝严防边口，毋许缅人通商。停贵州威宁州知州俸满加衔留任例。《平定准噶尔方略》成，御制序。傅恒奏准缅酋纳款善后事宜。

◎二月，良卿以赃私伏法，方世隽论绞。福建漳浦县民蔡乌强"滋事"，诏安县知县捕获之。饬禁督抚指名奏请拣发。贵州桐梓县民赵式璧等"滋事"，命吴达善等严拿惩治。

632 标页

◎三月，定各省督抚参奏属员漏劾原保官及徇庇调繁改操处分。奉皇太后谒陵、巡幸天津。经略大学士傅恒还京，命仍为总管内务府大臣。还京师。定教职俸满保举知县升任后复行改教者议处原保之督抚、学政例。

◎四月，谕明年东巡，跸路行宫务樽节妥办，不得踵事增华。谕九江、粤海关等关一年期满报部请旨，著为令。副将军阿桂奏遣都司苏尔相奉檄至老官屯。谕乡试考差，不必分别等第，止进呈拟取卷引见候用。四川总督阿尔泰等奏小金川土司泽旺攻略沃克什土司，报闻。

◎五月，以皇八子擅自进城，夺尚书房行走观保、汤先甲等职。谕各衙门于应奏事件即行陈奏，毋稍壅滞。定改补近省人员停引见例。

◎闰五月，命查云南阵亡病故兵丁子嗣挑补马兵及养育兵。四川总督阿尔泰奏，小金川土司僧格桑侵扰沃克什土司，因令各土司会攻，报闻。永定河北岸决，命工部侍郎德成驰往堵筑。命于德胜门外另建满洲火器营，并增补马额。

◎六月，禁奉差兵丁私买人口。增火器营翼长，并赏生息银十万两。谕嗣后王公等孙内如照例承袭将军只有一员别无承祀之人者，仍准嗣子承袭，其绝嗣者，即行停止，著为令。

◎七月，以小金川与沃克什构衅，命阿尔泰传集小金川土司宣谕开导。定大计卓异、俸次未满三年者照督抚越次保题例查议。和亲王弘昼卒。大学士傅恒卒。定福州、广州驻防兵丁官马事宜。

◎八月，四川总督阿尔泰奏小金川土司僧格桑亲来谢罪，交出侵地，报闻。谕嗣后赈恤之项，部库拨银，不准减扣平余，著为令。奉皇太后启銮秋狝木兰。

◎九月，命各省营伍修理军器。减伊犁、回城各将军养廉，增给随往之章京、笔帖式等。

◎十月，还京师。定裁改西安驻防官兵章程。禁宗室王公容留僧道星相人等。定部员兼摄六库限三年更换例以国家帑藏充盈，永停开捐。

◎十一月，谕考试应封宗室与例不符者不准再考。

◎十二月，谕应升京职州县吏部月选后着直省督抚填注切实考语，另班带领引见，仍分别内外录用。谕嗣后发遣拉林、阿勒楚喀加等改发巴里坤者不得奏请遣还，著为例。谕丁忧回旗仍在原衙门行走之满洲、蒙古道府人员，曾经卓异、候升丁忧回旗之知县以上等官并曾经卓异内升之理事同知、通判，俱查明带领引见，嗣后军机大臣三年题奏一次。恢复御史兼部旧例。命伊犁重罪遣犯如有改过奋勉者，十年期满，该将军大臣奏明请旨。

◎是年，全国人口二亿一千三百六十一万余，存仓米谷三千五百七十九万余石，户部存银七千七百二十九万余两。

乾隆三十六年（1771年） 六十一岁

◎正月，定云南铜厂事宜。命侍卫宣力有年、因老病致仕者俱准戴原品顶翎，著为例。

◎二月，奉皇太后启銮东巡山东。定城守尉谢恩请训自行奏闻并请旨陛见例。命武职子弟归本籍州县入伍应试。增圆明园及健锐营养育兵额。

◎四月，命各衙门堂官司员每日晨时入署办事，不得迟缓。停止月选内升人员督抚出考送部例，命吏部三年查办一次，带领引见候用，著为令。还京师。谕京察满洲翰詹各员兼部行走、列在一等者即入部员数内，比较其原衙门为班声叙之例不必行，又各部院到任未满半年之员所有原衙门注考之例永行停止，至各衙门人员在翻书房行走保送一等者，准其自为一项，吏部带领引见，并著为令。准台湾知县粤籍人员仍无庸回避，惟惠州、潮州、嘉应州三府州属者不与选调。定武职捕蝗不力处分。命读祝鸣赞等官升任后仍兼本寺行走者，俱由该寺堂官注考保送，著为令。谕庶吉士不必入京察，著为令。停止新疆办事人员期满保升例。改部寺司务为正八品。

◎五月，命减秋审缓决三次人犯罪。谕立决人犯当省刑之际，暂缓行刑，著为令。定随围官兵马匹倒毙扣银缴价例。命王公之格格、额驸分别支派远近，予封给俸。谕匪犯纠众，地方官三月以内擒捕者免议，著为令。

◎六月，直隶北运河决。削孙可望后人世职。命各省推升知府不能胜任之员一体送部引见，候临时降旨。其向例升衔留任者改加一级，著为令。以土尔扈特台吉渥巴锡等来归，命巴图济格勒驰赴伊犁办理，并命舒赫德等带领来归各台吉至避暑山庄朝觐。定削籍乐户等报捐应试限制。命各部院慎选新疆办事司员，年六十以上者勿得保送。

◎七月，赏京师旗民葺屋银两。原任川督阿尔泰等奏小金川土舍围攻沃克什，命率兵剿之。启銮秋狝木兰，以密云白河水涨，还京。奉皇太后秋狝木兰。命文绶等赴哈密等处购办赏给土尔扈特银两、牲畜、衣服、茶叶等。

◎八月，命侍郎、副都统并提镇、学政、藩臬等毋庸进献称祝。

◎九月，命停本年勾决。土尔扈特台吉渥巴锡等入觐。御制《土尔扈特全部归顺记》《优恤土尔扈特部众记》《土尔扈特部记略》。封渥巴锡为土尔扈特卓里克图汗、策伯克多尔济为旧土尔扈特部布延图亲王、舍楞为新土尔扈特部弼力克图郡王，余各赐爵有差。

◎十月，颁谕，宣示用兵小金川。还京师。谕各部院堂官严核年满截取司员。命翰林院讲读学士以下等官通融补用，著为令。湖北京山县民严金龙起义反请，旋失败被诛。

◎十一月，以军机处满汉章京四十余人，命每年赏银九千两。赐文武及致仕者各九人宴于香山，命工图之。谕报销之案，承办之人，现为本部堂官亦行列衔，非核实办公之道，嗣后似此者俱令回避，著为令。裁福建、广东教习官音学。以经理金川事务不善，革阿尔泰大学士、总督职务，改以温福补授大学士，桂林补授四川总督，继续进攻小金川。

◎十二月，命厘正辽金元三史字音。

◎是年，全国人口二亿一千四百六十万余，存仓米谷三千八百零九万石有余，户部存银七千八百九十四万余两。

乾隆三十七年（1772年） 六十二岁

◎正月，命各省督抚、学政搜求遗书。建乌鲁木齐城，驻兵屯田。命本年会试后挑选举人扣除乙酉以后四科。修浚永定河、北运河。

◎二月，定废员捐复例。

◎三月，湖北民人严金龙伏组织反清被杀。河南罗山县在籍知县查世柱以藏匿《明史辑要》，论斩。阅健锐营兵。

◎五月，奉皇太后启銮秋狝木兰。

◎六月，停各省五年一次编审人丁例。

◎七月，谕八旗补放步军校毋庸带赴避暑山庄引见，著为例。定道府以上等官如有同胞及同祖兄弟叔侄同在一省，俱令官小者回避。原任云南布政使钱度以贪婪罪处斩。

◎八月，定绿营武职满汉间用，其降级停升者俱准与选。准各省马兵取进武生留营食粮，仍准乡试。饬道府州县等员凡遇丁忧及革职者，毋得寄居原任地方。

◎九月，还京师。禁各省自巡抚以下延请本省幕友及流寓带有家属在五百里内，并限定五年更换。谕旗奴犯法，其妻室不得仍留服役，著为令。

◎十月，谕新科武进士于紫光阁校阅时，除挑授侍卫外，分别营卫守备录用，毋庸重带引见，著为令。再颁谕旨，征求遗书。进封皇六子贝勒永瑢为质郡王。

◎十一月，定云南盐井章程。谕皇子原与外间王公有间，一切服用，悉如亲王，现在皇四子、皇六子俱封郡王，其俸银、护卫官员自应视其爵秩，而一应服用，仍应照皇子之例。安徽学政朱筠条奏搜访校录遗书。

◎十二月，定土司、土职阵亡受伤赏恤例。阿桂奏，攻克小金川美诺。

◎是年，全国人口二亿一千六百四十六万余，存仓米谷三千七百八十七万余石，户部存银七千八百七十四万余两。

乾隆三十八年（1773年） 六十三岁

◎正月，饬外藩陪臣于元旦另列一班朝贺。以阿尔泰贻误军务婪赃徇私，赐自裁。温福奏，兵分三路进攻大金川。

◎二月，安徽学政朱筠奏准搜求遗书内容，特别提及从《永乐大典》中搜求已佚书籍。谕各督抚甄别特用道府人员。严定外省官员失察子弟干预公事处分。命缮葺睿亲王多尔衮墓，准近支王公祭扫。谕嗣后大计之年，督抚等于藩臬考语另折奏明，毋庸于本内夹单，著为令。命纂《四库全书》。严定俄罗斯边界设卡官兵更换日期。颁四体合璧大藏金咒于京城及直省寺院。禁各省商籍人员毋得服官本土。停各省官差请用御宝批文。准八旗通晓翻译之恩监、例监考咸安宫宗学、觉罗学教习。

◎三月，清明节，命皇十五子永琰祭泰陵。启銮谒陵，巡幸天津。谕嗣后巡幸，近畿各督抚毋进方物。赠新疆屯田有功之故甘肃总兵于秀提督衔。定直隶州知州推升知府才不胜任者改补同知例。还京师。明发谕旨，命各省督抚征集群书。

◎闰三月，定翰林院编修、检讨三年俸满方准保送御史例。

◎四月，定伊犁各官失察逃犯处分。准渥巴锡游牧移居珠勒都斯，并给口粮、籽种银两。谕州县拟重罪过轻部驳改正者实予降调，毋庸仍委复审。

◎五月，命纂《四库全书荟要》。谕金川阵亡、伤亡官兵如有子弟即令顶补名粮，其并无子弟亲老丁单者给与半饷。奉皇太后启銮秋狝木兰。定各省藩司盘查所属仓谷限期。

◎六月辛亥，参赞大臣海兰察奏，定边将军温福等于金川木果木阵亡，全军溃散。[38]以阿桂为定边将军，总理征讨金川事宜。金川逆酋僧格桑父泽旺伏诛。

◎七月，定顺天府府尹、府丞等官缺出，凡籍隶直隶人员俱回避例。

◎八月，以阿桂为定西将军。御制《避暑山庄纪恩堂记》。定八旗升迁官员亲老者准报部带领引见例。谕新疆重罪遣犯已及十年者奏闻酌夺，著为令。

◎九月，饬伊犁驻防满洲官兵操演行围骑射。还京师。

◎十月，准各省武生充补营伍。定秋谳榜示。

◎十一月，阿桂等奏克复美诺，命进剿金川。冬至节，遣官祭关内外各陵，命皇十五子永琰祭孝贤皇后陵。其后二十余年，又多次命永琰于清明节、中元节或孝贤皇后忌辰往祭孝贤皇后陵，其他皇子概未参与是典。

◎是年，全国人口二亿一千八百七十四万余，存仓米谷四千一百二十四万余石，户部存银六千九百六十七万余两。

乾隆三十九年（1774年） 六十四岁

◎正月，命刑部定聚会结盟案。

◎二月，复陵寝总管由京升补例。谕受伤身故人员给与世袭者于袭次完时不准承袭恩骑尉，著为令。清明节，遣官祭各陵，命皇十五子祭孝贤皇后陵。

◎三月，禁民间私制藤牌。准陕甘总督勒尔谨请，于甘肃开捐，收纳本色，以裕常平仓贮。

◎四月，更定盛京宗室觉罗肄业五年升补例。定各省题升人员送部引见限期。赐皇十五子永琰成大婚礼。

◎五月，命选宗室王公子弟入宗学肄业，著为令。定分部学习主事三年期满奏请留补本部及改用知县、县丞、助教例。奉皇太后启銮秋狝木兰。谕绿营旗员、汉员遇阵亡议荫，其子孙未及岁者俱给马粮一份，著为令。以定例现系王公之子孙娶妻不给恩赏银两，谕嗣后恒亲王、怡亲王之绵字辈准给，其和亲王、果亲王之绵字辈孙俱不准给，至奕字辈孙等再行给与，著为令。

◎六月，谕私罪情重人员不准捐复。停给僧道度牒。定同族官员回避例。

◎七月，谕西洋人有父母在者不准赴京效力。命回部各城永远铸造乾隆年号钱文。以太监高云从于左都御史观保等人前泄露道府人员朱批记载，并以私事干请大学士于敏中，命治高云从罪，旋处死。观保等俱夺职，于敏中交部严议。命于《四库全书总目》之外，另编《四库全书简明目录》。谕嗣后除军机处应奏事件仍交奏事太监呈进外，各部院衙门奏折、内务府衙门一切事件着由奏事官员转交，不得由奏事太监接奏，大臣官员等并不得与太监交谈，如有违犯，从重治罪。

◎八月，命查缴禁书。癸未，申禁云南各关隘奸民偷漏及缅人私越。定月选汉官自正六品以下小京官一体引见例。江南老坝口河溢。定围场驰射误杀误伤罪。乾隆帝作《恭奉圣母游狮子园》，诗注称"近年以来，率以八月初十日奉圣母游此，并赐克食"。**39**

◎九月，停止各省道府官员外姻亲属隔属回避例。谕进哨后外省折奏着兵部派司员住哨门外接收，按日驰送披览，著为例。山东巡抚徐绩奏，寿张县民王伦起事反清，命山东巡抚徐绩率兵剿捕。谕周元理饬司，毋许拦阻贫民出口觅食。还京师。谕嗣后十五善射缺惟将拜堂阿兵丁及各旗闲散宗室引见挑取，至王公大臣侍卫官员内步箭娴熟者于上三旗内，每旗另添设十五缺，将下五旗内王公大臣侍卫官员一并引见挑取，著为例。大学士舒赫德等歼贼于临清旧城，王伦自焚死。严定各省州县官失察讼师处分。

◎十月，江南老坝口堤工合龙。建文渊阁，御制记。谕秋审情实人犯，经十次未勾者，改入缓决，著为令。命各督抚行保甲法。

◎十一月，谕在屯居住旗人及各处庄头并驻防之无差事者，其流徙罪名照民人一例实遣，著为例。定各省绿营鸟枪兵丁照健锐、火器二营演连环法式。禁民间私造鸟枪。

◎十二月，命纂《剿捕临清逆贼记略》。谕嗣后凡亲王依次递降者，至镇国公而止，郡王依次递降者，至辅国公而止，均世袭罔替。定考取满汉中书、助教、笔帖式等阅卷官子弟、族人及有服姻亲回避例。定各省裁缺佐杂人员留本省补用例。谕各省盐政、关差、织造除地方公务不许干预外，遇事有关系者随时入奏。命恩封贝勒递降至镇国公，应袭镇国将军，贝子递降至辅国公，应袭辅国将军，均世袭罔替。土尔扈特汗渥巴锡卒，赐银千两治丧。

◎是年，全国人口二亿二千一百零二万余，存仓米谷八十六万余石。[40] 户部存银七千三百九十万余两。

乾隆四十年（1775年） 六十五岁

◎正月，定在京公主所生之子品级。谕各督抚随时体察学政，其在任三年，各就所见，秉公据实密奏。令懿皇贵妃卒。乾隆帝作《令懿皇贵妃挽词》。[41] 江西巡抚海成奏进查缴禁书办法，乾隆帝谕各省照办。

◎二月，命嗣后京员京察，本衙门历俸一年，方准保送，各省拣发人员，投供验到，方准拣选。

◎四月，谕宗人府，每年四、十两月奏请拣派皇子、王大臣考试宗室王公子弟骑射、清语，并令管理宗人府王公每季考试一次。阅健锐营兵。定巴里坤理事、通判与领队大臣文移仪注。江西疯人王作梁文字狱案发，乾隆帝命凌迟处死。

◎五月，定满洲恤荫人员发交京营学习例。命改纂《明纪纲目》。定土尔扈特游牧事例。启銮秋狝木兰。

◎六月，奉皇太后至避暑山庄。禁广西商民出口贸易。

◎七月，停止内地查禁鸟枪。重刊《金史》成，御制序。

◎八月，定西将军阿桂驰奏红旗报捷，攻克大金川勒乌围贼巢。乾隆帝作《恭奉皇太后游狮子园因成长句》，注称："每岁以八月初十日恭奉圣母侍膳于此。""予六岁时即随皇考居此。"**42**

◎九月，定难荫汉员发标学习例。还京师。

◎十月，申谕直省督抚严格编查保甲，仲冬奏报实在民数。谕嗣后巡查盛京、黑龙江、吉林三处及归化城游牧二处人员总归都察院奏派，并定五年巡查一次，著为令。

◎闰十月，赏旗丁闰月甲米，著为令。简派宗室族长。命《通鉴辑览》附记明唐、桂二王事迹。

◎十一月，命议叙明季殉节诸臣谥典。谕盛京、吉林、黑龙江将军等将叶赫、乌喇、哈达、辉发、那木都鲁、绥芬、尼玛察、锡伯、瓜勒察等处绘图呈览。定奉天、山东沿海州县文武员弁失察流民私行渡海例。停止广西边境互市。

◎十二月，大兵进据噶喇依所占山梁。以御前侍卫和珅为正蓝旗满洲副都统。

◎是年，全国人口二亿六千四百五十六万余，存仓米谷三千零九十五万余石。

乾隆四十一年（1776年） 六十六岁

◎正月，定郡王绵德以交接礼部司员秦雄褒削爵，命绵恩承袭。停止年终汇奏幕友例。大兵进围噶喇依。阿桂奏请安插降众于绰斯甲布地方，从之。皇十二子永璂卒。谕嗣后王大臣等验看月选官，有人缺不相当者酌议对调，仍令派出之九卿科道复看，如意见相同，即联衔具奏请旨，著为令。命将和珅一族加恩抬入正黄旗满洲，并以和珅补授户部右侍郎。

◎二月，予明代殉难诸臣谥，入祀忠义祠。命各部堂官查核俸满截取知府人员并司员改补御史，俱不得擅行奏留。阿桂奏金川索诺木等出降，槛送京师。命绘定平定金川前后五十功臣像于紫光阁。定两金川营制。命嗣后八旗孀妇孤子虽有伯叔兄弟而或系兵丁，或武职不过前锋校等官、文职仅笔帖式不能兼顾者，俱给养赡。命勘丈宁夏厂地，听民垦种。命巡幸仍进阁本。定各部滥保司员处分。赏大学士于敏中双眼花翎。定外任内升人员原任内因公处分分别年限，令该堂官寄原任督抚注考送部例。奉皇太后启銮巡幸山东。

◎三月，命督抚于外任升授京职人员给咨时，即于咨文内填考送部，因公革职者亦如之。增设四川成都将军，以明亮为之。阿桂等奏准金川善后事宜，命成都将军统辖番地文武事宜。给两金川降番籽种、牛具，准三年后照屯练纳粮。驻泰安，谒岱庙，命还督抚贡物，仍严饬之。夺参赞大臣富德职。命户部侍郎和珅军机处行走。

◎四月，弛四川松潘等处茶禁。颁谕略云，朕省方问俗，惟以民生休戚为念，并不以游观为事。告谕谆谆，我子孙若能恪遵朕训，庶不致为奢靡所移。设或稍不自持，督抚因而曲意逢迎，其流弊伊于何底，此于国运人心所系甚巨，可不共知敬惧。迩年两次东巡，渐有馈遗之风，扈从诸臣，尤宜益加戒勉。定台湾文武官各携带眷口例。禁外省驿站逢迎靡费。还京师。御制平定两金川告成太学碑文并勒铭美诺、勒乌围、噶喇依。

◎五月，富德以罪伏法。奉皇太后启銮秋狝木兰。再谕陕甘总督勒尔谨劝谕贫民出口垦种。

◎六月，命于关帝谥加忠义二字，并录入《四库全书》。定文渊阁官制。命重绘盛京等处地图，分注开国事迹。命同省官员同名，令官小者改避。谕道员委署两司准具折奏事。增订故入及失入人罪律。定各省将军养廉，伊犁将军三千两，盛京将军二千两，各省将军一千五百两。令江西总督分年轮赴江苏、安徽、江西三省会勘秋审，著为例。

◎七月，命陕甘总督勒尔谨筹议资送贫户出口垦种。命成都将军明亮绘进两金川全图。命满洲、蒙古丁忧道府人员百日期满在部行走者于每年十月引见。命补放步军校拟陪人员作为委步军校，不必计名坐补。以山西候选吏目严谱投书四阿哥，妄言宫闱之事，离间父子，命处斩决。

◎八月，禁各省文武衙门预印空白。定考选世职及军政考试均射三箭例。命贵州等省严查汉奸潜入苗地。命严禁四川奸民窜入金川番境。调和珅为镶黄旗满洲副都统。

◎九月，谕各省严缉盗匪。命满洲丁忧丞倅州县官每年十月引见。停止太仆寺等各衙门主事及经历、主事、寺丞、署正等官保送直隶州知州，京察一等者以六部主事调补。还京师。谕宗室觉罗犯罪，束红、黄带者以例办理，未束者照常人治罪，永为例。定杀一家四命以上缘坐例。命编《四库全书考证》。

◎十月，禁内外各臣贡献古玩。谕曰：朕酌定恩封诸王皆依次递降，又念亲王、郡王不过六七传，即至奉恩将军，心有不忍，曾降旨亲王至镇国公、郡王至辅国公为止。《宋史》宗室表内，王再传而后即下同齐庶，视今厚薄何如耶。且朕于诸子未有特封者，非沽名而薄待己子，正因理当然耳，昭示久远，无大于此，我世世子孙，所当遵守勿替。

谕远派宗室族长，拣同族大员补授。谕知府直隶州将生死出入大案审出实情，改拟得当者，送部引见，著为令。命浙江严查收漕积弊。

◎十一月，命《四库全书》馆详核违禁各书，分别改毁。谕沿海督抚与夷商贸易，断不可徇民人以抑外夷。命皇子诸王勤习骑射。以户部右侍郎和珅为国史馆副总裁。

◎十二月，命编明季贰臣传。命戊戌年八月举行翻译乡试，次年三月举行会试。准满洲侍郎年至六十者乘轿。以御史炳文奏请嗣后京察，科道官只令都御史带领引见，命革去御史，发往伊犁效力赎罪。命钦天监正傅作霖前赴四川，绘制大小金川地图。

◎是年，全国人口二亿六千八百二十三万余，存仓米谷四千零三十万余石。

乾隆四十二年（1777年） 六十七岁

◎正月，皇太后卒。上尊谥为孝圣宪皇后。推恩，普免天下钱粮，自戊戌年为始，三年普免一周。

◎二月，命外任旗员亲老愿回京者酌用京职。停止民壮演习火枪。皇四子履郡王永珹卒。

◎三月，申伏法罪人复仇之禁。

◎五月，定京察比较上次名单例。定宗室觉罗与齐民争殴拟罪例。命京察八旗降革司员酌用看守坛庙、库门等差。定远派宗室觉罗及官员兵民百日期年后嫁娶作乐例。命重修《明史》本纪。定协领不兼本旗佐领例。

◎六月，转户部右侍郎和珅为户部左侍郎，署吏部侍郎。

◎七月，定州县调署按季咨报例。定满汉大学士行走班次。命甘肃民人愿往乌鲁木齐垦地照例资送。准从前冒籍得缺人员呈明回避。

◎八月，定回城伯克升转赏给路费例。定保送人员才力不及原保详官分别降级留任例。辑《满洲源流考》。浚淮扬运。

◎九月，定云南采挖火药章程。赏给新疆乡、会试举子驰驿。

◎十月，以户部侍郎为步兵统领。定伊犁官员军政保举引见例。谕八旗驻防不愿袭职者毋庸调取，著为令。谕各督抚所属总兵官五年密奏一次。定京营兵丁三年考验例。命安插京中八旗二千于密云驻防，以解决八旗生计。江西新昌举人王锡侯《字贯》案发。

◎十一月，停止督抚密保学政例。江西巡抚海成以纵庇王锡侯逆书夺职。谕各省将军均戴用花翎，著为令。定绿营武职保荐后军政降入平等者不准升用例。甘肃河州王伏林率众反清，旋失败。

◎十二月，命闲散宗室移驻盛京大凌河马厂西北地方。

◎是年，全国人口二亿七千零八十六万余，存仓米谷四千一百四十五万余石。

乾隆四十三年（1778年） 六十八岁

◎正月，命各省军流人犯已过十年者奏请省释，其不愿回籍者听。追复睿亲王封爵及豫亲王多铎、礼亲王代善、郑亲王济尔哈朗、肃亲王豪格、克勤郡王岳托原封爵，并配享太庙。命费英东子孙晋袭一等公，以外戚承恩世爵之一等公为三等公。命省释新疆军流人犯其已过十年、衰病不任耕作者回籍。复允禩、允禟、弘晳原名，列入玉牒。命宗人府查明英亲王阿济格之子孙一体复还黄带，列入玉牒。

◎二月，定吏部议处失实之司员分别降罚例，定云南铜厂办铜各官甄叙降罚例。谕国史馆分《贰臣传》为甲乙二编。

命翰林院编修、检讨轮班引见。命八旗官员于侍班日引见。

◎三月，以饶余亲王阿巴泰及其子安亲王岳乐俱屡著功绩，其子孙内止有奉恩将军一人，不足以酬劳伐，着封辅国公一人，并晋封敬谨亲王尼堪之子孙为镇国公。予谦郡王瓦克达之子孙一等镇国将军，巽亲王满达海之子孙一等辅国将军，镇国公屯齐之子孙一等奉国将军，均世袭罔替。阅健锐营兵。定办理陵务贝子、公等因事罚俸例。

◎四月，阅火器营兵。谕万寿节督抚毋得贡献。

◎五月，命伊犁协领历任两次六年期满送部引见。停止盛京额设宗室觉罗教习例。玉牒成。定侍卫等步射弓箭式。谕八旗参领兼任佐领者不准管本甲喇，其各省驻防协领兼佐领者如之。谕销毁缴进违禁各书。

◎六月，定各部院满汉堂官回避例。定乌鲁木齐满城城守营官制。

◎闰六月，河南祥符县河溢。再谕各省督抚，实力查缴禁书。

◎七月，裁翻译乡、会试誊录对读。谕藩臬两司于督抚有赃私不法之事，据实密陈。河南仪封、考城二县河溢。启銮诣盛京，谒祖陵。

◎八月，以盛京为根本重地，谕后世子孙不可不躬亲阅历。予睿亲王多尔衮、豫亲王多铎、肃亲王豪格、克勤郡王岳托入祀盛京贤良祠。命查缴徐述夔《一柱楼诗》。

◎九月，以近年西洋人无进京者，谕嗣后如有西洋人呈请进京效力，即为奏闻送京，不必拒阻。以锦县生员金从善上言建储立后、纳谏施德，命斩决。申谕立储流弊，及申明归政之期。还京师。高朴以婪赃论斩。

◎十月己未，以庚子年七旬万寿，巡幸江浙，命举恩科乡、会试，并普免天下漕粮。[43]江苏布政使陶易以徇纵徐述夔论斩。

◎十一月，谕以二年为限，查缴禁书。禁贡献整如意及大玉。定各省驿站归巡道辖。定回疆伯克谒见驻扎大臣仪注。命查办《圣讳实录》。以故尚书衔沈德潜为逆犯徐述夔作传，命追夺原官并削宫衔谥典及祭葬碑文。

◎十二月，谕山东巡抚国泰严治山东冠县义和拳教民。准八旗入官地亩仍照旧例卖给八旗官兵。班禅奏准来京祝嘏乾隆帝七十万寿。

◎是年，全国人口二亿四千二百九十六万余，[44]存仓米谷三千九百四十五万余石。

乾隆四十四年（1779年） 六十九岁

◎正月，命阿桂赴河南查勘河工善后事宜。李骐《虬峰集》文字狱案发。重辑《国子监志》书成。

◎二月，赏文渊阁检阁中书挂用朝珠。命辑《明臣奏议》。

◎三月，黄检以私刊其祖黄廷桂奏疏夺职。封皇八子永璇为多罗仪郡王。谕曰：正珠朝珠，惟御用，至皇子及亲王、郡王不但不准用正珠，即东珠、朝珠亦不准用。嗣后分封王爵，俱不必赏给珠子、朝珠。兴国州候选训导冯王孙文字狱案发。以俄方贸易不遵章程，谕停恰克图中俄贸易。

◎四月，阅火器营兵。阅健锐营兵。智天豹文字狱案发，乾隆帝命处斩决。

◎五月，谕曰：向来端午督抚无进贡之例，惟江、浙、闽、广等省所进茶扇、香葛之类有在端节呈递者，各因土物之宜，原所不禁，其无土产省份并不随众同进。今岁各省亦复呈献，殊为非礼。已令奏事处概行发还。嗣后务遵向例，不得纷纷进献。命沈大绶《硕果录》《介寿词》案照徐述夔逆诗案办理。启銮秋狝木兰。以俄方恳请，再开恰克图贸易、黑龙江贸易。命严办程树榴《爱竹轩诗稿序》案，旋处斩立决。

◎六月，命各省候补旗员丁忧回旗者百日后在原衙门当差，服阕，仍赴原省候补，著为令。谕光禄寺少卿缺出，科道与外省道员一并开列，著为令。定满洲官兵移驻吐鲁番各事宜。

◎七月，命云南运铜迟误各员发新疆效力。

◎八月，命辑《蒙古王公表传》。颁训饬翻译及制义文体谕于贡院及各省学政并翻书房、理藩院之堂眉。颁世宗第一道训饬士子碑文于国子监及各省学。谕明年七旬万寿，毋侈设灯彩。命和珅在御前大臣上学习行走。

648

◎九月，命辑《回部王公表传》。还京师。

◎十月"初六日壬辰，宁寿宫庆成。初九日乙未，幸十五阿哥府。十五日乙丑，幸绵恩阿哥府"。[45]丙辰，谕台湾道府期满调回者，即与遴调之员对调，著为令。

◎十一月"初六日丙戌，以年迈，谕自本年冬至南郊为始，令诸皇子代为行礼"。[46]定新疆驻兵事宜。"二十一日辛丑，谕皇孙等非特旨赏给金黄辔鞍者，俱用红鞍座紫缰。"[47]定西安汉军改补绿营、京兵移驻西安事宜。从安徽巡抚闵鹗元奏请，各省郡邑志书内如有登载应销各书名目及悖妄著书人诗文者，一概俱行铲销。

◎十二月，通谕各督抚，除直隶外，俱不准年节贡灯。

◎是年，全国人口二亿七千五百零四万余，存仓米谷二千八百八十七万余石。

乾隆四十五年（1780年） 七十岁

◎正月庚寅朔，[48]启銮南巡。谕疆吏葺治行宫，毋事繁费，有派闾阎者罪之。

◎二月，阿桂等奏，历时近两年，仪封漫工合龙。

◎三月，幸杭州，谕各省督抚毋来京称祝，其进奉繁费者却之。阅视海塘工程。李侍尧以婪赃夺职逮问。以和珅补授户部尚书。

◎四月，山东寿光县民魏塾以妄批《徙戎论》处斩。阅高家堰堤工。

◎五月，还京师。安徽和州戴移孝、戴昆父子《碧落后人诗集》《约亭遗集》文字狱案发。启銮秋狝木兰。以和珅补授镶蓝旗满洲都统。将十公主许配和珅之子丰绅殷德。

◎六月，谕嗣后乾隆帝在位时，现有之曾元俱准戴用红绒结顶。以和珅为正白旗领侍卫内大臣。

◎七月，陈辉祖奏，南河郭家渡河溢。班禅入觐。永定河溢。御万树园大幄次，赐班禅及扈从王公大臣、蒙古人贝勒、贝子、公、额驸、台吉等宴，赏赉冠服金币有差。李奉瀚奏，东河蔡家庄河溢。兵部奏准，嗣后同在一省之上司属员，概不得于现任内结亲。

◎八月，永定河漫工合龙。湖北巡抚郑大进进贡金器，不纳，切责之。七旬万寿节，御澹泊敬诚殿，扈从王公大臣等庆贺礼。

◎九月，以夏潦赏八旗兵丁一月钱粮。李奉瀚奏，蔡家渡漫口合龙。命各省严剔科场积弊。陈辉祖奏，睢宁郭家渡决口合龙。命纂《历代职官表》。还京师。命王公大臣督抚等毋竞贡献。

◎十月，命各省督抚整饬马政。以和珅充四库馆正总裁。

◎十一月，六世班禅于京师圆寂。停烟瘴苗疆历俸未满丁忧服阕人员仍发原省例。普赏八旗兵丁一月钱粮。命扬州、苏州盐政、关差、织造留心查办语句违碍之剧本、曲本。谕三库钱局坐粮厅各差司员曾经派充者，十年后再行保送，著为令。

◎十二月，定督抚违例题请实授州县处分。追议鳌拜罪，停袭公爵，并议恤所中伤功臣后裔。定顺天乡试磨勘例。命部院堂官画题意见不合者于公所面商，毋令司员辗转传述。王亶望以不令家属回籍守制夺职。

◎是年，全国人口二亿七千七百五十五万余，存仓米谷三千七百七十二万余石。

◎是年，重申严禁鸦片。

乾隆四十六年（1781年） 七十一岁

◎正月，定蒙古喀尔喀并青海杜尔伯特、土尔扈特、和硕特、回部王公、扎萨克台吉等世袭爵秩。

◎二月，追夺倾附吴三桂之云贵总督卞三元爵谥诰敕，并扑毁祭葬碑文。命查缴天文占验、妄言祸福之书。定《四库全书》四部俱按撰者生卒年代依次编纂。启銮巡幸五台山。定浙江修筑海塘事宜。

◎三月，幸正定府阅兵。以广东崖州黎人纠众滋事，命巴延三剿擒之。谕各省将军、副都统亲阅演兵，毋得委派章京。原任大理寺卿尹嘉铨文字狱案发。还京师。《平定两金川方略》成，御制序。甘肃循化厅属撒拉尔回人苏四十三等起事，命西安提督马彪率兵协同陕甘总督勒尔谨剿之。命阿桂驰往甘肃调度剿除事宜。

◎四月，命尚书和珅、额驸拉旺多尔济、领侍卫内大臣海兰察等带兵四千，赴甘肃进剿反清回人。勒尔谨奏，官兵复河州。定殿试不给烛例。勒尔谨以酿变失机夺职逮问。召和珅还京。

◎五月，再谕两广总督巴延三留心体察，凡有西洋人情愿进京当差者，即行奏闻送京。禁甘肃回民总掌教名目。

◎闰五月，启銮秋狝木兰。甘肃捐监冒赈案发。六月，李奉瀚奏，江苏睢宁魏家庄河溢。以甘肃历年捏灾冒赈，命刑部严鞫勒尔谨，逮王亶望来京，未久皆处死。又因涉案官员过多，乾隆帝改变成例，二万两以上者，依法处决，以下者，请旨定夺。撒拉尔反清回人首领苏四十三等处死。游僧昙亮文字狱案发。《热河志》书成。

◎七月，苏四十三起义失败。定盛京、锦州等城满洲骁骑校缺按旗拣选例。定京营兵额一万名，分设南北左右四营，改圆明园南营为中营。河南万锦滩等处河溢。河南曲家楼河溢。山西永济县河溢。定各省武举效力年满考验后分补千总、把总例。定武职游击以下记名限年升用例。命阿桂查阅河南、山东河工。

◎八月，谕内务府汉军官员丁酉服阕归部铨选，毋庸于百日满后带领引见，著为令。赏撒拉尔旧教回人家属籽种、地亩。停甘肃捐监。增陕西、甘肃绿营兵一万二千九百余名。

◎九月，改定逆犯祖父缘坐例。添设陕西西安驻防满洲、蒙古官兵。江苏沛县河溢。还京师。

◎十月，停止哈哈珠子升补侍卫、护军校、骁骑校。定封爵皇子给与蓝甲分数。命支给武职官员养廉。定试用佐贰不准委署州县例。命纂《契丹国志》。命皇子等编辑《明臣奏议》。增设宗室御史二员并定陵寝宗室司员额。御史刘天成奏请严浮费之禁，以裕民生。谕曰，均田之法，势必致贫者未富，富者先贫，我君臣惟崇俭尚朴，知愧知惧，使四民则效而已。罢陕甘总督瓜贡、皮贡。定满洲驻防官兵年老退休回京就养例。

◎十一月，重申鸟枪之禁。《四库全书总目提要》办竣。

◎十二月，斥协办大学士嵇璜令河流仍归山东故道之议为妄议更张。命新疆各厅州县支销库项由陕甘总督查核，著为令。第一份《四库全书》抄本告成。定军营受伤兵丁恤荫例。定各省武职养廉额。

◎是年，全国人口二亿七千九百八十一万余，存仓米谷四千零二十一万余石。

乾隆四十七年（1782年） 七十二岁

◎正月，命江苏查禁鸟枪。复增西藏办事笔帖式一员。建盛京文溯阁，贮《四库全书》。

◎二月，以《四库全书》成，御文渊阁赐宴。命乾清门侍卫阿弥达往西宁探河源。仁和监生卓天柱文字狱案发。

◎三月，停止台湾捐监例。

◎四月，谕旗人外任，年老有疾愿回旗者仍留本身世职，赏食全俸。如勒令休致者，本身虽有世职，亦不准食俸，著为令。山东巡抚国泰、布政使于易简以贪纵夺职逮问，旋皆处死。阅火器营兵。改译辽、金、元三史成，御制序。谕凡阵亡者给与世职，仍赏恩骑尉世袭罔替，其伤亡者，不必给与，著为令。阅健锐营兵。定宗室犯罪改折圈禁例。

◎五月，启銮秋狝木兰。河南监生程明禋文字狱案发，乾隆帝命处斩立决。

◎六月，定发遣重犯非遇恩赦不得释回例。

◎七月，定乌鲁木齐官员侵蚀采买粮价罪。谕嗣后驻跸热河时，补放世袭佐领，只令正陪人员引见，参领印务章京，只令拟正者引见，其公中佐领百日服满之文武官俱俟回銮后引见，著为令。命续缮《四库全书》三份，分庋扬州文汇阁、镇江文宗阁、杭州文澜阁。[49]命馆臣编辑《河源纪略》。定乡、会试五言排律诗移至头场，论移至二场。

◎八月，增凉州、庄浪驻防官兵。赐索诺木策凌自裁。谕甘肃冒赈案监候官犯，前经随剿兰州反叛回人在事出力者，俱免死，发黑龙江。加和珅太子太保。

◎九月，定远近宗室品级顶戴。陈辉祖以营私牟利夺职逮问。还京师。十月，以和珅充经筵讲官。

◎十一月，命皇子及军机大臣订正《御批通鉴纲目续编》。第二份《四库全书》告成。

◎十二月，诏求明臣熊廷弼后裔。陈辉祖论斩。饬禁疆吏贡金器。诏求明臣袁崇焕后裔。普赏八旗兵丁一月钱粮，并将此作为成例，每逢岁末，均赏八旗兵丁一月钱粮。谕嗣后旗人承袭他旗同姓世职，已历三世者，悉世袭罔替。饬禁疆吏贡珠玉。

◎是年，全国人口二亿八千一百八十二万余，存仓米谷四千一百七十三万余石。

乾隆四十八年（1783年） 七十三岁

◎正月，定江西添兵事宜。定沿边土司岁给火药数。定察哈尔所属两翼牧群三年查阅一次例。以直隶、山东、浙江等省查出亏空，谕各省督抚再确切访查，据实具奏。

◎二月，赐陈辉祖自裁。定散馆改部人员题补例。阅健锐营兵。谕以今秋诣盛京，本年万寿贡物不必先期赍赴热河呈进。赐明辽东经略熊廷弼五世裔孙泗先为儒学训导。

◎三月，定山东各营募补兵丁事宜。定湖南、湖北添兵事宜。南河曲家楼漫工合龙。定三品京堂官京察引见例。改定武选则例。复拣选武进士旧例。

◎四月，定武职处分例。定卓异官犯赃议处原保荐上司例。停尚书拣补公中佐领例。增江苏、安徽营员。阅火器营兵。谕嗣后漕运、河道总督止给与兵部侍郎、右副都御史衔，著为令。

◎五月，定月选各官预借养廉由各省报拨例。改定以药迷人罪。定严除浙江漕弊章程。启銮秋狝木兰。

◎六月，定旗人逃窃罪并发遣例。赏和珅双眼花翎。

◎七月，定外省官员议处降级例。命各省大挑分发举人以知县、佐贰分别补用。

◎八月，赐达赖喇嘛册宝。自避暑山庄启銮盛京恭谒祖陵。

◎九月，东巡还京途中，明谕建储事。

◎十月，命黄河沿堤种柳，申禁近堤取土。命觉罗官员不必在奏事处行走。还京师。命辑《古今储贰金鉴》。谕国史馆另立《贰臣传》《逆臣传》。以和珅为国史馆正总裁。

◎十一月，增四川成都满营官学额。以和珅充文渊阁提举阁事。

◎十二月，命台湾总兵道府五年任满更调，著为令。命刑部理藩院司员不准兼科道官。

◎是年，在漳州人严烟倡率下，天地会在台湾得到广泛传播。

◎本年，全国人口二亿八千四百零三万余，存仓米谷四千一百三十四万余石。

乾隆四十九年（1784年） 七十四岁

◎正月，晋封皇长孙绵德为固山贝子。增给四川、新疆种地降番分户地亩。两淮盐政伊龄阿新造宝莲航，乾隆帝以虚糜国帑严饬之。启銮南巡，命皇十一子、十五子、十七子随驾。

◎二月，谕州县因公按法责毙所属人役无庸议。命嗣后各督抚年终汇奏各部院事件应详细查核后，汇送军机处复加考核，于三月间汇齐办理具奏。

◎三月，幸苏州。幸海宁，阅视海塘工程。幸杭州。定河南添兵事宜。

◎闰三月，幸江宁。皇玄孙载锡生。

◎四月，准各省试用人员补期尚远者呈明回籍，俟到班时仍赴原省补用。谕绿营告休人员临阵受伤者准食全俸，著为令。命乌鲁木齐行保甲法。还京师。甘肃固原新教田五率众起义，命署陕甘总督李侍尧等率兵平定。以和珅充任清字经馆总裁。

◎五月，启銮秋狝木兰。命八旗文武官员父母年至七十五岁以上者毋保送外任。江西巡抚郝硕以贪婪夺职逮问。

◎七月，命廷臣更议历代帝王庙祀典。甘肃石峰堡回民反清事平，宣谕中外。《河源记略》成。命颁行军纪律。以和珅调补吏部尚书、协办大学士事务，兼管户部尚书。

◎八月，河南睢州河溢，命阿桂督治之。定考试翻译一科，满洲、蒙古生童三年一次。

◎九月，以和珅平定甘肃回民起义有功，晋封其为一等男。军机大臣会同两广总督舒常议准解决商欠章程。军机大臣遵旨查复户部银库存银数及历年蠲免银两数，雍正十三年库贮实存银三千四百余万两，自乾隆三十三年至今实存银七千四百余万两，乾隆年间普免天下钱粮三次共银七千六百余万两，普免漕粮二次约折银九百余万两，另积年各省水旱灾荒蠲免钱粮及民欠未完银一千七百余万两，通共蠲免一亿余两。还京师。

◎十月，命于次年正月初六重举千叟宴。增设陕西、甘肃弁兵。幸皇长孙绵德第视皇玄孙载锡。

◎十一月，命各省委署人员距原籍五百里内者回避。睢州漫工合龙，命建河神庙，御制碑记。《四库全书》第二、三、四份缮写完毕。谕，西洋人已敷当差，嗣后可毋庸选派。

◎十二月，禁各省州县立德政碑。谕绿营员弁因阵亡予世职者，袭次完时，酌予恩骑尉，世袭罔替。

◎是年，迁台漳州林爽文加入天地会，天地会在台迅速传播。

◎本年，全国人口二亿八千六百三十三万余，存仓米谷三千九百八十二万余石。

乾隆五十年（1785年） 七十五岁

◎正月，举千叟宴礼，宴亲王以下三千九百人于乾清宫，赏赉有差。定乌鲁木齐各厅州县以钱纳租额数。

◎二月，谕各省督抚挑选壮健营兵勤加训习。定绿营阵亡官弁及文职难荫例。裁翰林院侍读学士、侍讲学士及侍读、侍讲满洲缺各一。以外任旗员子弟成丁时多挑馆当差及捐纳文职，定八旗官员子弟一律挑取侍卫拜堂阿例。

◎三月，定挑取侍卫拜堂阿年限。

◎四月，申谕八旗大臣官员子弟勤习骑射。准官员年七十以上父母迎养在任者暂停升转。命嗣后武职副将以上丁忧，准其回籍。命兵部升任人员于引见后开缺。阅健锐营兵。命嗣后外任旗员准留子弟一人随任。定兵部题补副将开列例。定各省武生在营滋事责革例。

◎五月，定八旗父子相继阵亡世袭例。停止伊犁等处承袭恩旗尉人员来京引见。

◎六月，停止直隶热河等处理事同知、通判及山西归化城推升京缺仍留本任例。

◎七月，命八旗佐领图记篆文兼清汉两体。改定《中枢政考》。

◎八月，谕嗣后非遇军务，不得以丁忧人员奏请留任，著为令。

◎九月，停止佐杂等官保荐卓异后送部引见。还京师。命乡、会试二场论题以《孝经》与性理二书按科轮出，著为令。定月选官告病期限。

◎十月，裁绥远城满洲官学五处，设翻译官学五处。复各省奏请拣发佐杂人员引见例。"癸卯，大学士嵇璜等查奏乾隆元年以来五十年内蠲免钱粮数目：一，普免天下地丁钱粮三次，共银七千六百六十八万余两，粮五十三万余石。二，普免天下漕粮二次，共九百余万石。三，历年各省水旱灾歉赈恤及蠲免民欠地丁盐课共应一亿三千四百五十二万余两，米谷豆一千一百二十五万余石。四，巡幸恩免地丁、盐课、漕粮、民欠等共应一千四百四十六万余两、米麦豆其十六万余石。总计五十年来普免、蠲免共银二亿二千五百六十七万余两，米麦豆二千一百五十一万余石。"[50]

◎十一月，定京察大计额并裁附荐名目。

◎十二月，谕盛京大城外八边门用砖改砌。续修《大清一统志》《辽金元三史国语解》成。禁广东洋商及粤海关监督贡献。停止采办洋货。

◎是年，停止中俄恰克图边境贸易。

◎是年，全国人口二亿八千八百八十六万余，存仓米谷三千九百十七万余石。

乾隆五十一年（1786年） 七十六岁

◎正月，命顺天府复行乡饮酒礼。晋封皇孙绵德为贝勒。定大考改部翰詹及小京官等分班补用例。"户部奏复，各省所收耗银，大约每正项一两加收一钱以外者居多。"[51]

◎二月，谕州县以上病痊服阕等官均不准捐免坐补原缺。谕嗣后在京降革留任各官止停俸银，仍准支给俸米。以原任大学士于敏中尝请开甘省捐监例，命撤出贤良祠。《石峰堡纪略》告成。命尚书曹文埴、侍郎姜晟、伊龄阿往浙省盘查仓库亏缺。启銮谒陵,巡幸五台。赏宗室已入八分公用紫缰。谕各省动用钱粮报销经部驳查三次尚未题复者,俱交部议处,著为令。

◎三月,谕伊犁将军、乌鲁木齐都统、新疆驻扎大臣等陈奏事件,应清汉文兼写,毋但用汉字。安徽去年大旱,巡抚书麟奏,太湖县唐家山居民掘地得黑米数千石,以米样呈进,命炊饭亲尝之。谕嗣后抗拒官差为从者发伊犁给厄鲁特为奴,著为令。还京师。

◎四月,命大学士阿桂往江南筹办河工。壬辰,命重辑《八旗通志》。

◎五月,启銮秋狝木兰。禁富民越境放债准折地亩。

◎六月,饬各省督抚提镇训练营伍。

◎七月,命嗣后固伦公主品秩视亲王,和硕公主品秩视郡王,著为令。增订武职官阶封典及降级处分。南河李家庄等处河溢。命阿桂由浙赴清口,会同李世杰办理堵筑事宜。壬戌,命改正谷应泰《明史纪事本末》。御史曹锡宝以弹劾和珅家人刘全,查无实据,乾隆帝命革职留任。以和珅补授大学士,管理户部事务,兼任吏部尚书。

◎闰七月,富勒浑以先侵后吐论斩。

◎八月,定各营镇派员支领俸饷疏失处分例。定越狱人犯罪名。命嗣后固伦公主乘金顶轿,和硕公主乘银顶轿。谕蒙古王公子弟有虽未及岁已赏戴花翎者即予应得职衔,著为令。

◎九月,谕嗣后车臣汗、土谢图汗两部落,赛因诺颜、扎萨克图汗两部落一年各带一部落人入围,每年轮流值班之四部落王公、扎萨克台吉等仍旧轮班前往。驻扎乌里雅苏台各部落自汗王至公各拣派一人,台吉各拣派四人率领,职衔较大者二名，微末台吉八名仍作十名善射轮班赴木兰围场，著为令。定乾清门侍卫保送例。还京师。皇长孙绵德卒。

◎十月，以籍隶湖北之科道未经参奏活埋多命案件，命吏部议处。训饬封疆大吏毋贪纵玩法。

◎十一月，《开国方略》清文告成。命曾孙奕纯袭封贝子。前一日冬至，乾隆帝亲行祀天礼。至是谕诸皇子、军机大臣等，略云临御五十一年以来，冬至南郊亲诣五十一次，上辛祈谷亲诣四十九次，惟乾隆五年及四十九年因偶尔违和，遣皇子、亲王恭代，此后郊坛大祀，必岁岁躬行，至八十六岁归政时，始终未懈，以申敬天法祖之意。命嗣后知县不胜民牧者，以原品休致，不准改补教职。定承缉逃兵处分。

◎十二月，命整饬苗地边防。普赏八旗兵丁一月钱粮。常青奏，福建彰化林爽文起事反清，陷彰化、克诸罗，建元天运，自号盟主大元帅。同月，庄大田在台南起兵响应，克凤山。声势浩大，由数千人发展到数万人。闽浙总督常青派兵镇压，连连失败。

◎是年，全国人口二亿九千一百一十万余，存仓米谷三千七百四十六万余石。

乾隆五十二年（1787年） 七十七岁

◎正月，晋封十公主为固伦公主。以李侍尧为闽浙总督，以常青赴台督师。

◎三月，停止遣犯给厄鲁特为奴例。谕各省举人、教职由本班截取知县，经督抚验看难胜民社而该员不甘就教者，着送部引见；其路远不能赴京者，准赴邻省督抚复验。命大挑举人改为会试榜前挑选。

◎四月，阅健锐营兵。阅火器营兵。

◎五月，命直隶总督严饬各州县稽查太监家属及庄头，有滋事者罪之。命嗣后承袭公侯伯子男世职人员引见后令在侍卫上行走。启銮秋狝木兰。定满洲、蒙古翻译乡、会试五年举行例。谕：内外文武大臣遇有应得处分从宽留任及免其革任者甚多，竟有一人而累至十余案者，未免视为故常，无所警惕。着吏、兵二部分别开单进呈，候乾隆帝详加查核，嗣后每届五年奏请办理。著为令。

◎六月，定新疆办事各员支给养廉例。授福康安为将军，海兰察为参赞大臣，率兵赴台镇压起义军。

◎七月，广东巡抚图萨布贡镶金崁珠等物，不纳，严饬之。

◎八月，江南周家沟等处河溢。以陆费墀等办理《四库全书》讹脱错谬，夺职降调有差。

◎九月，谕督抚奏请陛见允准后，遇该省有大计、军政及文武科场、秋审等务，俱俟办竣后再行起程，毋移交署任。还京师。

◎十月，命订正《诗经》乐谱。命续行撤毁、抽毁、删削《四库全书》所收违禁各书。河南睢州十三堡合龙。谕嗣后盐务各员铨选分发俱回避本省，著为令。命阿桂赴江南勘高堰等处堤工。

◎十一月，改台湾诸罗县为嘉义县。谕明春临幸天津，禁设彩棚戏台，毋滋靡费。停止回人春季采玉，著为令。

◎十二月，修订大挑举人章程。谕嗣后科道题升引见，注明有无条奏，著为令。命福建督抚及水陆提督轮年赴台湾稽查，停止巡台御史之例，并嗣后台湾道府缺出，请旨简放，著为令。申定科场条例，命乡、会试兼试五经。义军连败，林爽文退入深山密林。

◎是年，全国人口二亿九千二百四十二万余，存仓米谷三千七百五十五万余石。

乾隆五十三年（1788年） 七十八岁

◎正月，命将台湾镇总兵柴大纪革职拿问。谕各督抚，嗣后大计之年将藩臬考语各行咨部，不得彼此关会。

◎二月，台湾林爽文、庄大田相继被俘，旋解京凌迟处死，起义失败。启銮巡幸天津。

◎三月，御制平定台湾文三篇。还京师。谕台湾获盗，无论首从，皆按律正法。俟五年后，再照旧例分别奏请。

◎四月，新修玉牒告成。阅健锐营兵。

◎五月，增改台湾文武员弁。定福建、台湾换防兵丁于通省各营酌量均拨例。启銮秋狝木兰。

◎六月，安南土酋阮文岳等逐其国王黎维祁，黎氏臣阮辉宿等求援，命孙士毅驰赴广西抚谕之。申斥外省驻防八旗，不如绿营兵丁，有玷满洲本色。廓尔喀以兵三千，入侵西藏。

◎七月，予大学士不兼部务者双俸双米。柴大纪伏诛。贺世盛以《笃国策》被斩。以廓尔喀入侵，连下谕旨，调兵遣将，前往迎剿、民修堤工在五百两以上者一体报部查核，著为令。巴勒布廓尔喀头目苏尔巴尔达布等掠西藏边境，谕前后藏守臣严加防范，并命李世杰、成德调兵预备剿堵。巴勒布据后藏济咙、聂拉木两处，命成德与穆克登阿带兵赴藏剿堵。

◎八月，再谕藩臬专折奏事。谕东省运河疏浚，不必拘按年大小挑之例，责成总河等于每回空时，确勘具奏。

◎九月，谕各省滨水地亩有害堤工者不准开垦。谕满洲兵丁在台湾阵亡，将子嗣坐补甲缺，其无子孀妇，以甲缺一作养育兵二，并通谕广州、杭州等处。禁各省府县私立班馆，私制刑具。谕王公大臣及将军督抚等届万寿期不准进贡。谕袭世职者自十二岁以上俱带领引见，著为令。还京师。以杨重英羁留缅甸归途病故，赏道衔。九月，西藏少数贵族以每年送银一千锭银两赎地，与廓尔喀私下议和，然后谎奏驱敌获胜。

◎十月，命孙士毅率兵讨阮文岳等。谕文渊阁藏庋《四库全书》，专责提举阁事管理。

◎十一月，户部奏复乾隆四十九年以后各省水旱灾荒赈恤共用银一千八百五十一万余两，米谷一百一十四万余石，因灾蠲免及豁免民欠共银六百零三万余两，米谷一百零五万余石。又，乾隆四十七年以后因增设八旗护军、养育兵，共增添项银六万余两，兵米一万七千七百余石。

◎十二月，清兵克服黎城，复封黎维祁为安南国王，护遣其母妻等众归国。命皇曾孙、玄孙等俱戴红绒结顶，俟分封后再量职戴顶，著为令。命孙士毅班师。

◎是年，全国人口二亿九千四百八十五万余，存仓米谷四千二百四十九万余石。

乾隆五十四年（1789年） 七十九岁

◎正月，阮文惠率师袭清军，清军失败，溃逃入关。黎维祁复来奔，安置广西。谕禁出口俄罗斯大黄。

◎二月，命嗣后藏内噶布伦等缺，照回部伯克例，由驻藏大臣拣选请补。福康安奏请于沿海地方明设官渡，给照验放，以清私渡之源，从之。

◎三月，增凉州、庄浪养兵兵额。

◎四月，首次举行会试复试。定升殿日添派纠仪御史例。

◎五月，福康安等奏，安南阮文惠遣亲侄阮光显入关乞降并请入觐，许之，却其贡。谕刑部嗣后凡杀死一家三四命以上者，凶犯之子交内务府阉割，以示惩创。

◎闰五月，启銮秋狝木兰。

◎六月，成都将军鄂辉等奏巴勒布畏罪乞降，许之。禁州县滥设非刑。封阮文惠即阮光平为安南国王。收复巴勒布侵占藏地。

◎七月，定云南厂员给领铜斤限期。增乍浦旗兵额。定解审重犯脱逃例。命固伦额驸丰绅殷德在御前行走。安南国正使阮光显等入觐。定沉溺铜斤每月奏报例。

◎八月，定粤东扑盗章程。赐安南国王敕印。

◎九月，还京师。

◎十月，命举行顺天举人复试例。谕乡试出场日不准给烛，著为令。书麟等奏，睢宁漫工合龙。

◎十一月，晋封皇六子永瑢为质亲王、皇十一子永瑆为成亲王，皇十五子永琰为嘉亲王，皇十七子永璘为贝勒。

◎十二月，临和孝公主第。允安南国王阮光平请领时宪书，并准开关贸易。谕国史馆于《贰臣传》甲乙二编外另立《逆臣传》，将吴三桂等编入。以来年八旬万寿，命镌八征耄念之宝，御制记。

◎是年，全国人口二亿九千七百七十一万余，存仓米谷四千三百二十万余石。户部存银六千余万两。

乾隆五十五年（1790年） 八十岁

◎正月，以八旬万寿颁恩诏于天下。普免天下钱粮。御定重排石鼓文十章，刻石鼓于太学及热河文庙。赏给和珅四开裰袍，固伦额驸丰绅殷德兼散秩大臣行走。

◎二月，启銮谒陵并巡幸山东，皇十一子、十五子、十七子随行。谕督抚保题首邑加意遴选。增设伊犁惠远城兵额。

◎三月，定各部院及直省办案限期。缅甸国王遣使表贺，封其为国王。

◎四月，回銮至天津府。命吉庆会同嵩椿勘明英额边至瑷阳边开拓边界丈量荒地，分赏盛京各城旗人之无田地者。还京师。

◎五月，皇六子质亲王永瑢卒。启銮幸避暑山庄。谕江浙两省文宗、文汇、文澜三阁所贮《四库全书》，许士子到阁抄阅。翰林院存贮底本，亦许就近检录。命大学士和珅教习庶吉士。

◎六月，闵鹗元论斩。停科道内升外转三年请旨例。定汉科道分别繁简截取例。

◎七月，安南国王阮光平入觐，赐御制诗章。还京师。

◎八月，八旬万寿节，御太和殿受庆贺，礼成，幸宁寿宫，赐王公大臣、蒙古王、贝勒、贝子、公、额驸、台吉、外藩使臣等宴。御乾清宫赐宗室诸王等宴。命嗣后选拔贡生朝考优等者，复试于正大光明殿，停王大臣挑选，著为令。

◎九月，阅健锐营兵。命嗣后宗室王公兼任将军、都统有应降调者，每一级罚俸四年，著为令。命嗣后贼犯拒捕杀毙扑役者，罪斩决，著为令。命滨海各省督抚严饬文武员弁稽查海岛，居民编列保甲。从左都御史舒常之请，命六科给事中、十五道御史分日进署办公。

◎十月，令宗室年未及岁应袭王、贝勒、贝子、公等之嫡子按所袭爵秩予半俸。和珅以筹办万寿庆典，命加二级。

◎十一月，内阁学士尹壮图奏请停罚议罪银，奉旨切责。禁粤海关洋船私贩俄罗斯货物。

◎十二月，谕嗣后钦差大臣官员有扰累邮政者罪之。

◎是年，全国人口三亿零一百四十八万余，存仓米谷四千五百四十八万余石。

乾隆五十六年（1791年） 八十一岁

◎二月，定逃遣人犯地方枭司处分例。

◎三月，谕户刑二部题本以八十日为限。严禁各直省私铸。

◎五月，定宗室王公等兼任职衔因事实降例。准吏部条奏酌改铨选各例。启銮秋狝木兰。

◎六月，谕各省呈控重案者，督抚亲提审办，著为令。定铜局监铸各员造报逾限处分例。

◎八月，乾隆帝观射，皇孙绵庆年十三、皇玄孙载锡年八岁俱中三矢，赐黄褂花翎。御制志喜诗。驻藏大臣保泰奏，廓尔喀以逋欠，进犯西藏，进入日喀则，烧杀掳掠。命四川总督鄂辉、将军成德率兵剿之。

◎九月，谕驻藏大臣，凡遇噶布伦缺出，会同达赖喇嘛秉公选定出力人员奏请拣放，著为令。还京师。谕西藏地方设炉铸钱，驻藏大臣督员监制。以和珅之弟和琳为兵部右侍郎。

◎十月，俄罗斯恳请开市，允之。谕王大臣不必兼议政虚衔。

◎十一月，授福康安为将军，海兰察、奎林为参赞，赴廓尔喀会剿。饬直隶、山东、河南严查八卦会余"匪"。谕兵部，操演军械，仍限年修制。发懋勤殿所藏蒋衡手书十三经刻石列于太学。议定中国与安南边境贸易章程。

◎十二月，命各直省清查历年未完积欠钱粮。

◎是年，全国人口三亿零四百三十五万余，存仓米谷四千五百七十五万余石。

乾隆五十七年（1792年） 八十二岁

◎二月，改山西河东盐课归入地丁。定京察保送人员引见例。

◎三月，启銮谒陵并巡幸五台。

◎四月，还京师。

◎闰四月，以久旱下诏求言。

◎五月，定安南国王阮光平两年一贡，四年遣使一朝。定亲王以下门前设立行马例。启銮巡幸避暑山庄。定军台效力人员释回例。

◎六月，以近年各铜厂丰旺，敕封厂神，列入祀典。

◎七月，定幕友依官滋事罪名。毁坊间删本经书。

◎八月，普福以隐匿夺职逮问。饬督抚及边疆大臣毋隐匿地方事，违者重其罪。谕嗣后喀尔喀承袭台吉非著有劳绩者削去赏衔，著为令。福康安等收复藏地，廓尔喀震惧乞降。英国马戛尔尼使团启程来华。

◎九月，还京师。命廓尔喀于边界设立鄂博，严禁附近各部落私通贸易。谕疆吏每岁核报谷价。命福康安、孙士毅等会商西藏善后事宜。命御前侍卫惠伦等赍金奔巴瓶往藏，贮呼必勒罕名姓，由达赖喇嘛等会同驻藏大臣对众拈定。申禁江西溺女及侍婢婚配衍期恶习。定各省疏脱遣犯加倍处分例。定闽省天地会各"匪"犯罪，饬疆吏化导愚民。命议恤军营病故弁兵俱照阵亡例。

◎十月，御制《十全记》。鄂辉以压搁廓尔喀贡物夺将军职。定旗人犯窃子孙削籍为民例。以和珅充日讲起居注官。

◎十一月，谕各省驻防满洲兵无嗣入官田亩仍赏该营养赡孤寡，著为令。定武职改归原籍不准升迁寄籍例。弛贫民出关禁。通谕各省整饬仓贮。命督抚于杀死一家二命以上重案专折奏闻。

◎十二月，定唐古忒番兵训练事宜。铸银为钱，文曰乾隆宝藏。定噶布伦商卓特巴等缺归驻藏大臣会同拣选。礼部尚书纪昀等奏，科场《春秋》文，请斥胡安国传，以《左氏》《公羊》《穀梁》为主，从之。

◎是年，全国人口三亿零七百四十六万余，存仓米谷四千五百六十四万余石。

乾隆五十八年（1793年） 八十三岁

◎正月，改杭州织造为盐政兼管织造事，改盐道为运司，南北二关税务归巡抚管理。军机大臣议定《藏内善后章程》。

◎二月，浙江巡抚福崧等以婪赃伏法。谕嗣后扑役未经得贿潜通信息，致罪人逃避者，所纵之囚，系军流以下罪，与囚同科，不准减等，著为令。谕嗣后各省军政，佐领等官不必列为卓异送部引见，遇协领等官缺出，保举升补，著为令。

◎三月，通谕各省盐政、织造、关差，重申如遇督抚等有贪渎赃私及地方水旱偏灾督抚有讳饰不办等事，俱应随时查察，据实参奏。命嗣后蒙古王公呼毕勒罕即送京城雍和宫所设金奔巴瓶内掣签认定。

◎四月，停新疆营屯兵丁官为搬眷之例。永行禁止吹忠指认呼毕勒罕。

◎五月，谕嗣后屯土官弁随征阵亡，照绿营例，给与世职；袭次完时，给与恩骑尉，世袭罔替；遇有屯土备弁缺出，尽先拔补。启銮巡幸避暑山庄。

◎六月，以两淮盐引滞销，定地方官督销处分例。改定亲属相盗例。马戛尔尼使团抵达天津大沽口。

◎八月，谕各督抚严查私铸。廓尔喀请遣人赴藏学习汉字，允之。御万树园大幄次，英吉利使臣马戛尔尼、斯当东等入觐。英吉利国表请简人驻京，不许。

◎九月，命各省督抚严加戒备，以防英吉利滋事。英国使团离京返国。定整饬浙江水师营伍章程。还京师。

◎十一月，谕永停捐纳，仅留贡监一途，加惠士林。谕上年各省奏报民数，较康熙年间增十五倍有奇。命各督抚劝民节俭，惜物力而尽地利。

◎十二月，命滨海疆吏各陈弭盗事宜。晋封皇孙定郡王绵恩为亲王。

◎是年，全国人口三亿一千零四十九万余，存仓米谷四千四百一十八万余石。

乾隆五十九年（1794年） 八十四岁

◎正月，增设定海县五奎山驻扎员弁。

◎二月，谕查核发遣新疆各处官犯，常犯由杖徒军流加重发遣新疆者减等办理，其本罪原应发遣新疆者，酌改年限，量予减等，军流人犯如之。豁免内外各官摊赔、代赔银两五十五万九千两有奇。

◎三月，永庆疏请拨银养赡江宁、京口满营孤寡，从之。通谕各督抚慎重专折保奏。启銮巡幸天津。庆霖疏请拨银养赡青州、德州满营孤寡，从之。

◎四月，还京师。

◎五月，启銮巡幸避暑山庄。

◎六月，命将官犯子孙发遣新疆者释回乡里。

◎八月，谕以御宇周甲，普免明年各省漕粮。还京师。命以两金川开扩地亩给降番等开垦耕种，免其赋税。马戛尔尼一行返回英国伦敦。

◎九月，"军机大臣遵旨查明户部银库自乾隆元年起，每十年贮银数目具奏，乾隆元年收管银三千四百五十三万余两，乾隆十年实存银三千三百十七万余两，乾隆二十年实存银四千二百九十九万余两，乾隆三十年实存银六千零三十三万余两，乾隆四十年实存银六千四百九十五万余两，乾隆五十年实存银七千八百十三万余两"。**52**

◎十月，以勒保奏访获倡教民人刘松，命安徽严缉其徒刘之协，并谕各省捕拿邪教。御制石刻蒋衡书十三经于辟雍序。西安将军舒亮疏请入官地亩赏给驻防兵丁养赡孤寡，从之。军机大臣查明《永乐大典》现存卷数具奏，《永乐大典》只有一部，现存翰林院，原书共二万二千九百三十七卷，除原缺二千四百零四卷，实存二万零四百七十三卷，共九千八百八十一本，此外有目录六十卷。停止乡试复试，会试仍严行复试。

◎十一月，改定南疆回民出卡贸易章程。

◎十二月，普免天下积年逋赋。

◎是年，全国人口三亿一千三百二十八万余，存仓米谷四千五百万余石。

乾隆六十年（1795年） 八十五岁

◎正月，各省督抚具奏，此次普免积欠共计银一千七百一十万余两，粮谷米豆三百七十五万余石。**53**以自五十五年之后未再亲行中祀之典，而次年即行归政，谕于本年二月上丁亲诣行礼，以昭崇儒重道之诚。免各省地方官经征不力处分。以固伦额驸丰绅殷德为内务府大臣。

◎是月，湘黔苗民起义爆发，至嘉庆二年始大致平定。

◎二月，祭先师孔子，阅辟雍新刊石经。广各直省岁试学额，太学肄业诸生免坐监一月。湖南苗人起事反清，命福康安往剿之。命福康安等安抚众苗拒"贼"者赏顶戴。

◎五月，启銮巡幸避暑山庄。命科道陈奏地方重大事件。以于敏中营私玷职，夺轻车都尉世职。命闽浙两省会缉洋"匪"。命查发遣官犯，分别减释。谕福康安等查拿著名首逆，余被胁者宥之。

◎六月，划一各督抚应题应奏事件。并谕，其实系重要急务，仍许其随时专折具奏。

◎七月，谕各省督抚修马政。谕，督抚年节三贡，酌量赏收，以连上下之情。明年届归政之期，只须于嗣皇帝庆辰备物呈进，其八月之贡不必再进。

◎八月，饬各省疆吏洁己率属，不得私受馈送。命甘肃西宁道定为旗员额缺。还京师。

◎九月辛亥（初三日），御勤政殿，召皇子、皇孙、王公大臣等入，宣示建储密旨，立皇十五子永琰为皇太子，以明年丙辰为嘉庆元年。皇太子生母令懿皇贵妃着赠为孝仪皇后。并谕归政后，凡遇军国大事及用人行政诸大端，岂能置之不问，仍当躬亲指教，嗣皇帝朝夕敬聆训谕，将来知所禀承，岂非国家天下之大庆。部院衙门并各省具题章疏及引见文武官员寻常事件俱由嗣皇帝披阅，奏知朕办理，为朕分劳。谕年节三贡，毋备物呈进。谕后世子孙当世守秘密立储之法。阅健锐营兵。皇太子率同王大臣恭进乾隆六十一年时宪书，预备内廷颁赏之用，俯从其请。命停上尊号。命镌刻太上皇帝玉宝玉册。以前任闽浙总督伍拉纳、福建巡抚浦霖婪赃数额惊人，旋皆伏法。

◎十月，颁嘉庆元年时宪书。免天下嘉庆元年地丁钱粮。命定丙辰年传位典礼。命直隶人员回避顺天府治中员缺。命明年正月初吉重举千叟宴盛典。免八旗赏借扣缴钱粮。申命疆吏查禁小钱。

◎十一月，定各衙门保送满汉御史初次未经记名者不得再行保送例。命皇太子居毓庆宫。

◎十二月，谕，明年归政后，凡有缮奏事件，俱书太上皇帝，其奏对称太上皇。定明年元旦御殿庆贺礼仪。定革职留用人

员获犯后分别开复例。予难荫世袭兼隶抚标。赐英吉利国王
敕谕。

◎是年，全国人口二亿九千六百九十六万余，存仓米谷
三千九百七十五万余石。

嘉庆元年（1796年） 八十六岁

◎正月戊申朔，御太和殿，亲授皇帝之宝于嘉亲王永琰，
是为嘉庆帝。嘉庆帝奉太上皇帝御宁寿宫、皇极殿，举行
千叟宴。

◎是月，白莲教起义爆发，数月间遍及川陕楚豫四省，至
嘉庆七年始大致平定。

◎五月，诏王公大臣及各督抚等毋呈进如意，其方贡毋额
外增益。太上皇帝同皇帝启銮巡幸避暑山庄。

◎九月，太上皇帝同皇帝还京师。太上皇帝阅健锐营兵。

嘉庆二年（1797年） 八十七岁

◎二月，皇后卒。

◎三月，以征剿川楚教民，乾隆帝谕再开捐例。

◎五月，太上皇帝同皇帝启銮巡幸避暑山庄。

◎八月，大学士、公阿桂卒。赠太保，入祀贤良祠。和珅
晋首席军机大臣。还京师。

◎十月，乾清宫、交泰殿灾。

嘉庆三年（1798年） 八十八岁

◎三月，以征剿川楚教民，乾隆帝谕再开捐例。

◎五月，太上皇帝同皇帝启銮巡幸避暑山庄。八月，以生
擒白莲教教首王三槐，谕晋封大学士、伯和珅为一等公。

◎九月，还京师。

◎十月，以重建乾清宫成，议叙管工大臣等，各加赏赉。

嘉庆四年（1799年） 八十九岁

◎正月庚申朔，太上皇帝御乾清宫，皇帝率王大臣及外藩使臣行庆贺礼。辛酉（初二日），太上皇帝不豫，皇帝侍疾寝宫，太上皇帝握手，眷爱拳拳弗忍释，向夕大渐。壬戌（初三日）辰刻，太上皇帝崩，终年八十九岁，颁遗诏。嘉庆皇帝亲政；逮和珅于刑部狱，旋赐死；以成亲王永瑆为军机大臣。

◎三月，赦乾隆间文字狱各案涉及人员。

◎四月，恭上尊谥曰法天隆运至诚先觉体元立极敷文奋武孝慈神圣纯皇帝，庙号高宗。

◎八月，编修洪亮吉致书成亲王私论国政，遣戍伊犁。

◎九月，葬乾隆皇帝于裕陵。

◎十月，解除成亲王军机大臣职务。

1　为省篇幅，本表凡征引《清高宗实录》及《清国史·高宗本纪》史料皆不加注。

2　按，传统的说法认为，乾隆帝生于雍和宫。曾在乾隆朝长期担任军机章京的管世铭在其所作《扈跸秋狝纪事三十四首》中，曾提及乾隆帝生于狮子园。诗云："庆善祥开华渚虹，降生犹忆旧时宫。年年讳日行香去，狮子园边感盛衷。"自注云："狮子园为皇上降生之地，常于宪庙忌辰临驻。"（《韫山堂诗集》卷一五）特录于此，以备一说。

3　关于乾隆帝生母，一些档案文献如《雍正朝汉文谕旨汇编》（广西师大出版社1999年版，第1册，第36页）及萧奭

《永宪录》皆称为钱氏，而《清高宗实录》则称其母姓钮祜禄氏。经由杜家骥先生考证，《雍正朝汉文谕旨汇编》中所书之"钱"字当是与"钮"字形近而讹，抄写致误。详见《乾隆之生母及乾隆帝的汉人血统问题》，《清史研究》2016年第2期。

4　《清皇室四谱》卷一。

5　《乐善堂全集定本》庚戌年高宗原序、福敏跋文。

6　《清高宗御制诗四集》卷五八《怀旧诗二十三首·龙翰福先生》。

7　《清高宗御制诗四集》卷五八《怀旧诗二十三首·龙翰福先生》。

8　《雍正朝起居注册》第1册，第83页。《清世宗实录》卷一〇。

9 《清高宗御制诗二集》卷五《七月十八日作》、卷一六《二月二十二日作》。

10 《乐善堂全集》庚戌年高宗原序、《乐善堂全集》卷七《稽古斋文钞序》。

11 监察御史冯起元《奏请将盐政海差大小关税依照康熙前例抽收以为文武养廉之资折》，乾隆元年正月十二日，见《宫中档乾隆朝奏折》第1辑，第5页。

12 《乾隆帝起居注》第1册，第491页。

13 《俄中两国外交文献汇编》，第257—265页。

14 《清史稿·高宗本纪》误入五月。

15 《乾隆帝起居注》第3册，第291页。

16 《乾隆帝起居注》第3册，第327页。

17 《乾隆朝上谕档》第1册，第699页。

18 《乾隆帝起居注》第4册，第398页。

19 《乾隆时期的中英关系》，第54—55页。

20 按，关于鄂尔泰卒日，《清高宗实录》记为乙卯。此从《襄勤伯鄂文端公年谱》所载，见《清史资料》第2辑。《清史稿校注》虽出注，而未使用《襄勤伯鄂文端公年谱》，故不明其准确卒日。

21 《乾隆帝起居注》第4册，第736页。

22 按，《清史稿·高宗本纪》《清国史·高宗本纪》于此条记述均含混不清，《清史稿校注》记述亦不明晰。此据《清高宗实录》厘正。

23 《乾隆帝起居注》第8册，第371页。

24 《乾隆帝起居注》第8册，第403页。

25 《澳门纪略》，第36—38页。

26 《乾隆帝起居注》第9册，第116页。

27 《清国史·高宗本纪》《清高宗实录》均误作辛巳，此据《清皇室四谱》卷三、《清史编年》改。

28 《清国史·高宗本纪》误作乙卯，考是月无乙卯，核之《清高宗实录》，当为己卯。

29 《乾隆帝起居注》第21册，第198页。

30 《乾隆帝起居注》第24册，第24页。

31 按，据《清高宗实录》《清皇室四谱》，果亲王弘瞻卒于三月初八日丙子，而非十二日丁亥。《清国史·高宗本纪》所记误。

32 按，此为谕令开馆日期。据《陈宏谋家书》载，国史馆正式开馆是在当年十月十三日。

33 《乾隆帝起居注》第24册，第445页。

34 《乾隆帝起居注》第25册，第440页。

35 按，是年十一月无己巳，《清国史·高宗本纪》于此条日期记为己巳，误。据《清高宗实录》改正。

36 按，据《清高宗实录》，参赞大臣珠鲁纳自尽事在正月十八日。辛未日（二月十三日）为高宗接奏日期。另，《清史稿·高宗本纪》将此系于丙寅日（二月初八日）亦误。

37 《乾隆帝起居注》第28册，第306页。

38 按，《清国史·高宗本纪》《清史稿·高宗本纪》均作壬子，核之《清高宗实录》，当为辛亥。

39 《清高宗御制诗四集》卷二四。

40 按，是年《清高宗实录》载当年存仓米谷不实。

41 《清高宗御制诗四集》卷二六。

42 《清高宗御制诗四集》卷三二。

43 按，《清国史·高宗本纪》《清史稿·高宗本纪》与《清高宗实录》卷一〇九八乾隆四十五年正月庚辰朔谕旨，皆作钱粮。核之《清高宗实录》卷一〇六八十月己未条，皆误。当为漕粮。《清史稿校注》虽出注，但未及《清国史·高宗本纪》、《清高宗实录》卷一〇九八乾隆四十五年正月庚辰条。

44 按，据《清高宗实录》，上年全国人口已达二亿七千余万，下年全国人口更多达二亿七千五百余万。故知此年全国人口数字有误。

45 《乾隆帝起居注》第29册，第288、293、299页。

46 《乾隆帝起居注》第29册，第334页。

47 《乾隆帝起居注》第29册，第359页。

48 按，《清史编年》于本日条下有"以本年七旬万寿，普免天下漕粮"之语，误。前此四十三年十月己未已颁诏普免漕粮。

49 按，据《乾隆朝上谕档》第11册

第257页，续缮三份《全书》事在癸卯。《清高宗实录》《清国史·高宗本纪》皆作甲辰，误。

50 《乾隆朝上谕档》第12册，第890—891页。

51 《乾隆朝上谕档》第13册，第17页。

52 《乾隆朝上谕档》第18册，第221—222页。

53 《乾隆朝上谕档》第18册，第419—792页。

二、乾隆皇帝皇子表

名字	行次	生年	生母	卒年	年岁	封爵
永璜	1	雍正六年五月	庶妃富察氏（哲悯皇贵妃）	乾隆十五年三月	二十三岁	追封定亲王
永琏	2	雍正八年六月	孝贤纯皇后（富察氏）	乾隆三年十月	九岁	追谥端慧皇太子
永璋	3	雍正十三年五月	纯惠皇贵妃苏佳氏	乾隆二十五年七月	二十六岁	追封循郡王
永珹	4	乾隆四年正月	淑嘉皇贵妃金佳氏	乾隆四十二年二月	三十九岁	乾隆二十八年十一月出继履亲王允祹为郡王，谥履端亲王
永琪	5	乾隆六年二月	愉贵妃柯里叶氏	乾隆三十一年三月	二十六岁	乾隆三十年十一月封荣亲王

名字	行次	生年	生母	卒年	年岁	封爵
永瑢	6	乾隆八年十二月	纯惠皇贵妃苏佳氏	乾隆五十五年五月	四十七岁	乾隆二十四年十二月出继为慎郡王允禧后,降贝勒。三十七年十月,晋质郡王。五十四年十一月,晋质亲王
永琮	7	乾隆十一年四月	孝贤纯皇后富察氏	乾隆十二年十二月	二岁	
永璇	8	乾隆十一年七月	淑嘉皇贵妃金佳氏	道光十二年八月	八十七岁	乾隆四十四年三月,封仪郡王。嘉庆四年正月,晋仪亲王
未命名	9	乾隆十三年七月	淑嘉皇贵妃金佳氏	乾隆十四年四月	二岁	
未命名	10	乾隆十六年五月	舒妃叶赫纳拉氏	乾隆十八年六月	三岁	
永瑆	11	乾隆十七年二月	淑嘉皇贵妃金佳氏	道光三年三月	七十二岁	乾隆五十四年十一月封成亲王
永璂	12	乾隆十七年四月	皇后乌拉纳喇氏	乾隆四十一年正月	二十五岁	嘉庆四年三月追封贝勒
永璟	13	乾隆二十年十二月	皇后乌拉纳喇氏	乾隆二十二年七月	三岁	

名字	行次	生年	生母	卒年	年岁	封爵
永璐	14	乾隆二十二年七月	赠孝仪纯皇后令妃魏氏	乾隆二十五年三月	四岁	
颙琰	15	乾隆二十五年十月	赠孝仪纯皇后令妃魏氏	嘉庆二十五年七月	六十一岁	乾隆三十八年冬秘密建储，内定为皇太子。五十四年十一月，封嘉亲王。六十年九月，公布建储密旨，嘉庆元年正月嗣位为帝
未命名	16	乾隆二十七年十一月	赠孝仪纯皇后令妃魏氏	乾隆三十年三月	四岁	
永璘	17	乾隆三十一年五月	赠孝仪纯皇后令妃魏氏	嘉庆二十五年三月	五十五岁	乾隆五十四年十一月封贝勒，嘉庆四年正月，晋惠郡王，旋改庆郡王、嘉庆二十五年三月晋亲王

三、主要参阅书目

1 鄂尔泰、张廷玉:《清世宗实录》，中华书局，1985年。

2 庆桂等:《清高宗实录》，中华书局，1986年。

3 《乾隆帝起居注》，广西师大出版社，2002年。

4 《乾隆朝上谕档》，档案出版社，1991年。

5 《宫中档乾隆朝奏折》，台北故宫博物院，1982年。

6 《清历朝御制诗文集》，光绪刊本。

7 永璇、庆桂等:《清朝通典》，浙江古籍出版社，1988年。

8 稽璜、刘墉等:《清朝文献通考》，浙江古籍出版社，1988年。

9 曹振镛等:《清仁宗实录》，中华书局，1986年。

10 李鸿章等:《光绪大清会典事例》，光绪刊本。

11 吴晗辑:《朝鲜李朝实录中的中国史料》，中华书局，1962年。

12 《清国史·高宗本纪》，中华书局，1993年。

13 赵尔巽等:《清史稿》，中华书局，1977年。

14 《清史稿校注》，台湾商务印书馆，1999年。

15 中国人民大学档案系编:《康雍乾时期城乡人民反抗斗争资料》，中华书局，1979年。

16 魏源:《圣武记》，中华书局，1984年。

17 《清代文字狱档》，上海书店影印本，1986年。

18 王重民辑:《办理四库全书档案》，国立北平图书馆排印本，1934年。

19 张其勤:《清代藏事辑要》，西藏人民出版社，1983年。

20 赵翼:《檐曝杂记》，中华书局，1982年。

21 赵翼:《皇朝武功纪盛》，嘉庆南汇吴氏听彝堂刊本。

22 梁章钜:《枢垣纪略》，清道光五年刊本。

23 唐邦治:《清皇室四谱》，上海聚珍仿宋印书局，1923年。

24 张廷玉:《澄怀主人自订年谱》，清光绪元年重刊本。

25 昭梿:《啸亭杂录》，中国图书公司影印宣统刻本。

26 《掌故丛编》，1930年，故宫博物院。

27 王庆云:《石渠余记》,北京古籍出版社,1983年。

28 庄吉发:《清高宗十全武功研究》,台北故宫博物院,1982年。

再版后记

　　1990、2004年，拙作《乾隆传》曾先后由辽宁教育出版社、天津百花文艺出版社初版、再版行世。自此之后，三十年来，多部优秀的乾隆帝传记如同雨后春笋，相继问世，有关乾隆时期清史和乾隆帝研究呈现了前所未有的异常繁荣的局面。为了满足广大读者的阅读需求，普及清史知识，推进乾隆朝清史研究的进一步深入，中华书局拟将拙作另出新版。前此，利用国家清史编委会委托纂修乾隆朝史稿之机，我曾广泛阅读有关乾隆朝史实的大量档案史料。这次再版拙书，为了对读者负责，进一步提高内容质量，于附录"乾隆皇帝大事年表"部分增加了《乾隆帝起居注》《乾隆朝上谕档》《宫中档乾隆朝奏折》《清国史》及第一历史档案馆原始档案等珍贵资料，所增篇幅达数万字，使内容及真实程度较前有所提高。同时，还对原书个别欠妥部分进行了删改。

　　时光荏苒，自拙著《乾隆传》初版行世以来，三十余年间，海内外有关乾隆朝历史和乾隆帝研究著作先后行世者已不下二十余部。"苔花如米小，也学牡丹开。"于此之际，我不揣冒昧，将该书再次奉献献给广大读者，并希望得到批评和指正。

在拙著出版过程中，中华书局责任编辑杜艳茹女史从确定立项到审正内容和选择插图，耗费了大量时间和精力。学弟张霆先生亦曾为拙书出版而往返奔走。特作如上说明，并向他们致以深深的谢意。

白新良

2022年12月于天津南开大学